中国速度

中国高速铁路发展纪实

长篇报告文学·中国高铁三部曲

China Speed
China's high-speed rail

中国速度

中国高速铁路发展纪实

（修订版）

王　雄／著

外文出版社
FOREIGN LANGUAGES PRESS

内容提要

中国高铁速度，象征着改革开放的“中国速度”。

中国需要高铁吗？从专家争论、科学论证到开启“风时代”，中国铁路人选择了一条正确的发展道路。从自立自强、引进消化到自主创新与开放创新相统一，中国高铁技术实现从跟跑到领跑的重大飞跃。从创新管理、安全防控到商业运营速度世界最快，中国高铁以最直观的方式向世界展示了“中国速度”。中国高铁以其安全、便捷、舒适的综合优势，成为老百姓出行首选的交通工具。

作为中国高铁发展的见证者和参与者，作者以详实的史料、丰富的访谈资料和大量鲜为人知的素材，清晰描绘出中国高铁的发展轨迹，客观记述了中国高铁发展的艰辛历程，彰显了中国人的坚定意志和聪明才智，印证了社会主义制度能够集中力量办大事的优越性，展示了高铁助力中国经济社会发展的丰硕成果和灿烂前景。作者以客观求实的态度、凝重质朴的语言，饱含深情地讲述独具特色的中国高铁故事，给人启示，令人振奋。

序

惊艳世界的中国形象

——序王雄长篇报告文学“中国高铁三部曲”

何建明

在人类文明的进程中，速度往往成为一个种族、一个民族、一个国家或者一个时代、一段历史的标志。因为人类在地球上生存的基本形态离不开速度，甚至可以说，人类一直是在为改变和提升速度努力与奋斗着。

由此可以得出这样的结论：速度是人类进步的基本动力。

具有五千年文明史的中国，曾经在农耕时代就创造了无数走在全人类前面的速度，比如火药等四大发明，诸如嫦娥奔月的畅想，这些都是中华民族胜于他人之处和辉煌的象征。然而进入工业革命后，中国的速度被别人超越了，甚至在很多方面被远远地甩到一边。也许正是这种新的社会革命带来的速度，让旧中国沦为半殖民地半封建的贫穷落后国家。

为了改变这种速度落后的局面，中国共产党人领导中国人民进行了艰苦卓绝的拼搏与抗争，并以自己的聪明才智与勤劳，面对强大的竞争对手和某种恐华、反华势力的种种封锁与扼制，坚持走独立自主和勇于创新的道路，实现了一个又一个伟大飞跃，展示了惊艳世界的中国形象。

飞奔的高铁，就是中国在世界面前一个无与伦比的艳惊。

作为一名文学工作者，我无数次被风驰电掣和舒适美妙的高铁所感动，也曾动心欲浓墨重彩书写一部中国高铁作品。为此，也专门向中央领导汇报和提出过这样的愿望。也正是在那个时候，得知铁道系统的作家王雄先生已捷足先登，完成了《中国速度——中国高速铁路发展纪实》一书。2017年4月，我应邀参加了由中国外文局、国铁集团、外文出版社、《中国作家》杂志社等单位联合主办的该书作品研讨会。至此，也更多地了解了高铁、了解了王雄和他的作品，记得当时也希望王雄能继续书写好中国高铁故事，关注中国速度背后的人和人文，写一本中国速度如何改变中国人生活方式与精神方式的书。因为在我看来，中国高铁所承载的中国故事和中国形象的内容太丰富与多彩，足够可以让文学为之书写出几个大著。如今几年过去，又不曾想到辛勤笔耕的王雄又给我们带来了新的惊喜，他的《中国智慧——中国高铁科技创新之路》和《中国力量——高铁正在改变中国》又相继问世，与先前的《中国速度》汇在一起，形成“中国高铁三部曲”。这次合集出版时，根据中国高铁发展变化，王雄再次进行了修改充实，使内容更全面、更完善，表达更严谨、更准确。正是可敬可贺，乃中国文学之一大喜事，值得我们共同高兴。

王雄的这套“高铁”报告文学作品，以详实的史料、丰富的访谈资料和大量鲜为人知的素材，以及坚实的架构和灵动的语言，多侧面、多角度、全方位地记述了中国高铁的发展历程，展示了中国高铁科技创新的巨大成就，记录了中国高铁人的时代风采，印证了社会主义制度集中力量办大事的优势，讲述了高铁给中国经济社会所带来的巨大变化，是一曲民族伟大复兴的昂扬凯歌，是一套值得记录的当代文学作品，是全国人民和世界读者的期待读物。

王雄的这三部“中国高铁”系列作品，具有很丰富的内容，涉及了中国高铁探索发展、技术创新和逐步完善的全过程，可谓是中国高铁之大成。尤其是我们可以从其作品中，深刻和生动地了解到我国高铁发展虽然比发达国家晚40多年，但在中国共产党的坚强领导下，依靠中国特色社会主义制度的优势，经过几代铁路人接续奋斗，实现了从无到有、从追赶到并跑、再到领跑的历史性变化。中国高铁运营里程世界最长、高速列车保有量世界最多、商业运营速度世界最快、运营网络通达水平世界最高，形成了具有完全自主知识产权的世界先进高铁技术体系。如此巍巍壮观的时代诗史，为人类社会快速发展和造福民众，提供了一个经典样本。习近平主席曾这样动情地说：“我国自主创新的一个成功范例就是高铁，从无到有，从引进、消化、吸收再创新到自主创新，现在已经领跑世界。”是的，中国高铁就是在领跑世界，而这过程中，中国精神和中国形象则获得了极大的生动与精彩的展现。

王雄的作品通过文字的魅力，所展现的也正是这种“领跑世界”的中国形象和中国精神，呈现出高歌猛进的张力和活力，特别值得我们肯定和赞美。这套揭秘中国高铁发展的书，自然让人期待。何况高铁带来的变化，就在我们身边，就是我们自己，读起来自然非常亲切。

文学是什么？文学对多数正直的作家而言，就是一种责任与使命。王雄的长篇报告文学“中国高铁三部曲”，文字近百万，可谓工程浩大。这对一个创作者来说，无疑是件史诗般的创作伟业。王雄的写作给我们提供了一种范本式的方向，是典型的中国报告、典型的中国故事。这对当代的报告文学，对中国今天的文学来说都是一个收获。

王雄是火车司机出身，又长期在铁路系统做宣传工作。40年的铁道工作经历，让他见证了蒸汽机车、内燃机车、电力机车及高速动车组时代，见证了中国铁路从传统走向先进的全过程。这是一般作家所没有的，值得珍惜和尊敬。

我感觉王雄很了不起，他写中国高铁的报告文学最合适不过了。他体验过一线的力量、一线的场景。这种劳动的状态，是工人阶级特别典型的一种状态，是我们人民的一种精神状态。这种状态正是宝贵的创作动力。王雄以这种饱含激情与责任感的状态投入写作，很好地完成了这套书的创作，为世人瞩目的中国高铁发展交出了一份优秀的“文学答卷”。

严肃的文学创作，尤其是报告文学创作，需要王雄这样的精神和态度，以及勤奋的劳动干劲。事实上，我们也能从王雄身上看到一个中国作家的“高铁精神”，这也是时代和中国十分需要的精神。期待王雄能像中国高铁事业一样勇往直前，继续创作优秀的“高铁文学”，为中国文化和中国形象惊艳世界增光添彩。

（何建明，著名作家，中国报告文学领军人物，中国作家协会第七、八、九届驻会副主席、党组成员、书记处书记。现任中国作家协会报告文学委员会主任。）

目 录

中国高速铁路图

乌鲁木齐
哈密
新疆维吾尔自治区
甘
青海省
西藏自治区
拉萨
云南
大理
图例
中国国家铁路集团有限公司所在地
省级行政中心
主要车站
高速铁路
国界、未定国界
省、自治区、直辖市界
特别行政区界
此图截止时间：2021年12月31日

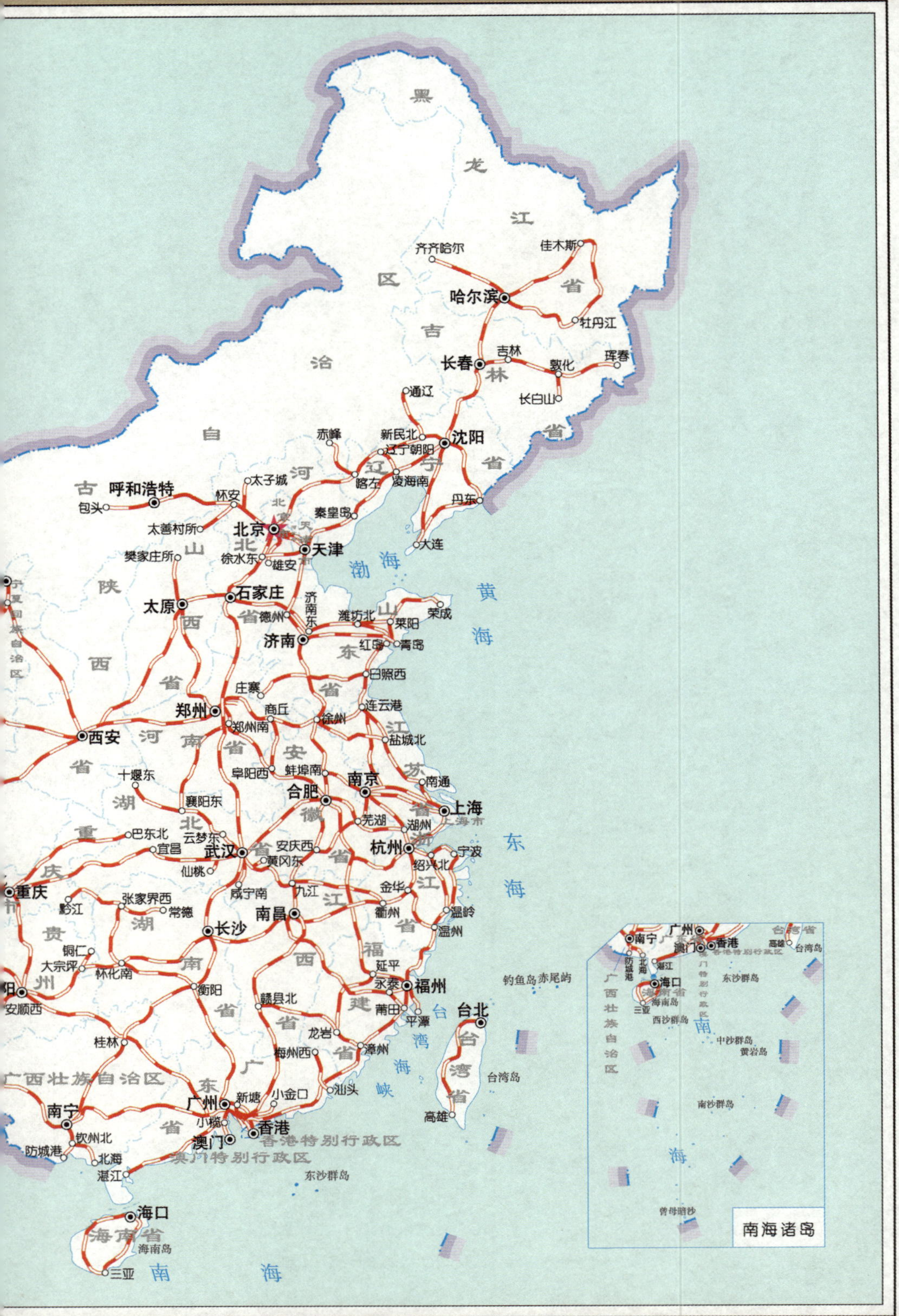
黑
龙
江
省
齐齐哈尔
佳木斯
哈尔滨
牡丹江
吉
林
省
长春
吉林
敦化
珲春
长白山
通辽
沈阳
新民北
辽宁朝阳
辽
宁
省
赤峰
喀左
凌海南
丹东
大连
秦皇岛
内
蒙
古
自
治
区
呼和浩特
包头
怀安
太子城
太善村所
北京
天津
河
北
省
樊家庄所
徐水东
雄安
石家庄
太原
山
西
省
陕
西
省
宁夏回族自治区
济南东
德州
济南
潍坊北
莱阳
荣成
红岛
青岛
山
东
省
日照西
庄寨
郑州
郑州南
商丘
徐州
连云港
盐城北
江
苏
省
河
南
省
西安
十堰东
阜阳西
蚌埠南
安
徽
省
南京
南通
合肥
上海
上海市
襄阳东
湖
北
省
芜湖
湖州
巴东北
云梦东
宜昌
武汉
安庆西
杭州
宁波
黄冈东
绍兴北
浙
江
省
仙桃
重
庆
市
重庆
咸宁南
九江
金华
张家界西
黔江
常德
衢州
温岭
江
西
省
长沙
南昌
温州
湖
南
省
贵
州
省
铜仁
大宗坪
怀化南
延平
福
建
省
永泰
福州
钓鱼岛
赤尾屿
安顺西
衡阳
赣县北
莆田
平潭
台北
台
湾
省
桂林
龙岩
漳州
梅州西
广西壮族自治区
广
东
省
汕头
台湾岛
小金口
新塘
广州
南宁
小榄
香港
高雄
钦州北
澳门
香港特别行政区
防城港
北海
澳门特别行政区
湛江
东沙群岛
海口
海南省
海南岛
三亚
渤
海
黄
海
东
海
台
湾
海
峡
南
海
南海诸岛
中沙群岛
黄岩岛
西沙群岛
南沙群岛
曾母暗沙

引言
速度源于开放

1978 年 10 月 22 日，这是一个金灿灿的秋日。

一架尾翼上有着五星红旗徽记的中国专机从北京腾空而起，两小时后，缓缓降落于日本东京羽田机场。机舱的舷梯刚刚放下，日本外相园田直便破例进入机舱，迎接来自中国的尊贵客人。他高兴地对中国客人说："您给我们带来了艳阳天！"这位中国客人就是中共中央副主席、国务院副总理、74 岁的邓小平先生。邓小平应日本政府邀请，将对日本进行为期 8 天的访问。

透过飞机舷窗，鸟瞰东京，只见高楼林立，人流涌动。邓小平以其敏锐的目光，认真地观察眼下这片异国的土地：在中国经历 10 年"文革"劫难的时间里，外面的世界到底发生了什么样的变化？

这是中国"文化大革命"结束后的第二个秋天。邓小平作为中国改革开放的总设计师，心中正在勾画着中国改革开放的宏伟蓝图。他把目光投向了世界。在日本访问期间，尽管日程排得很满，邓小平还是特地提出要乘坐新干线列车前往京都。

10 月 26 日，坐在飞驰的高速列车上，邓小平神态自若。群山、湖泊、村庄、田野，从列车两侧飞快闪过。此时，车厢显示屏上显示：时速 210 公里。

同行的记者向邓小平问道："据了解，您是第一次乘坐高速列车，您有什么感觉？"

邓小平爽快地回答说："就感觉到快，有催人跑的意思，我们现在正合适坐这样的车。"

此时，中国还处于蒸汽机车时代，不到 9000 台机车中，有 8000 台是蒸汽机车，就是那种冒着黑烟的老火车，高级一点的电力机车还不到 200 台。中国列车的最高时速也就 80 公里，旅客列车的平均时速不过 40 公里。

高速列车在飞驰。邓小平一直看着窗外，他的目光坚定而沉着。

随着邓小平乘坐新干线高速列车的画面在中国电视节目里播出，一种被称为"子弹头"的、梦幻一般的火车，开始为中国人所认识。

两个月后，中共十一届三中全会在北京隆重举行。

影响中国命运的改革开放就此拉开了帷幕。

高速列车行驶在铁路高架桥上

高速列车驶过卢沟桥

第1章

中国需要高铁吗

发展是硬道理。中国需要什么样的铁路，中国需要高速铁路吗？这些问题一提出，立刻在社会上产生了强烈反响，各执一词，争论不休。

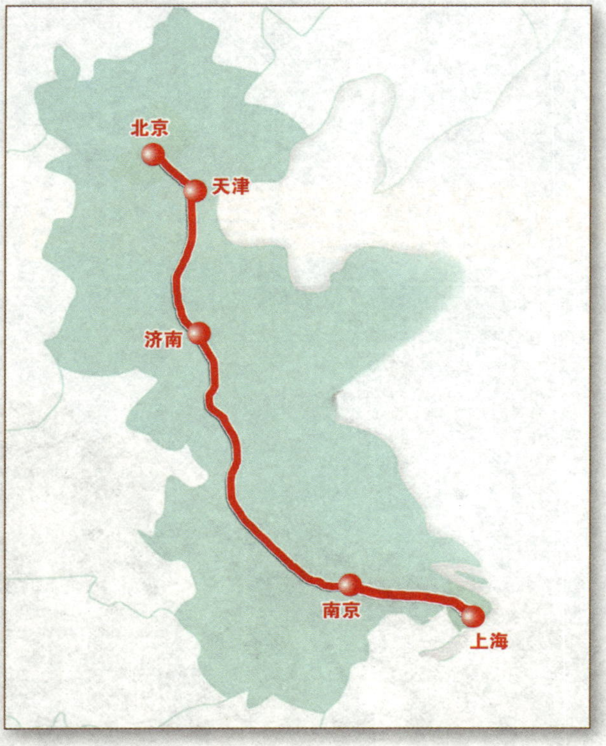

京沪铁路示意图

20世纪70年代末至80年代末，是当代中国又一波新的学术界思想活跃期。

《红旗》《光明日报》等报刊相继发表专家学者对中国交通发展走向的看法。他们认为，世界上的发达国家，无一例外的是铁路衰落，高速公路兴起。由此，专家学者提出建议：1000公里以上的客运可由民航承担，400公里之内的运输交给公路，剩下的40至1000公里之间的空间交由铁路。

显然，这些观点与中央在20世纪50年代末确立的“铁路是国民经济大动脉”的经济思想相违背。一时，铁路被看作夕阳产业，从综合交通体系中的骨干地位跌落下来。

中共十一届三中全会后，邓小平提出：以经济建设为中心，走改革开放道路，集中力量发展生产力，把经济搞上去。这时，社会开始重新认识“铁路是国民经济的大动脉”的地位，铁路不能拖国家经济后腿的呼声振聋发聩。

改革开放迎来了铁路发展的春天，

不过，它真的太陈旧了。用“老牛拉破车”来形容当时的中国铁路，一点也不过份。

邓小平乘坐日本新干线高速列车，对中国铁路的发展意义非比寻常。高铁像一颗种子，被中国铁路科研者小心收藏着，并迅速开始生根发芽。

1978 年 12 月，中国铁路部门选择京广铁路石家庄至保定段的 131 公里，拿出当时从联邦德国进口的、最先进的 NY 型内燃机车，开始第一次高速试验。这次试验所获得的成就让中国人震惊，大家从来不知道原来中国铁路线的火车也可以跑出时速 165 公里的惊人高速。

发展是硬道理。中国需要什么样的铁路，中国需要高速铁路吗？这些问题一提出，立刻在社会上产生了强烈反响，大家各执一词，争论不休。此后的十年间，这种争论一直在持续。

据不完全统计，1980 年到 1990 年间，中国科研人员发表将近 3 万篇铁路学术论文，大家认真地研究外国的高铁，研究铁路发展历史，研究高铁制造技术工艺。

也就是在这场争论中，中国高铁从零起步，一步一步朝着可能性方向发展。

1 京沪大通道的呼唤

改革开放后，随着经济的快速发展，各大铁路干线运输能力长期超负荷运行，货车申请满足率仅60%，大量货物积压待运，各大火车站人满为患，拥挤不堪。特别是每年的春运，像一拨拨巨大而汹涌的浪潮，猛烈地冲击着中国脆弱的铁路运输系统，在无数个体生命记忆深处，留下了艰难的回家影像。以京沪铁路为例，仅占全国铁路长度的2.8%，却负载了14.3%的旅客周转量和8.8%的货物周转量，运输密度是全国铁路平均水平的4倍。旅客滞留，货物堵塞，乘车难、运货难问题十分突出，各区段能力利用率均达到100%。

中国需要高铁吗？是现在就建，还是以后再说？争论由此开始。许多老专家坦诚相见，以民族大义为重，以敢于担当、无私无畏的气概和勇气，在争论、商议破解铁路发展难题对策的同时，也极大地推动了中国民主决策的进程。

京沪铁路告急

1421年，明成祖朱棣迁都北京。

从此，北京成为了中国政治、经济、文化的中心。各地封疆大臣、商贾使者来京朝觐或做生意，还有皇粮等大量的进京物资运输，一是靠驿道，二是靠河运。

京杭大运河自公元前 486 年开始挖凿，到公元 1293 年全线通航，前后共持续了 1779 年。此后，历朝历代都要拨巨款，疏通河道，维系水运。直至今天，大运河的部分航道还在行船。

公元 1825 年，世界第一条铁路在英国正式通车。1831 年，英国科学家法拉第发明了发电机，为未来铁路电气化提供了可能。这年，是中国清朝道光十一年。据史书记载，“近代中国睁眼看世界的第一人”林则徐，此时，正奉旨四处奔忙“河运”。

1895 年甲午战败。交通落后，尤其缺乏铁路是甲午战争中国失败的重要原因。甲午战争前夕，中国只有 477 公里铁路，而且大多分布在后方。此时，日本铁路达到 4310 多公里，横贯全国的铁路网，将兵粮饷械日夜不停地运到靠近战场的港口，再由轮船横渡大海，神速运往战场。铁路不再只是一种交通工具，而是与大炮一样有力的武器。

清代洋务派代表人物张之洞痛呼：“使铁路早成，何至如此！”铁路被迅速摆上了中央“力行新政”的六大措施之首。洋务大臣李鸿章提出：“中国今欲整顿一切新政，惟铁路为第一枢纽。”

清政府痛下决心，把修铁路作为重要之举。1896 年 10 月，清政府成立“铁路总公司”，负责官督商办，举借外债，借款筑路。由于清政府的实力和认知程度所致，铁路建设仍然缓缓推进，举步维艰。

1897 年，清政府开始动工兴建京津铁路。这是在原唐胥铁路延伸线京山铁路的基础上，建造的一条由天津至北京的铁路，于 1900 年完工。后来，这条铁路被称之为京沪铁路的北段。中段从天津到江苏浦口，称为津浦铁路，于 1908 年动工，1912 年建成。南段从上海到江苏南京，称为沪宁铁路，于 1905 年动工，1908 年建成。

1968 年 9 月，南京长江大桥通车后，将长江两岸的铁路连为一体，这三段铁路才统一命名为京沪铁路，全长 1462 公里。

百年京沪铁路，这一端是政治中心首都北京，另一端是经济中心大上海，沿线途经北京、天津、河北、山东、安徽、江苏、上海四省三市，所经区域面积占国土面积的 6.5%，人

20 世纪 80 年代，蒸汽机车仍然是中国铁路的主要牵引动力

口占全国的26.7%，人口100万以上城市11个，国内生产总值占全国的43.3%，是中国经济发展最活跃、最具潜力的地区。京沪铁路连接京、津、唐环渤海经济带和沪、宁、杭长江三角洲经济带，是东北、华北通往华东的必经之路，为中国最繁忙的铁路干线之一。

随着改革开放的推进，东部沿海经济迅速起飞，京沪铁路客货运量猛增，运输能力趋于高度饱和状态。全线平均每公里客货运输换算密度合计已超过1亿吨，分别为全国铁路客货运输平均水平的5.4倍和3.8倍，运能缺口达到50%，一直处于超负荷运行和限制型运输状态的京沪铁路，靠拼设备、拼维修、超负荷运输仍不能满足需要，严重制约了沿线地区经济的发展。

再说在那时，从北京到上海坐火车最快也要20个小时。中国最大的两个城市之间的火车速度也实在是太慢了。

有人提出，修一条专用的快速客运通道，把货运和客运分开，以彻底缓解京沪铁路的压力。这一提法正是京沪高铁设想的雏形。中国铁道科学

京沪铁路的济南老火车站

售票处

研究院认为，如果中国要修第一条高铁，非京沪高铁莫属。

经过12年的改革开放，到了1990年，这时的国力明显增强，国家开始腾出手来加快铁路发展。这一年，铁路建设的投资达到了107.16亿元，占全国投资比重的6.3%。这时，经过长时间的探讨争论之后，一个大胆的想法在中国铁路决策者的脑子里日趋成熟：积极推进中国高速铁路发展之路。这年12月，铁道部在借鉴国外先进经验的基础上，结合中国国情，向国务院报送了《关于“八五”期间开展高速铁路技术攻关的报告》。

报告认为，在大城市间有计划地修建高速铁路客运专线，实行客货分线运行，满足日益增长的客货运输的需要势在必行。这将是中国铁路提高主要干线繁忙区段运输能力，最终解决大城市间旅客运输问题的主要途径。同时，以高速为核心，研制开发新型机车车辆，高强度精度线路，列车自动控制装置等技术和装备，可以全面推动和促进铁路和其他部门科学技术水平的发展。报告提出，从中国国情出发，力争在近10年的时间里，中国铁路实现最高时速200公里以上的目标。

1992年初，邓小平发表了南方谈话后，建设京沪高速铁路的呼声高涨。铁道部向国务院报送《关于尽快修建高速铁路的建议报告》后，旋即又提出了《北京至上海旅客列车专用高速铁路研究的初步设想》。

1993年4月24日，国家科委会同国家计委、国家经贸委、国家体改委和铁道部，共同组成“京沪高速铁路重大技术经济问题前期研究”课题组。由国家科委副主任惠永正和铁道部副部长屠由瑞牵头，组织了47个单位120余名专家参加，围绕工程建设方案、资金筹措与运营机制、国际合作、经济评价等有关决策的重大技术经济问题，开展京沪高速铁路的前期研究，编写出50余万字的《京沪高速铁路重大技术经济问题前期研究报告》。报告回答了“修什么样的高铁、怎么修、由谁来投资”等一系列问题。

研究报告预计，京沪高速客运专线全线贯通以后，与既有线客货分线运输，年客运能力（双向）可达1.2亿人次以上，比1993年的运输能力提高3倍；既有线以货运为主后，实行电力牵引，南下年货运能力可达1.2亿吨以上，比 1993 年的运输能力提高一倍。京沪铁路客运由特快 17 小时缩短到 7 小时。

报告的结论是，建设京沪高速铁路是迫切需要的，在技术上是可行的，经济上是合理的，国力上是能够承受的，建设资金是有可能解决的。

与此同时，为了了解与掌握国外高速铁路技术的发展状况，铁路主管部门先后 50 多次邀请国外专家来华进行技术交流，并派出各专业科技人员组成多个团队，赴日、德、法、西、韩等国和中国台湾等地区进行技术考察或研修，培养了数以千计的铁路青年科技和管理人才。

普速列车行驶在京沪铁路南京长江大桥引桥上

"东风"内燃机车牵引列车行驶在京沪铁路线上

1993 年 12 月，国务院批准开展京沪高速铁路预可行性研究。

现在回头来看，当时的所谓"预可行性研究"，就是支持方（急建派）与反对方（缓建派）的争论过程而已。争论的焦点，是高速铁路的必要性和经济性，技术性问题反而排在了后面。

支持方认为，京沪高铁的兴建有利于未来经济发展，而且技术上和国力都能够负担。反对方则认为，以国外的实例参考，新建高铁大部分都是亏损多、盈利少。目前的铁路运能紧张问题，完全可用提速、扩能等方式解决。

1994 年 3 月 4 日，"四委一部"向国务院上报了《关于报送建设京沪高速铁路建议的请示》。建议国家尽快批准立项，力争 1995 年开工，2000 年前建成。

这无疑是一个充满希望和信心的宏伟目标，凝聚了国务院多个部门和中国铁路领导者、科技工作者的胆略和胆识、心血和智慧。

1994 年 5 月，在国务院总理办公会上，李鹏总理听取了建设京沪高速铁路的汇报。一个月后，江泽民总书记主持中央财经领导小组会议，国家计委作了相关汇报。这次会议“原则同意铁道部关于修建京沪高速铁路开展预可行性研究的建议”。很快，铁道部成立了以部长韩杼滨为组长，副部长孙永福、傅志寰为副组长的京沪高速铁路预可行性研究领导小组。

此时的“预可行性研究”，开始转为具体内容的操作。随后，铁道部组织力量开展现场勘测设计工作，并对机车车辆、通信信号、线路桥梁、运输组织等开展专题研究……

两位执著的老人

1992 年春，在太平洋西岸的美国，一位中国老人正在一家图书馆里认真地阅读报刊资料。

这位老人就是华允璋，上海铁路局原总工程师，当时已退休。

《华盛顿邮报》上有一则有关高速轮轨铁路的文章，引起了华允璋老人的高度关注。

文章说，轮轨高速新线造价高、列车检修频繁、备用量大，已投入运营的高速铁路，除日本东海道新干线因有庞大的客运量（年客运量为 1.3 亿人次）和与飞机票持平的高票价盈利外，其余全部亏损。因此 50 年来，建设轮轨高速并已投入运营的仅限于日、法、意、德、西等少数发达国家。人们担心轮轨高铁的总投资太大、运营成本过高，严重亏损不可避免，进而导致国家背上沉重的财政包袱。文章得出的结论是：轮轨高速铁路“技术上是优势，财政上是灾难”。

华允璋老人联想到自己的祖国正在准备兴建轮轨高速铁路，不由得心急如焚。

华允璋是中国高铁“缓建派”代表人物之一。

早在铁道部动议修建京沪高铁之初，华允璋就表示坚决反对。1992 年第 6 期《中国科技论坛》推出了华允璋的文章，题目是《关于发展高速铁路的几点建议》。文章认为，建设京沪轮轨高速铁路，实现客货分流，将导致高铁新线亏损，既有线客源流失，最终两败俱伤。华允璋提议，中国应当像美国一样在既有线上引入摆式列车，实现高速运行，实际费用不到新修高铁线的10%。

不久，华允璋老人匆匆回国。他要用自己掌握的资料，为缓建高速铁路据理力争。很快，华允璋老人找到了知音。他就是姚佐周，铁道部专业设计院原副院长。虽然姚佐周早已从岗位上退下来，但一直非常关心铁路发展。

1994年底，铁道部联合国家科委、国家计委、国家经贸委和国家体改委共同推出《京沪高速铁路重大技术经济问题前期研究报告》。结论是，“京沪线长期以来通道运输能力严重不足，整个通道处于持续、全面的紧张状态之中。建设京沪高速铁路是迫切需要的，在技术上是可行的，经济上是合理的，国力是能够承受的，建设资金是有可能解决的。因此，要把握时机，下决心修建，而且愈早建愈有利。”

“这个研究报告是在为急于兴修高速铁路找借口。”华允璋老人十分生气。

姚佐周也认为，“四委一部”的研究报告大大地高估了中国修建高速铁路的经济水平和承受能力。他坚决反对报告中得出的“修建京沪高速铁路迫在眉睫，应该力争在‘九五’期间尽早开工”的结论。

1995年8月，姚佐周同时推出两篇论文，一篇刊发在《科技导报》上，题目是《新建高速铁路非当务之急》，另一篇刊发在《上海交通运输》杂志上，题目是《再论新建高速铁路非当务之急》。1996年9月，他又在《上海交通运输》上刊发文章《九五兴建京沪高铁为时过早》。三篇文章表达了同一个观点：京沪高铁的急建论者“高估运量、低估运能，低估投资、高估效益，以使项目可行，这是中国铁路建设项目可行性研究中相当时期内的惯性”。

经过一段时间的调研后，2000年4月，华允璋在《科技导报》上刊发了题为《京沪高速铁路不宜立项“上马”》的文章。文章分析认为，京沪沿线1997年人均GDP最高的上海市仅3100美元，沿线城市平均接近1000美元，仅为日本东海道沿线的四十六分之一。经济发展和人民消费水平相差悬殊，而测算的高铁客流却远超东海道新干线，这显然是根本不可能的。

华允璋承认，京沪线确是我国客

货运量最大的线路，但并非世界上最繁忙的铁路线。他认为，铁道部所谓的“京沪铁路长期处于饱和状态”，完全与事实不符。比照美国列车追踪间隔在 3 ~ 4 分钟的事实，京沪线上的列车追踪间隔完全有能力缩短。

1996 年时，华允璋老人 86 岁，在京沪铁路的那一头上海。姚佐周老人 79 岁，在京沪铁路的这一头北京。一南一北，遥相呼应。他们的文章和观点，受到中央高层的重视。

两位老人的执著精神，成就了一段佳话。

2004 年 8 月 14 日晚，已迈入 94 岁高龄的华允璋在上海接受了《商务周刊》的采访。他对 10 年前的事情记忆清晰，对京沪高速铁路的 10 年争议唏嘘不已。他认为，无论从哪个角度看，这场争论都是一笔财富，受益者是多方面的。

香山沈华论战

1994 年 6 月，初夏的北京，生机盎然。

此时，铁道部在西郊香山组织的一场高速铁路研讨会，气氛热烈，论战激烈。这是中国科学界和工程技术界跨学科的常设讨论会，又称“香山会议”。国内著名的严陆光院士、何祚庥院士、程庆国院士等 30 多位研究超导、电工、车辆的专家和学者参加了会议。铁路界的主要技术干部和院士也参加了这次会议。

铁道部总工程师兼高速铁路办公室主任沈之介，是这次会议的召集者之一。

沈之介在会上发言指出：“京沪铁路是客货运输最繁忙的铁路干线，也是目前世界上最繁忙的铁路线，长期处于饱和、超饱和状态，控制间段运能缺口高达 50%。客运与货运争动力，在京沪铁路表现得十分突出。大家知道，如果多开一对客车，就要减少两对以上货车；如果多送一位旅客，就将少运送一吨货物。长江三角洲地区是经济发达地区，我们是客货都不能放，必须急建新线！”沈之介挥动着拳头，刚劲有力。

“你的意思是说京沪线快要瘫痪了？”华允璋站起来质问道。

“可以这么说。眼下，京沪线的客流密度和货运密度分别为 4578 万人 / 公里和 6032 万吨 / 公里，是全国铁路平均密度的5倍和3倍以上。”沈之介回答道。

华允璋提高嗓门说道：“所谓京沪铁路长期处于饱和状态，完全与事实不符。仅今年春运期间，京沪线就增开临时客车32对之多，可见能力并未饱和，并没有瘫痪，而且还有一定的余力。”

沈之介笑了笑：“华总，春运期间京沪线增开临时客车，那也是不得已而为之，是打的疲劳战，是以牺牲设备和安全为代价的啊。”

华允璋问道：“修建京沪高速铁路需要多少钱？”

“采用轮轨技术，造价要523亿元人民币，工期5年。”沈之介答道。

华允璋摇了摇头：“我们上海市退（离）休高级专家协会铁路组100多个老人这些年凑在一块仔细计算过两次高速轮轨造价，大家比较同意估算投资每公里至少2亿元，那么，京沪高速铁路的总造价就得超过2000亿元。请不要过高地估计了中国修建高速铁路的经济水平和承受能力。”

沈之介很冷静地问道：“华总，您知道吗？日本1957年开工修建第一条高速新线时人均GDP为338美元，低于中国目前的水平。”

“但是以黄金折算的美元实际价值，1957年比1994年高出12倍以上。”华允璋显然是有备而来，他强调说，“在市场经济体制下，客运量和客运收入量是决定修建高速铁路的终极因素。目前状况，修建高速铁路只会亏损。”

姚佐周没有参加“香山会议”。但他与华允璋持相同的观点，坚持中国铁路建设现阶段不应急于建高速轮轨，应把资金用于既有线提速，扩大铁路里程和加大铁路电气化改造上。

在这次为期3天的高速铁路技术发展和展望的讨论中，专家、学者们自然也对磁悬浮这种新一代的高速列车给予了充分的关注。严陆光回忆道：“当时我参加这个会的目的是，向国家呼吁磁悬浮立项，以更多经费来支持磁悬浮的研究发展。”

据严陆光回忆，会议结束的时候，沈之介找到他说，磁悬浮是个好事，是个新技术，应该发展，但铁道部已经做出了京沪高速铁路的可行性研究，正在报国家立项，希望不要影响京沪线的建设。

1996年2月，铁道部再次召开论证会。华允璋与姚佐周都应邀参加，他们在会上提出了自己的意见和疑问，并坚持反对京沪高速铁路立刻上马，认为京沪高速铁路没必要这么快建，可以缓建。华允璋再三强调，最好用摆式列车技术和电气化改造实现京沪线的扩能。经过一番争论之后，会议做出了京沪高铁沪宁段 1998 年开工、2000 年开通的建议方案。

这年 3 月，全国“两会”期间，沈之介以全国政协委员的身份，向大会提交了建设京沪高速铁路的提案。与此同时，姚佐周给人大、政协每个代表团送去了一份关于缓建京沪高速铁路的建议。两份文字，情真意切，却针锋相对。

3 月 13 日，八届全国人大四次会议在听取了不同意见后，进行了大会表决，批准了《国民经济和社会发展“九五”计划和 2010 年远景目标纲要》。《纲要》明确表示：“下世纪前 10 年，集中力量建设一批对国民经济和社会发展具有全局性、关键性作用的工程……着手建设京沪高速铁路，形成大客运量的现代化运输通道。”

在全国人大正式批准的《纲要》中，确定了京沪高铁的建设时间点，同时也为中国高铁发展定下了基调和明确了方向。这标志着，是否建设京沪高铁的争论尘埃落定。

也就是说，“下世纪前 10 年，着手建设京沪高速铁路”。

沈之介尽管很高兴，但也很痛心，他说：“京沪高速铁路每晚建一年，就会损失 200 个亿啊！”

2 轮轨与磁悬浮之争

1997 年 4 月，铁道部完成《京沪高速铁路预可行性研究报告补充研究报告》，并据此上报了项目建议书。不久，国家计委、国土资源部联合颁发《关于预留京沪高速铁路建设用地的通知》，要求沿线地方政府预留京沪高速铁路建设用地。京沪高铁建设项目即将启动。

这时，京沪高铁究竟采用哪种铁路运行技术和运行模式的问题，被提上了议事日程。各位专家各抒己见，又分成了“轮轨派”和“磁悬浮派”两大阵营。

所谓轮轨与磁悬浮，即两种不同的铁路运用技术，同属火车的运行模式。

轮轨是在车轮与钢轨接触的情况下，依靠轮轨之间的黏着关系，来实现支撑、导向、牵引和制动功能，推动列车前进。磁悬浮列车则是靠电磁力克服地心引力，使车辆“悬浮”起来，再利用直线电机驱动列车前行。与常规铁路不同，磁悬浮列车行进时不接触轨面，恰如贴地飞行。磁悬浮列车的最高速度可以达每小时 500 公里以上，比轮轨高速列车的 300 多公里还要快。

“高速轮轨与磁悬浮”之争，最终奠定了中国高铁技术方向，并成为高速动车组列车的标准。依托这一争论的最终结果，中国建造起了世界上最大的高速轮轨网络。

沈志云·挺轮派

自世界上有铁路以来，轮轨火车就是铁路的标志。

在“轮轨派”与“磁悬浮派”的论战中，沈志云是坚定的挺轮派。

沈志云生于湖南长沙的一个教师之家，父亲是乡村小学教师，哥哥、姐姐都是中学教师。他在良好的家庭教育氛围中长大，十分求知上进，刻苦好学。

这位西南交大的留苏资深教授、“两院”院士，在机车车辆动力学尤其是轮轨动力学、运动稳定性、曲线通过理论和随机响应等研究方面，取得了显著成绩。他主持研制成功中国第一台迫导向货车转向架，开创了无轮缘磨损新纪录；他主持建立的机车车辆整车滚动振动试验台，达到国际先进水平。

车轮与钢轨的接触，是列车与路轨间唯一的相互作用，车轮在滚动时，还有微小的滑动，称之为蠕滑。轮轨蠕滑力，是指车轮在钢轨上滚动时产生的水平面的切向作用力。这是一个非常复杂的物理现象，如何定量地确定其力学特征，降低轮轨之间的动力作用，关系到轮轨速度，一直是铁道车辆力学中的难题。

1982 年，沈志云作为访问学者，进入美国麻省理工学院。他深入研究了卡尔克的轮轨蠕滑理论，在沃尔妙伦—约翰逊方法的基础上，考虑自旋蠕滑、定义蠕滑因子和自旋比例系数，分别研究在不同自旋蠕滑的各种蠕滑力模型的比较，得出了新的非线性蠕滑力这一适用于车辆动力学计算的简易方法。这一计算方法，被世界同行称之为“1983 年世界蠕滑理论新发展的标志”，被誉为“沈氏理论”，受到广泛推广应用。

早在 1988 年，沈志云在论证牵引动力国家重点实验课题时，就提出了时速 400 公里的试验速度。1990 年以后，他明确提出的技术路线仍然是“努力降低轮轨之间的动力作用”的中国技术特色。

1998 年的“两会”上，沈志云以人大代表的身份向大会递交提案：关于京沪高速铁路必须采用轮轨技术的建议。沈志云这个提案，很快与严陆光写给总理的信“遭遇”上了。总理要求中国工程院组织两院院士列出专题，对磁悬浮高速列车与轮轨高速列车技术再一次进行比较分析，为决策提供依据。

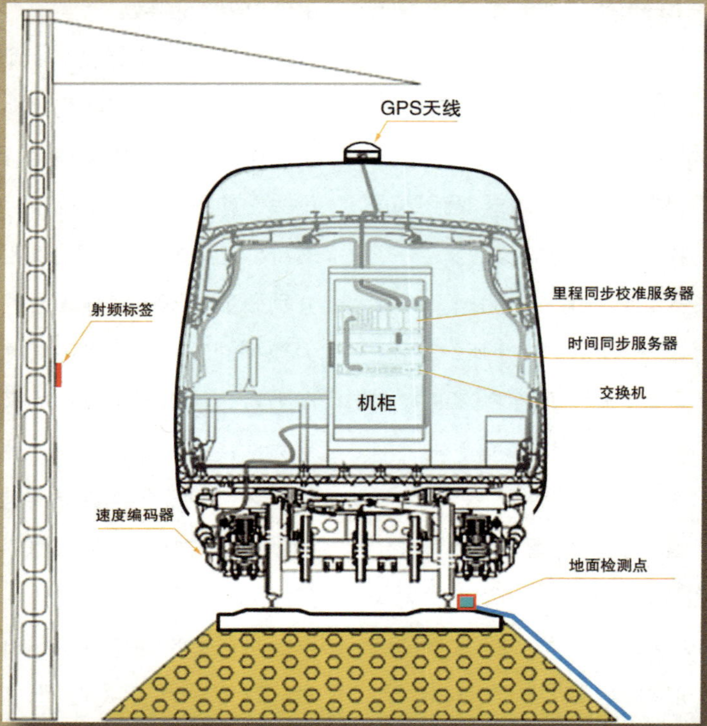

轮轨列车走行部结构示意图

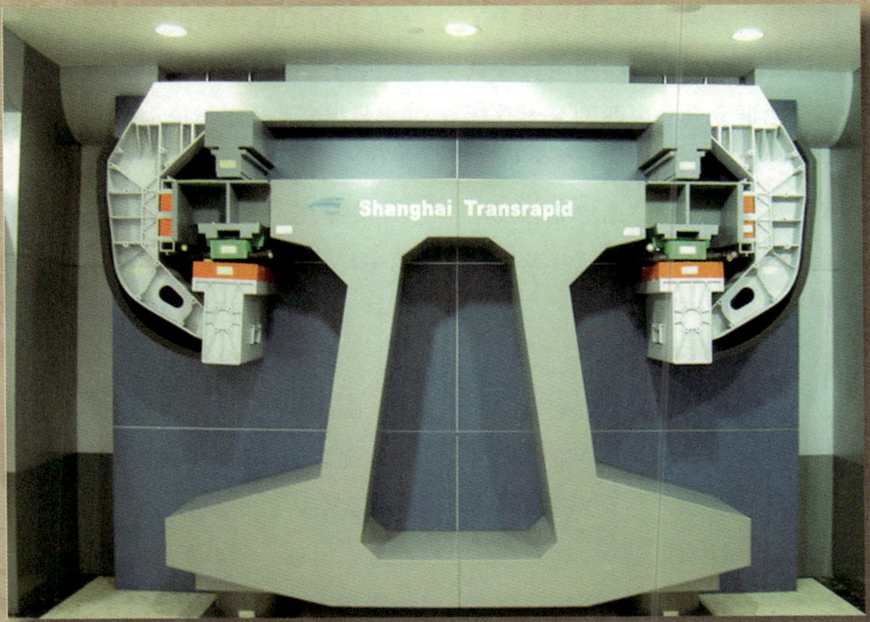

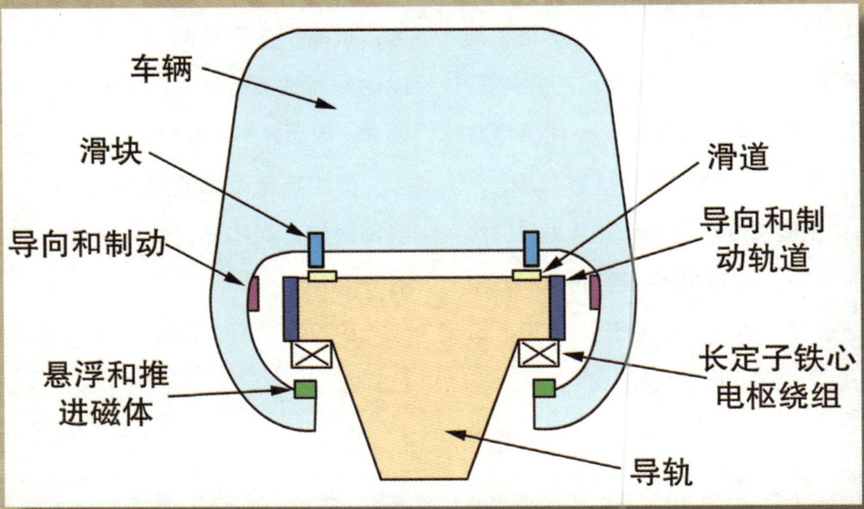

磁悬浮列车走行部结构示意图

这一年，中国工程院连续组织了3次研讨会，比较磁悬浮和高速轮轨的方案。论证会先后由西南交大教授沈志云和铁道部总工程师沈之介主持。与此同时，中国工程院指定沈志云担任“磁悬浮高速列车与轮轨高速列车的技术比较和分析”咨询组长，牵头组织专家学者深入进行论证。

这个咨询组汇集了一大批中国顶尖的工程专家和学者。还特地请来了“磁悬浮”派重量级人物何祚庥、严陆光院士，以及姚佐周。

研讨会之中，沈志云还特地请大家来到了西南交大，参观牵引动力重点实验室。这种动力实验完全是在模拟轮轨运行条件下进行的，实情实景，数据可依。实验启动后，一切平稳有序，试验时速很快达到了430公里。

“试验速度能达到430公里，自然就满足京沪高速铁路需要的300公里以上速度。各位专家有什么意见，请提出。”沈志云抱拳请教。

然后，专家们来到了深圳，乘坐广深“准高速”列车，仍然是轮轨，平衡舒适，大家一路欢声笑语。

实地考察结束后，专家们一路北上，一路研讨。返回北京后，专家们结合掌握的磁悬浮列车资料和亲身对轮轨高速列车的体验，立即动手起草《磁悬浮高速列车与轮轨高速列车的技术比较和分析》的咨询报告。

咨询报告的主要内容有三个方面：第一，轮轨高速技术既是成熟技术，又是正在不断发展中的高新技术，在京沪线采用轮轨技术方案是可行的；第二，磁悬浮高速列车有可能成为21世纪地面高速运输新系统，具有明显的技术优势，由于目前世界上尚未建成商业运营线，所以至少在近10年内，不能在京沪全线采用磁悬浮列车方案进行工程建设；第三，摆式列车，对于客、货高密度混运的京沪线而言，难以达到时速200公里以上的运行速度要求，因而是不可取的。

令沈志云无比欣慰的是，对这个咨询报告，严陆光、何祚庥院士都签名赞成。

1999年3月，北京春暖花开，景色宜人。

3月31日，中国工程院批准了《磁悬浮高速列车与轮轨高速列车的技术比较和分析》的报告，并上报国务院。

报告认为，由于世界上尚未建成商业运行线，所以至少在10年内不能在京沪全线采用磁悬浮列车方案进行工程建设，得出了“在京沪线上采用轮轨技术方案可行”的结论。

严陆光与中国磁浮列车

1998 年 6 月初，北京迎来了科技界的盛会。

中国科学院第九次院士大会、中国工程院第四次院士大会隆重举行。6 月 2 日，国务院总理朱镕基到会讲话，他在讲话中向在座的一千多位院士提出了一个课题：“京沪高速铁路是否可以采用磁悬浮技术？请专家进行论证。”

随后，中国工程院成立了“磁悬浮与轮轨高速列车分析比较”课题组。以时任科技部副部长徐冠华、著名电工学家严陆光等专家为代表，坚决支持京沪高铁以磁悬浮技术来建设。

严陆光，1935 年 7 月出生于北京，原籍浙江东阳，早年毕业于苏联莫斯科动力学院电力系。其父严济慈院士，是著名物理学家、中国科学技术大学老校长。严陆光长期从事近代科学实验所需的特种装备的研制和电工新技术的研究发展工作，领导进行了超导磁体技术与应用的研究发展，开创了中国大能量电感储能装置的系统研制。

20 世纪 20 年代，德国人肯佩尔提出了磁悬浮原理，并于 1934 年申请了专利。由于受到技术发展水平的制约，这一专利一直没有能运用在旅客运输上。到了 20 世纪 60 年代，随着电子控制技术日臻完善，德国、日本、美国、法国、英国和苏联相继开展了悬浮式列车研究。其中，德国、日本还各自建起了颇具规模的试验线，并因此获得了大量丰富的数据。

世界唯一投入商业运营的英国伯明翰机场至英特纳雄纳尔火车站低速磁悬浮列车，运营 8 年后，于 1996 年停运。一番大浪淘沙后，截至 1998 年，磁悬浮舞台只剩下了两位主演：德国与日本。日本是低温超导排斥型磁悬浮，德国是常导吸引型磁悬浮。但都只是处于试验阶段，没有真正投入商业运营。也就是说，高速磁悬浮作为技术储备，一直被扔在历史的角落里蒙尘，迟迟实现不了市场商业化。

正因如此，中国科学家严陆光勇敢地站出来，想在磁悬浮技术领域一展身手。

20 世纪 50 年代，严陆光在清华大学电机系读书时，就对轨道交通产生了浓厚的兴趣。当时，人们认为轨道交通的速度极限是时速200公里，因为当时的实验结果超过时速200公里后，轮子就不是滚动，而是滑动了。随着科学的进步，这极限速度被不断打破，但严陆光认为，轮轨的速度极限是存在的。

严陆光的想法得到了科技部副部长徐冠华院士、著名物理学家何祚庥院士的大力支持。何祚庥主张，中国应该建设一个多种速度配套的铁路网，既有时速100多公里的摆式列车，又有时速300公里的轮轨列车，还有采用磁悬浮技术的时速500公里以上的列车。

全国两院院士大会以后，这三名院士自然结盟，力挺磁悬浮。

得知总理发话了，要搞磁悬浮论证。严陆光很高兴、很兴奋，他有决心、有信心让高速磁悬浮列车奔跑在中国大地上。他连夜开始给总理写信，介绍了德国和日本磁悬浮列车的发展情况，陈述了近年来中国在这方面的技术发展，并建议作为国家战略，必须大力发展高速磁悬浮列车。至于已确定京沪高速铁路采用轮轨技术的问题，有必要重新组织论证。

三院士鼎力抗争

1999年4月，严陆光联合何祚庥院士和时任国家科技部副部长、遥感应用学专家徐冠华院士，再次给朱镕基写信。信的开头这样写道："中国工程院向国务院呈报了《磁悬浮高速列车与轮轨高速列车的技术比较和分析》的报告，鉴于高速列车涉及国家建设的全局，有必要向您反映下述意见。"在信中，他们详细地阐述了与中国工程院报告分歧的观点及原因，主张考虑采用磁悬浮技术修建高速铁路。

三位院士给总理算了一笔账：高速轮轨与普通轮轨相比，速度高1倍多，造价高2至4倍；而磁浮悬在平原地区比高速轮轨线的造价约高25%到35%，但速度高了50%到70%。结论是，如果说，"造价高"是拒绝磁悬浮的一个理由，那么高速轮轨是否也存在造价高的问题？所谓的风险问题，是任何一种新技术与传统技术相比通常会遇到的问题，不应成为使用新技术的障碍。再说，日本、德国经过长期研究发展，已使磁悬浮技术成熟到可建实用运营线的程度，德国30余公里的磁悬浮试验线已运营10余年，积累了大量的经验和数据。因而，在国际合作基础上发展磁悬浮，风险要小得多。

三人紧急行动，形成了“挺磁派”三角型稳定结构。

4 月 22 日，朱镕基总理将三院士的信的批示转给了铁道部原副部长、时任中国国际工程咨询公司董事长屠由瑞：“组织研究，要请计委、经贸委、铁道部、科学院、工程院等有关部门专家参加。”

1999 年 7 月 11 日，国务委员、中国工程院院长宋健率中日友协代表团，应邀访问日本。应日方邀请，宋健考察了日本高速铁路技术，乘坐了新干线 500 系电力动车组列车。宋健注意到，司机室的速度表显示时速 300 公里。日本的陪同人员介绍道，时速 300 公里是日本高铁列车稳定的运行速度。宋健一行人还参观了东京车站高速新干线运输调度中心。

就在中日友协代表团到达日本的两天前，日本首相小渊惠三赴中国访问，向中方递交了一份《日本援建中国高速铁路意见书》，明确表示日本愿意提供最先进的新干线技术和建设资金。

7 月 17 日，宋健完成了写给国务院的考察报告。

报告认为，采用轮轨技术的日本新干线运营 35 年来，技术不断更新和进步，经济效益巨大。日本政府愿意共同建造京沪高速铁路，使之成为 21 世纪中日友好合作的象征。磁悬浮列车只能作为轮轨列车的补充，目前，技术仍不成熟，仍在继续研究之中。

1999 年 9 月，中国国际工程咨询公司接受高层委托，与国家计委、经贸委、科技部、铁道部、科学院、工程院一道，在北京举行了为期四天的“轮轨与磁悬浮系统比较研讨会”，60 多名专家学者参加了研讨会。会议讨论热烈，专家学者们充分表达了各自对高速轮轨和磁悬浮的学术主张和技术主张，对磁悬浮及高速轮轨的利弊客观地进行了分析和阐述。经过充分辩论，赞成采用轮轨方案的占大多数，最后形成咨询意见上报国务院。其意见要点是：京沪高速铁路应采用轮轨技术系统，同时可以选择一条短距离的线路建设磁悬浮试验线。

事后，许多到会的专家学者都高度评价了这次学术讨论的民主气氛。

虽然反复研讨，京沪高速铁路究竟用哪种方案依然没有结果。造价的高低与技术风险的大小，一直是两派争论的焦点。严陆光认为，磁悬浮的优点是显而易见的，它高达430公里的时速是正常运营极限值为350公里的高速轮轨所无法比拟的，而且这个速度还有着比较大的提速空间。对于高速轮轨来说，通常的运行速度仅在250公里左右，已经建成的“秦沈客运专线”的平均时速只是在200公里至220公里之间。

然而，造价太贵和技术不成熟，则是轮轨派一直坚持反对磁悬浮这种新一代技术的理由。以目前的技术水平，长距离磁悬浮价格昂贵且技术不可靠。从技术层面上说，如果磁悬浮运行过程中突然断电，列车就会以高速进入危险的滑动摩擦，对这一意外的防护至今仍然没有解决方案。轮轨派认为，磁悬浮的技术和投资风险都很高，而且与既有轮轨铁路网不能兼容，意味着所有的铁路线都要重建，而且同时维护两套标准，对于运营成本来说，无疑是巨大的。其结论是，磁悬浮列车不具备“安全、可靠、适用、经济”四项指标要求，只能在特定的地区，作为一种短途交通，发挥技术展示功能。

对此，何祚庥很着急，他把是否采用磁悬浮技术上升到了国家长远战略目标的高度来认识。他在接受记者采访时表示：“如果我看的话，这种决策是很容易做出来的，我们中国将来要建一个高速铁路网。这个铁路网要是建造在比较落后的技术基础上，这个绝对是我所不能接受的。”

铁道部原总工程师沈之介是高速轮轨派的代表人物。从1994年参加“香山会议”直至退休，他一直力主快上京沪轮轨高速线，反对上马磁悬浮。沈之介认为，磁悬浮很适用在较短的线路修建，对线路长、运量大的京沪铁路来说，首要任务是保证其客运安全稳定，显然，磁悬浮在这方面还难以达到要求。

沈之介认为，严、何、徐三位院士的意见“科幻色彩太浓”。

至此，关于修建京沪高速铁路的必要性几乎再无争论。但是究竟该用何种技术修建京沪高铁，争论仍然在进行中。

这一年，轮轨与磁悬浮之争没有结果。

3 让实践来说话

实践是检验真理的唯一标准。

当然，无论最终选择什么方案，采取什么技术，都需要论证。往往在争论不休的时候，倒不如种块“试验田”看看，是好是坏，让事实来说话。两方都全力着手进行两种技术的前期研究，毕竟这是关乎到国计民生的重大工程。然而，现实是复杂的。轮轨的秦沈客运专线开通，上海磁悬浮列车线的通车，到 2002 年，两方均完成前期研究并建成“工程样本”性质的试验路段。其意义都是在让实践说话，但结果还需要等待，磁悬浮派与高速轮轨派的争论仍在进行。

高速轮轨的“试验田”

争论是正常的，这是正确决策的必然程序，也是中国改革开放带来的新气象。“一边进行理论上的争论，一边进行实际中的试验，因为争论的双方都需要佐证。这样才会得出正确的结论。”多少年以后，一些退下来的铁道部官员对当年的这场争论仍记忆犹新。

1999 年 8 月 16 日，中国第一条客运专线秦（皇岛）沈（阳）客运专线开工建设。

2003 年 10 月 12 日，长春开往北京的 T60 次列车由沈阳北站开出，驶入秦沈客运专线，这标志着中国第一条客运专线正式运营。它的开通，使北京至沈阳之间的旅行时间，由此前的特快列车 9 小时 10 分缩短至 4 个半小时。

在北京交通大学图书馆的书架上，静静地躺着一本又大又厚的书，名叫《奔向高速》，是秦沈客运专线从设计、施工到开通运行的全程记录。这是第一本记录中国客运专线发展从无到有全过程的教科书。

早在 1994 年，中国在广州至深圳间开通了一条时速达 170 公里的铁路，人们称之为“准高速”。改造后的广深铁路开行中国首列准高速旅客列车，广深铁路也成为中国第一条准高速铁路。

20 世纪 50 年代，西方国家由于高速公路的迅猛发展，有人认为铁路是一个夕阳产业，美国甚至开始动手拆除旧铁路。60 年代后，世界经济逐渐得到恢复。1964 年 10 月，日本修建了从东京到大阪全长 515 公里的东海道新干线，它以每小时 210 公里的速度运营成功，成为世界上第一条高速客运专线。从此，世界铁路高速化拉开了序幕。十几年后，法国建成了最高时速为 270 公里的东南新干线，它的修建开辟了以低造价建造高速铁路的新途径，把高速铁路的发展推向了一个新台阶。随后，法、德、西、意、韩等国家和中国台湾地区纷纷修建高速客运专线，设计时速从 210 公里到 270、300、320 公里。

国际铁路联盟（UIC）定义高速铁路为：运营时速达到 250 公里以上的铁路。

2010 年 12 月，在北京举行的第七届世界高速铁路大会，对“高速铁路”重新进行了定义：新建的客运专线、时速超过 250 公里动车组列车和专用的列车控制系统。也就是说，只有同时具备了这三个条件，才能称之为高速铁路。

中国把高速铁路定义为：新建设计开行时速 250 公里（含预留）及以上动车组列车，初期运营时速不小于 200 公里的客运专线铁路。

秦沈客运专线西起秦皇岛，东至沈阳，全长 405 公里，总投资约 150 亿元人民币。这条线路走向大体与既有京沈铁路北段平行。线下工程按时速 250 公里、线上按时速 160 至 200 公里及以上设计；在地形较为平坦的区段预留时速 300 公里的提速空间；在山海关至绥中北 66.8 公里的综合实验段的时速可设计为 300 公里。全线最小曲线半径为 3500 米。

据了解，秦沈客运专线最初的设计标准是，最高运行时速为 160 公里，

"中华之星"动车组列车行驶在秦沈客运专线上

最小曲线半径 2500 米。后来提高标准的目的在于，积累高速铁路工程实践经验，并对有关科研成果进行验证。试验内容主要包括：路基、桥梁、轨道和通信信号工程以及高速动车组。

秦沈客运专线配套研制了 DJJ2 型"中华之星"和"先锋号"两个型号的高速动车组。其中"中华之星"研发前后花费了超过 1.4 亿元人民币，时速达到 200 公里以上，是中国首列具有完全自主知识产权的高速列车。2002 年 11 月 27 日，"中华之星"在秦沈客运专线的冲刺试验中，达到

321.5公里的最高时速，创造了中国铁路试验速度的最高纪录。在此之前，国产“先锋号”动车组在试验中也达到了时速292公里。秦沈客运专线作为中国的第一条客运专线，在中国铁路的发展历史上具有里程碑式的意义。

纵观发达国家客运专线的发展，都是以高速和快速技术为支撑，列车最小行车间隔可达3分钟，列车密度可达每小时20列，列车定员可达1200人，能够实现大量、快速和高密度运输，能够取得非常好的社会和经济效益。日本四条客运专线自开业以来客运量增加6倍多，被日本人誉为“经济起飞的脊梁”。

作为中国的第一条客运专线，秦沈铁路从勘测设计到施工，都代表了当时中国铁路最新的设计理念，采用了大量新技术和新工艺，具有运行速度高、技术含量高、质量要求高和规程规范新、技术标准新、施工工艺新的“三高三新”特点。全线首次采用一次性铺设超长跨区间无缝线路，首次在高标准线路的桥梁上试铺无砟轨道；研制具有国际水平的600吨架桥机，率先在中国铁路建设中大范围采用双线混凝土箱型梁、混凝土刚构连续梁；接触网第一次在中国采用铜镁合金导线，受流性能大大提升；牵引变电所具有远动控制和自诊断功能；信号通信系统以车载速度显示作为行车凭证，是中国第一条取消地面通过信号机的铁路，如此等等，都为今后中国高铁的发展，提供了大量的数据及资料。

大量测试数据表明，秦沈客运专线的路基、轨道、道岔、桥梁的性能及接触网工作状态良好，满足设计要求，轨道平顺性检测结果达到国际水准。

秦沈客运专线作为中国高速铁路的技术和装备试验基地，众多国内学者多年研究的高速铁路技术第一次获得了应用，为后来在中国各地修建的高速铁路积累了宝贵的经验。同时也培训了一大批人才，尔后的京沪、京广等高铁建设的骨干大都有在秦沈客运专线锻炼的经历。秦沈客运专线的建设和投入运营，带动中国铁路综合技术水平的大幅度提高，从而进一步加快了中国铁路客运高速化的进程。

尤其值得肯定的是，秦沈客运专线在设计上兼顾了高、中速列车混跑模式，不仅可以跑动车，普通列车也能跑，这就为既有线分流提供了可能，从而有效减轻既有线的压力。

秦沈客专正式开通运营的当天，新华社刊发消息说，铁道部负责人近日表示，繁忙干线建设客运专线，实现客货分运，能够大幅度地提高铁路运输能力；可以提升城市的集聚功能和辐射能力，使大城市更好地发挥中心城市的作用，使铁路服务实现质的飞跃，提升中国铁路发展水平。

从报道中可见，没有“时速200公里以上”的字眼。因为这个速度是一个坎，是高速铁路与普速列车的分界线。其实，秦沈客运专线工程就是一个“试金石”和“试验田”，它要试一试中国的火车轮子到底能跑多快。它要回答轮轨列车在未来的铁路高速时代到底有多大作用和价值。

鉴于秦沈客运专线的成功经验，以及便于为京沪高速铁路借鉴，2002年10月，铁道部部长办公会决定，将秦沈客运专线建设领导小组更名为客运专线领导小组，以统筹领导秦沈客运专线建设和京沪高速铁路建设的前期工作。

有争论，先搞“试验田”，后再推广，这是中国的发明。在中国高铁争论中，还有一块高速轮轨的试验田不得不提，那就是遂渝铁路客运专线的无砟轨道综合试验。

2003年2月25日，遂渝铁路开工建设。这条铁路起于四川省遂宁市，止于重庆市，全长131.166公里，设计时速为200公里，最高时速可达260公里。它与既有的遂渝铁路基本等高并行，是沪、汉、蓉沿江铁路客运专线的一部分。

2006年5月1日，随着N880次首趟成渝城际快速列车驶上遂渝客运专线，并安全抵达重庆菜园坝站，备受关注的遂渝铁路专线正式开通运营。

同为“试验田”，遂渝客专与秦沈客专的区别在于，遂渝客专设置了全长17公里的无砟轨道综合试验段，是中国第一次铺设长区段无砟轨道，第一次在土质路基上铺设无砟轨道。在此之前，中国大约有330公里的无砟轨道，都是在桥上和隧道内，所采用的无砟轨道结构的I型和II型结构，主要是引进日本和德国的技术。遂渝铁路采用的CRTSIII型无砟轨道结构，通过引进消化吸收再创新，实现了中国自主研制，创造了中国客运专线建设领域多项新成果。由此，当年申报专利56件，其中发明专利26件，实用新型专利30件。

遂渝铁路对无砟轨道的应用进行了试验，对树立自主知识产权品牌、探索中国高铁新型轨道结构建造技术具有重要价值。无疑为后来我国高铁大面积使用无砟轨道进行了铺垫，打下了坚实基础，也为高速铁路轮轨技术的推广应用开创了美好的前景。

轮轨技术的两块“试验田”结果表明，中国在高速轮轨方面，轨道基础建设和动车组都有了较为充分的技术储备和潜力；一次性铺设超长无缝线路技术，长大区段无砟轨道技术，都是中国铁路轨道新技术运用的标志性工程。

高速轮轨试验线成绩优异。自此，轮轨派完全有理由说得起硬话。也许，这是一种中国式发展的智慧。

1999 年 10 月，铁道部京沪高速铁路办公室成立，随之开始了一系列的高速轮轨技术的研究。

上海磁悬浮亮相

与此同时，中国工程院咨询报告中关于“在合适的地段建设一段磁悬浮试验运行线”的建议，开始付诸实施。其意义在于，验证高速磁悬浮交通系统的成熟性、可用性、经济性和安全性。通过对北京、上海、深圳三个地区进行比选后，最终落户在上海。

2000 年，对于德国铁路业来说是很有意义的一年。

这年 7 月初，德国以很高的礼遇欢迎中国总理朱镕基的到来。朱总理在访德期间，有一项重要的内容就是参观德国磁悬浮列车。他高度评价了这一世界交通的先进成果。

7 月 2 日，朱镕基总理与德国前总理施密特在汉堡共进早餐，随后，朱镕基乘坐德方提供的专列前往拉滕市。在列车上，朱总理会见了与中德磁悬浮合作项目有直接关系的 3 个人：德国运输部长克利姆特、西门子公司总裁冯·皮勒和施威比豪尔住房储蓄银行董事长埃德尔特。在拉滕市，朱镕基参观了德国磁悬浮列车试验场，并饶有兴致地乘坐了设计时速可达 500 公里的磁悬浮列车。

此前，在朱镕基总理和施罗德总理的主持下，时任上海市市长徐匡迪与德国磁悬浮国际有限公司总经理格哈德·瓦尔在柏林签署了《上海浦东机场—陆家嘴磁悬浮列车示范段可行性研究协议书》，约定在这条商业化运行示范线引进德国的磁悬浮技术。紧接着，上海市与德国磁悬浮国际公司合作进行中国高速磁悬浮列车示范运营线可行性研究。

德方为了推广高速磁悬浮技术，积极支持中国实现磁悬浮系统设备制造的本地化。上海磁悬浮列车生产厂家蒂森·克虏伯公司多次表示，如果能在中国获得后续项目，该公司愿与中方一道建立制造机车的合资公司。当然，这种合资公司不拥有列车核心的驱动技术。也就是说，驱动技术不会向中方转让。

在筹划修建磁悬浮示范线过程中，本着“科学比选”的原则，中国也曾与日本进行过接触。日本不仅仅拥有新干线技术，还拥有超导磁悬浮技术。早在 1995 年，科技部成立磁悬浮小组后，中国曾与日本就磁悬浮技术合作进行过接触，并讨论在 150 公里长的上海到杭州的沪杭线上采用日本超导磁悬浮的可行性方案，但日本提出的条件却是中国要把沿线的开发权都给日本，遭到中国政府的拒绝。

据严陆光说，日本并不愿意把自己更先进的磁悬浮技术

“长白山号”动车组列车行驶在遂渝铁路线上

给中国，只想推销它的新干线。即使答应把磁悬浮技术给中国，但附带的条件也非常苛刻。

2001 年 3 月 1 日，举世瞩目的上海磁悬浮列车示范运营线工程在上海市浦东新区正式开工。该线西起地铁二号线龙阳路站，东至浦东国际机场航站楼，正线全长约 30 公里，上下行折返运行，共设两个车站。上海市委领导按动电钮，五台大型打桩机齐声轰鸣，浦东黄楼镇这个平静的普通小镇沸腾了。

2002 年 12 月 31 日，上海磁悬浮列车开通。经过中德两国专家两年多的设计、建设、调试，上海磁悬浮运营线终于呈现在世界的面前。它的第一批客人是中国国务院总理朱镕基和德国总理施罗德先生。

登上列车前，朱镕基诙谐地对海外媒体的记者说："今天我和我的全家，包括我的第三代，全都在这个车上，而且没有买保险。"他 15 分钟的答记者问，竟然 21 次被热烈的掌声所打断。

列车启动了。两位总理稳稳地乘坐在世界上唯一的磁悬浮运营线上，透过窗外，看着远远落在后面的汽车，享受着时速 430 公里带来的快感，仅次于飞机的飞行时速，他们都点头笑了。列车

磁悬浮列车运行在上海磁悬浮列车示范运营线上

只运行了 7 分钟，就跑完了全程。

何祚庥、严陆光两位院士和一批著名专家联袂来到上海，乘坐磁悬浮列车。在飞驰的磁悬浮列车上，何院士激动地说："上海磁悬浮列车的开通，确实是一个非常令人激动的消息。多年前，我在德国考察磁悬浮列车时，我就在等待这一天，今天，我们的祖国终于也腾飞起了这样一条崭新的高速交通之'龙'。我没有想到，这一天会来得这样快，而且这条龙会飞得这样帅！"

当记者问何院士"您认为上海磁悬浮列车示范运营线，将对中国的高速铁路发展起到哪些示范作用"时，何院士说："这是一系列的全面示范。上海磁悬浮列车的建成，打开了国人甚至世人视野中的一扇大门，从中人们可以看到许多从未接触过的事物，改变以前只是朦胧的、道听途说获得的某些模糊甚至错误的印象。"

何祚庥将上海磁悬浮线路看成了一个信号。他想象，由此中国可能大规模地建设磁悬浮铁路，不但京沪线要修磁悬浮，而且中国还要再建更多的磁悬浮铁路。他认为，随着上海磁悬浮线路建成运营，京沪磁悬浮线的动工也将拉开序幕。

同行的严陆光院士也是兴奋无比。他在接受《三联生活周刊》记者采访时说："上海这 30 公里磁悬浮试验线并不仅是一条单纯的商业线，它很可能是未来中国磁悬浮产业的雏形。"

2003 年 1 月 4 日，上海磁悬浮列车示范运营线正式开始商业运营。

上海磁悬浮列车示范运营线投入运营，引起了国际社会的广泛关注。人们羡慕上海，因为上海拥有世界上唯一一条投入商业运营的磁悬浮线，因为有那么多的国家都参与了磁悬浮技术的研究，而只有上海建成了真正意义上的磁悬浮运营线。遗憾的是，上海磁悬浮试验线开通仅半年即出现技术问题，某些电缆发生局部过热甚至烧毁现象。尽管有报道说，中德专家一致认为，发生烧损并不影响磁悬浮的正常安全运行，但如果放在京沪大动脉上，没有人敢如此放心。就在德国北莱茵至西伐利亚州 79 公里的磁悬浮铁路计划，因为涉及人口多、造价太高而被废除，使德国磁悬浮火车公司遭受了沉重打击。

有人给上海磁悬浮列车算了一笔账：磁悬浮列车 9 节车厢可坐 959 人，每小时可发车 12 列，双向运量可达 2.3 万人，按每天运行 18 小时计算，最大年运量可达 1.5 亿人次。每张车票 50

元人民币，年收入 75 亿元人民币。工程总价 114 亿元（30 亿马克）。按照这种算法，磁悬浮列车运行线工程的经济效益是十分可观的。然而，有人发问：上海浦东国际机场的客流量是多少？接送客的人有多少？有多少旅客会选择轿车、出租车和公交车？有多少旅客会乘坐磁悬浮列车？这样一算，就发现 1.5 亿人次是个大大被夸张了的客流量。有细心人也算了一笔账，这条磁悬浮线路最大客流量为 1500 万人／年（每天 4 万人），每年的车票收入只有 7.5 亿元人民币，除去运行成本，根本无法偿还投资和利息。用 1.5 亿人次的运能，来满足 1500 万人次的流量，是工程能力上的极大浪费。

铁道部原副总工程师周翊民作为“轮轨派”的主将，也给磁悬浮算了一笔账：如果按照上海磁悬浮线路每公里 3 亿元的造价计算，1300 公里的京沪铁路，若采用磁悬浮方案，造价将达到近 4000 亿元，比轮轨高出 1 倍左右。而且磁悬浮系统的运输能力相对轮轨铁路也要低得多。

结论是，磁悬浮铁路不符合中国的国情。要知道，如果修建北京至上海的磁悬浮铁路，一公里 1 亿马克，那简直就是黄金铺路。如果“十五”计划放弃磁悬浮，而引进高速轮轨技术，那上海磁悬浮工程所花费的 30 亿马克，就是又一次付出的高昂学费。

事实上，最终“磁悬浮”在这次技术之争中落败，原因是多方面的，既包括技术本身，也有成本因素。上海磁悬浮的盈亏情况、磁悬浮的电磁辐射、噪音等对人体健康的影响等也是争论的内容。关于磁悬浮技术，不仅在中国评价不一，即便在其诞生地德国也处于争论的漩涡之中。呼声最高的柏林至汉堡磁悬浮线已经被迫放弃，直接原因在于造价远远超过原有预算，国会不同意再增加拨款；预测该线客流量不足，联邦铁路公司不愿承担运营亏损责任。

近 20 年过去了，大家争相体验磁悬浮列车的热情减退了许多，主要是人们对磁悬浮列车的票价不满意，尽管单程票价 50 元一直没涨，但与轮轨高铁的经济性相差了很远，同样的票价，高铁可以坐 100 多公里。

最后的北京争论

据国家发改委综合运输研究所前任所长董焰回忆，2003 年，中国政府下决心上马京沪高铁，但是当时对一些问题还没有把握，于是国务院请国家发改委有关专家负责进行相关论证，董焰参加了那次论证。当时国务院主要关心的问题有这么几个：建设高铁是拉动我们的经济还是拉动国外的经济？如何认识和对待磁悬浮技术？如何引进并利用国外先进的轮轨技术？我们有什么筹码可以在引进时不受制约？

铁道部紧急行动起来，会同国家发改委等有关部门，组织力量再次对轮轨技术和磁悬浮技术进行科学比选。

时任铁道部副部长、铁道部京沪高速铁路办公室主任蔡庆华表示，要调整工作思路，打破思维定势，钻到磁悬浮技术的深层去研究它，如果它各方面胜于轮轨方案，我们绝不会排斥它。归根结底，要用科学和事实说话。

这年5月下旬，铁道部高速铁路办公室完成了《京沪高速铁路磁悬浮与轮轨方案比较报告》。这份报告依据铁路建设的主要技术标准，从线路走向方案比较、预测客运量比较、运行时分比较、输送能力比较、工程投资比较、能耗比较、环境保护方面比较以及经济效益评价等若干个方面，对磁悬浮技术和轮轨高速技术进行了一对一的分析、评估和比较。

这年8月28日，秦沈客运专线迎来了一批特殊客人，总共33人。当天，他们登上了“中华之星”动车组，亲身感受山海关至锦州南段的客运专线技术成果。

次日，他们又来到了上海，继续对处于调试阶段的上海磁悬浮列车线进行调研。

熟悉内情的人都知道，这一行人是北京论战的主要人员，中国顶尖的高铁专家。

2003年9月1日至5日，论证会在北京铁道大厦举行。

论证会分两个专题进行。专题之一，京沪高速铁路建设的必要性和紧迫性；专题之二，轮轨技术方案与磁悬浮技术方案的比选。

参加第一专题论证的20位专家在组长李伯溪的主持下，分综合、工程、设备3个小组进行了充分、认真、热烈的讨论，最终达成共识：应该建设京沪高速铁路，并建议尽快决策立项，快速上马。

9月3日，论证会开始进行第二专题论证。铁道部总工程师、高速办常务副主任王麟书作了题为《建设京沪高速铁路（轮轨），实现中国铁路跨越式发展》的发言。国家磁悬浮交通技术研究中心教授级高级工程师吴祥明作了题为《京沪高速铁路采用轮轨与磁悬浮技术方案比选》的发言。铁道部副部长蔡庆华坐镇现场，一言不发。他镇定从容，脸上始终挂着微笑。无言的背后，是坚如磐石的信心和意志。

两位专家发言后，大会进行了专家提问和解答。在第二专题组长冯之浚的主持下，24位专家对两份论证报告，从技术综合、路网兼容、工程建设、基础工作、综合效益、资金投入、国际经验、安全可靠、环境影响等方面作了比较研究。

论证会争论激烈，气氛浓烈。

1999年至2003年间，中国铁道科学研究院与路内外上百个单位联手攻关，共完成铁路主管部门下达的高速铁路科研项目353项，包括高铁发展模式、基础理论、设计与施工、运输经济、铁路建筑、机车车辆、通信信号、牵引供电、材料应用和检测技术等多方面的专题研究。组织开展了时速200公里、270公里的高速列车的研制工作。这些丰硕的研究成果为制定中国高铁设计、施工规范提供了理论依据，也为引进国外关键技术做了重要的前期积累工作。

与会的大多数专家认为，高速轮轨在国际上已经得到了广泛应用，被实践证明是成熟的安全可靠的高新技术。在现有技术开发的基础上，高速列车和信号系统，通过引进关键技术、技贸结合、消化吸收与自主创新，在技术上是完全可行的。采用轮轨方式全线建设京沪高速铁路不仅是必要的，而且是紧迫的，要尽快开工建设时速300公里至350公里的轮轨高速铁路。

经过5天的激烈辩论，最终投票结果是：16人赞成轮轨，4人赞成磁悬浮，4人弃权。

轮轨方案以明显的优势在论证会上占了上风。

这次论证会没有决策权，只是一次考试，双方都交出了自以为满意的答卷。

自此，双方都开始了等待……

应该说明和肯定的是，在中国高铁发展进程中，不管是“急建派”与“缓建派”之争，还是“轮轨派”与“磁悬浮派”之争，都不是政治问题，而是纯粹的技术问题。这些专家学者表现出的执著精神和坚定意志，都是出于国家大局和民族大义的考虑，都是来自于强烈的责任感和使命感，是无私的，是正直的，是值得称道的，都应该受到尊重。

京沪高铁起点站——北京南站

第2章

开启“风时代”

铁路促进了人类的文明进步，高速铁路改变了人们的生活方式，伴随时代的号角，踏上高科技浪潮，中国铁路开启了“风时代”。

2008 年 3 月 5 日，京津城际铁路建设者在永定门大桥铺轨作业，标志着高铁进入北京城。

人类有记录以来的最快“风时速”，是 1934 年在美国华盛顿测到的 371.5 公里。

从上世纪 90 年代开始，中国集中科研力量展开规模庞大而广泛深入的高铁基础理论和建造技术研究。历经 40 多年的改革开放，中国实现了国家综合实力的快速增长，建造高速铁路的基本条件已完全成熟，特别是中国铁路在相继进行了 6 次大面积提速后，主要干线开始了“时速 200 公里”的高速运行，中国铁路的运行速度大大地向前迈进了一步。秦沈客专的示范性引领和遂渝客专无砟轨道的成功应用，这些都为中国铁路迎接高铁时代的到来做好了理论上、技术上和生产实践准备。

2004 年 1 月，国务院批准了《中长期铁路网规划》，确立了中国客运高速、货运重载的发展方向，拉开了大规模铁路建设的序幕。在持续了多年的争论之后，中国高铁之轮终于开始滚滚向前。2008 年 8 月 1 日，中国第一条时速 350 公里的高速铁路——京津城际铁路开通运营，向世人展示出亮丽的“中国名片”；京沪高铁乘势而上，一路春风……

2008 年 6 月 24 日，国产“和谐号”动车组在京津城际铁路运行试验中创造出 394.3 公里新时速。中国速度，超越“风时速”，实现了中国人“陆地飞行”的梦想。

铁路促进了人类的文明进步，高速铁路改变了人们的生活方式，伴随时代的号角，踏上高科技浪潮，中国铁路开启了“风时代”。

1

中国高铁前奏曲

当国外高速列车时速达300公里以上时，中国旅客列车的最高时速仅为100公里，中国铁路需要大发展，列车速度需要大提高。

1997年4月1日，中国铁路第一次成功实施大提速，列车最高运行时速达到140公里。而后，又相继进行了5次大提速。它在有效解决中国铁路“瓶颈”问题的过程中，也为中国高铁时代的到来积累了经验、积蓄了力量。

从一定意义上讲，我国铁路的既有线提速正是中国高铁的前奏曲。

大提速的倡导者

自1991年到2003年，傅志寰先后担任铁道部副部长、部长，参与和主持了4次铁路大提速。

傅志寰出身铁路世家，父亲是火车司机。他8岁就读铁路小学，那时的梦想就是“父亲开火车，自己长大了造火车”。他在大学读机车专业，工作后研究电力机车，管理铁路。2003年，傅志寰任职全国人大财经委主任。他离开了铁路，可情结依旧。多年来，一直惦记着铁路，关心铁路发展。

早在20世纪80年代初，时任铁道部株洲电力机车研究所副所长的傅志寰在德国进修期间，时常乘坐火车出行。当时德国旅客列车的时速为200公里，凭窗外望，沿线风景呼啸而过。这时，傅志寰很自然地想到了祖国火车轮击打钢轨的“哐当哐当”声和蒸汽机车吞吐烟雾的“喘气声”。他想，中国的火车什么时候能够快起来呢?

火车提速成为傅志寰的不懈追求。

1984 年，傅志寰调入铁道部科技局工作，先后担任总工程师、局长。

1989 年，傅志寰来到广深铁路调研。

广深铁路与深九铁路合称广九铁路，建于 1907 年至 1911 年，是香港、九龙与大陆联系的唯一铁路线。它北接京广、广茂铁路，南经深圳市，过罗湖桥至香港九龙，沿途穿过珠江三角洲，全长 179 公里。

改革开放后，深圳成为了经济特区。珠三角地区经济迅速发展，进出口货物和旅客大量增加，原有广深铁路单线难以满足运输需要，于是在 1984 年增建了第二线。傅志寰调研发现，这是一个很好的提速试验区段，一是处于路网的尽头，线路不长，只有 146 公里；二是以客运为主，货运量不大；三是沿线人口密集、经济发达，市场需求量大，来往于广州和香港之间的境外旅客多，即使提高票价也能接受。如果与德国铁路一样，白天跑客车，夜间开货车，客货互不干扰，可以避免客车提速引起的运输能力降低问题。

经过深思熟虑之后，傅志寰建议将广深铁路作为提速试验线。

很快，铁道部就此组织了论证，于 1990 年 9 月向国家计委报送了《关于广深铁路技术改造项目建议书的报告》，并获得批准。目标是将最高时速从原来的100公里一步提高到180公里。

铁路提速，而且是在既有干线上实施，面临的困难和风险不言而喻。

当时，安全大环境不尽如人意，飞机掉、轮船沉、火车撞的新闻时见报端。曾有记者问傅志寰如何看待提速风险？傅志寰答:“风险肯定存在，但不能畏惧风险。”

繁忙干线运输能力十分紧张，不同等级列车“混跑”。在同一条铁路线上既要开行特快旅客列车，又要开行普通旅客列车，还要开行大量低速的重载货物列车，各种列车之间的速度差很大。速度差越大，对运输能力的影响越大。此外，客、货列车对技术装备要求不同，甚至相互矛盾。处理不好，不仅会降低运输效率，而且会威胁列车安全。

傅志寰到哈大线检查工作时了解到，日伪时期，哈大线上蒸汽机车牵引的“亚细亚”号列车最高时速曾达到了 130 公里，而全国解放几十年，当年中国最快的列车仍未达到这一速度。火车速度慢，难以适应社会发展和人民群众的期盼。在公路、民航的竞争面前，铁路在客运市场的份额持续下滑。傅志寰认为，中国铁路既有线进行大面积提速势在必行。

1991 年初，傅志寰就任铁道部副部长后，直接负责广深线提速工作，侧重负责提速机车车辆的开发。铁道部总工程师沈之介则主导提速线路技术攻关。

1991 年 12 月 28 日，经国家计委批准，广深准高速铁路技术改造工程正式动工，总投资 48 亿元，全长 147 公里，其中新塘至石龙之间设有时速 200 公里高速试验段。改造重点包括既有小曲线半径和换铺每米 60 公斤的重型无缝钢轨。

1994 年 12 月 22 日，广深铁路“春光号”准高速旅客列车开行。

1994年12月22日，广深准高铁正式开通运营，开行了最高时速160公里的“春光号”准高速列车，成为中国第一条准高速铁路。

“春光号”准高速列车将广州与深圳间的运行时间由原来的2小时48分缩短为1小时12分，发车间隔15分钟，而且舒适度大为提升，受到广大旅客的欢迎，为广深线带来“春光”无限。高密度、快速度的城际列车让铁路在运输市场竞争中占足优势，实现了安全可靠的要求。

广深铁路提速走出了一条投入少、见效快的发展新路子，注定载入铁路发展史册。

而后，随着香港回归祖国，广东经济迅猛发展，广深铁路迅速成为了粤港经济、文化交流的“黄金通道”。

1998年5月，广深线完成高速电气化改造，设计最高时速为200公里，其中约27公里设有时速250公里的试验段。为探索摆式列车在中国既有线实现客运提速至高速铁路的可行性，同年8月，广深铁路率先使用从瑞典ADtranz租赁的一列X2000摆式高速列车，并将其命名为“新时速”高速列车，其编组比北欧版增加了一节客车。

广深准高速铁路被誉为中国高铁成长、成熟的试验田，率先采用了众多达到1990年代国际先进水平的技术和设备。曾代表中国最先进的动力集中型“蓝箭”动车组、跨区间无缝线路、高速轨检车、高速道岔、信息化调度指挥系统等一系列技术与设施，都是在这里率先投入使用，为全国铁路实行大提速提供了经验和样板。

傅志寰在向铁道部党组的建议书中写道，实践证明，对全国铁路既有线进行大面积提速的时机已经成熟。提速是花小钱办大事，少投入多产出。每公里改造大约投入几百万元，而建成一条单线铁路每公里则需要2500万元，且周期长。

1995年6月28日，韩杼滨部长召开部长办公会，批准了傅志寰的建议，决定在既有繁忙干线开展提速试验。提速目标值：旅客列车提到时速140公里至160公里，货物列车提到85公里至90公里。同时强调，提速必须把安全放在首位。

由此，吹响了中国铁路提速的进军号。

试验首先在京沪、京广和京哈三大干线展开。其中，沪宁线作为提速试验的首选。这三条干线里程占全国铁路的9.5%，却完成了全路近30%的运量。鉴于广深铁路提速的经验，三大干线提速试验十分顺利。紧接着，对三条干线进行了整治，更换提速道岔，改平交道口为立交，线路实行全封闭管理。

1997年1月5日，在中国铁道科学研究院北京环形铁道试验线上，国产机车冲击时速200公里试验紧张进行。铁道部分管科技工作的副部长傅志寰亲自坐镇驾驶室指挥，试验结果表明，国产机车时速达到了212.6公里，实现了中国铁路进入高速领域的突破。司机室里一片欢呼。这意味着国产机车速度具备了提速的条件和实力。

众所周知，铁路提速最大的难点是安全问题。由于中国铁路装备较差，管理水平不高，多年来，重大伤亡事故时有发生。在这种情况下谈“提速”问题，曾引起很大争议。在傅志寰的积极推进下，围绕提速开展技术创新，研发和采用了一批新的技术装备。如车辆轴温报警器、红外线测温仪、轨道检查车、接触网检查车、信号电路检查车等，形成了“地对车”“车对地”多种检测技术的监控网络覆盖，为大提速做好了充分的准备。

事实证明，大提速前后二十年，没有因为提速直接造成行车重大事故和旅客死亡事故。

提速革命论

在中国铁路的发展历程中，1989年是一个具有代表性的年份。

解放初期，铁路发展很快，营业里程从建国初的2.2万公里，很快增加到5万公里。“文革”期间停滞了十几年，铁路营业里程一直徘徊不前。1978年改革开放后，随着经济社会的迅猛发展，铁路开始出现不适应现象，并且愈演愈烈，终于在1989年成为了制约国民经济发展的“瓶颈”。

从20世纪80年代中期开始，中国铁路运输进入全面短缺状态。乘车难、买票难、运货难的现象日益突出。运输市场竞争日益激烈，铁路客、货周转量占整个社会运输的比重已经从1980年的60.5%、71.7%，一度下降到1990年的34.9%、54.6%，铁路面临着严峻的挑战。

由此，引起了中央领导的高度重视。1990年以后，铁路投资稳步增长，占到全社会固定资产投资的2%以上，1998年投资达到500多亿元。尽管如此，由于铁路投资大、建设周期长、见效回报慢，铁路发展速度与国民经济的增长速度相比，仍然是很不适应。

这时，中国铁路每天货运装车的需求为16万车，而铁路只能满足60%左右，有40%左右的货物不能及时承运；全国铁路开行的客车每天提供的座席为242万个，而每天实际需求量是290多万人，客运高峰时每天需求量达到420万人。

为了加快铁路发展，1991年3月1日，国务院决定设立铁路建设基金。这是一项专门用于铁路建设的政府性基金，即从铁路货物运输费用中按照一定比例提取部分资金专款专用。基金主要用于国家计划内的大中型铁路建设项目及与建设有关的支出。按当时的货运费清算，每年大约有400亿元。显然，对于庞大的铁路资金需求来说，这只是杯水车薪，但表明了国家积极支持铁路发展的政策态度。

要想铁路不拖国民经济的后腿，就必须多修铁路。

然而，国家也不可能一时拿出太多的钱来大量修建铁路。而既有线提速时间短，见效快，能够比较快地满足国民经济需求。

专家认为，列车的“重量、密度、速度”是铁路扩能提效中相互关联的三个重要因素。长期以来，中国铁路进行技术装备更新的扩能改造都是遵循提高列车重量和增加行车密度的原则，对列车速度的储备能力不足。

旅客列车速度和货物列车的周转时间，一直是衡量运输技术水平的主要指标，在一定程度上反映了一个国家铁路的水平。从这个意义上来看，铁路运输速度的提高也是科技进步的体现，是社会进步的一个重要标志。

有资料显示，1994年初，世界上已有25个国家的旅客列车最高时速达到或超过时速140公里，旅行时速超过了100公里。提速前的1993年，中国列车平均旅行时速仅有48.1公里。

一个正在步入现代化的中国，铁路必须走出“老牛拉破车”的困境。

中国列车速度的落后原因在于，基础设施及技术装备的落后，但落后的现实也再一次提醒铁路提速的必要性。

在没有高速铁路的中国，提速是中国铁路的出路之一。

列车提速，不仅加快铁路走向市

场的步伐，提高市场竞争力，也大大推进铁路生产力的发展，带来铁路线路基础、机车车辆、通信信号技术手段的进步。通过合理利用提速资源，不断优化运输产品结构，使广大旅客获得实实在在的实惠。

实施列车速度提升，这不仅涉及到行车组织，而且关系到铁路基础设施，线路轨道标准、牵引动力、车辆性能、机车车辆制动能力、行车安全设施、道口防护等各个方面，都必须进行提速改造。

沪宁线历经百年沧桑，到20世纪90年代中期，每天开行旅客列车75对，开行货物列车53对，高峰时段沪宁线平均每7分钟就始发一趟列车，其中南京、上海西站平均不到4分钟就要接发一趟列车，其繁忙程度不仅在全国铁路中首屈一指，而且在世界也是独一无二。

破解沪宁线难题，唯一的办法是提高列车的运行速度。

1995年起，沪宁线开始进行提速改造。经过线路改造、更换提速道岔、更换新型机车车辆，提速均达到了设计要求。试验列车取名“先行号”，试验时速曾到达160公里。

1996年4月1日，中国第一列快速旅客列车“先行号”在上海站首发，最高运行时速140公里，上海至南京全程时间由过去的4个小时缩短到2小时48分，比原来缩短了近乎三分之一，在社会上引起强烈反响。

翻阅沪宁铁路的速度史：沪宁铁路通车时，从南京到上海耗时10小时。1912年1月1日，孙中山先生从上海乘沪宁铁路专用花车到南京就任中华民国临时大总统，路上花费7小时。1958年2月26日，上海至南京开行特快列车，全程时间由5小时02分缩短到3小时59分。

中国第一次铁路干线提速试验取得成功。

由此，1997年4月1日，一直被人们称为蜗牛速度的“铁老大”，正式开始实施第一次大面积提速。

京广、京沪、京哈三大干线全面提速。以沈阳、北京、上海、广州、武汉等大城市为中心，开行了最高时速达140公里、平均旅行时速90公里的快速列车40对，“夕发朝至”列车78列。全国铁路旅客列车旅行时速由1993年的48.1公里提高到54.9公里。

舆论认为，第一次铁路大面积提

速是中国铁路改革的一个转折点，是对中国铁路传统运输组织方式的一次深刻变革，不仅在列车运行速度上实现了飞跃，更转变了中国铁路运输的组织、经营理念。

1998年10月1日，中国铁路第二次大面积提速。京广、京沪、京哈三大干线的提速区段最高时速达到140公里至160公里，广深线采用摆式列车最高时速达到200公里。全路旅客列车平均速度每小时达到55.16公里。“夕发朝至”列车增加至228列。“铁路大提速”被国内64家产业报刊评为1998年“十大新闻”之一。

紧接着，铁路大提速又选择了兰新、陇海等条件差、运距远的线路进行。2000年10月21日，中国铁路第三次

“摆式列车”运行在广深铁路线上

大面积提速，重点是亚欧大陆桥陇海线、兰新线、京九线和浙赣线，为西部大开发进程提速，提速线路长度达到了3411公里，拉近了西北和内地的时空距离。与此同时，列车等级和车次进行重新分类和调整；全国铁路实行联网售票，400多个较大车站可办理异地售票业务。

2001年10月21日，中国铁路实施第四次大面积提速，提速范围基本覆盖全国较大城市和大部分地区，对武昌至成都、京广线南段、京九线、浙赣线、沪杭线和哈大线进行提速。哈大线、京广线南段，以及条件较好的单线铁路汉丹线，列车最高时速达到140公里。

2004年4月18日，中国铁路实施第五次大面积提速，京沪、京广、京哈等干线部分地段线路最高时速200公里，全路旅客列车平均旅行速度为每小时65.7公里。这次大提速，让几条干线的线路基础达到了运行时速200公里列车的要求，达到了国际上高速铁路的运行标准。

至此，中国高铁建设可谓“万事俱备，只欠东风”。

铁路大提速意味着更高的速度与效率，尤其在这样一个快节奏的现代社会，快速的交通对于社会生活的重要意义更是毋庸置疑。大提速使中国铁路驶上了快车道，有效遏制了客运量下滑的局面，提高了市场份额，提升了铁路的竞争力。

专家认为，在整合国内市场资源方面，铁路的作用尤其突出。铁路大提速为一个大国的市场化提供了重要的技术支持。随着能源、土地、环保压力的不断增大，铁路运量大、能耗小、成本低、效率高的优势将更加凸现。

这一年，全路运输生产经营主要指标均创历史最好成绩。旅客运输完成11.17亿人次，创15年来发送量新高；货物运输完成24.78亿吨，同比增长10.9%。其中，煤炭运输完成11.66亿吨，增量首次超过1亿吨，同比增长15.5%。运输收入完成1787.73亿元，同比增长12.2%。

既有线“新速度”

2007年4月18日，全国铁路实施第六次大提速。

这次大提速在京哈、京沪、京广、京九、陇海、浙赣、兰新、广深、胶济等干线展开。白色的“和谐号”动车组第一次进入了中国人的生活，写进了中国铁路发展史。列车运行时速达200公里，其中京哈、京广、京沪、胶济线部分区段时速达到250公里。

这是既有线的新速度，也是既有线提速能达到的最高速度。

时任铁道部副部长胡亚东在新闻发布会上说，在这次铁路大提速中时速120公里及以上线路，其延展里程达到2.2万公里，比第五次大提速增加6000公里。其中，时速160公里及以上提速线路延展里程达到1.4万公里，时速200公里线路延展里程达到6003公里。到2008年底，全国铁路将有480列时速200公里及以上的国产动车组上线运行，覆盖全国17个省和直辖市。

新华社报道说，铁路第六次大提速，以英文字母“D”打头的动车组的运行，形成了以北京、上海、广州为中心的快速客运通道，中国铁路进入高速时代。

国际铁路联盟认为，时速达到200公里以上，是公认的高速列车与普通列车的分界点。

提速过程中，中国铁路部门始终把提速安全摆在最主要、最关键、最核心的位置。对提速的安全进行了反复的科学论证，投入了上亿元经费，组织了50余项重大课题攻关，提速的安全可靠性，是建立在大量科学论证基础之上的。

地处中原的郑州铁路局，是中国铁路六次大提速的实践者和受益者，也是每次大提速的“试飞基地”。

每一次大提速前，铁道部都要在郑州铁路局的京广线许昌至漯河区段进行多次科学试验和模拟运行，为提速提供各项参数和科学依据。中国铁路史上的六次提速中，既有铁路线的“第一速度”都诞生在这个区段。1997年的第一次提速，最高时速140公里；1998年第二次提速，最高时速160公里。在第六次大提速前的试验中，这一路段的最高时速超过了250公里。

2006年12月20日上午，大雨滂沱，雨点打得人睁不开眼。

在陇海铁路提速工程现场：随着封锁线路命令的下达，郑州工务机械段上千名施工人员开始更换新型枕木。这次东陇海线路设备整治的关键是更换混凝土枕木施工，需要更换轨枕25.7万根，要想年底前完成任务，每天必须换枕6000根以上。然而，这次大规模的换枕任务只用了45天时间，按时且高质量地完成了任务。

其难点是，这次大面积的换轨施工，是在保持陇海线正常运行情况下进行的，采取开“天窗”的办法，即利用行车空隙突击进行。在这一个半月的时间里，施工人员吃喝在线路上，顶着寒风冻雨，人拉肩扛，靠人海战，为提速赢得了时间。

时任铁道部总工程师何华武表示，对主要提速干线模拟运营表明：中国铁路已掌握了既有线提速时速200公里至250公里设计、施工、制造、试验、运营、管理和维修的成套技术和技术标准体系，实现了时速200公里至250公里动车组、时速80公里至120公里5500吨货物列车、双层集装箱列车等各种速差较大的客货列车在既有线上共线运行的目标。

事实证明，实施铁路第六次大提速，技术上可行，安全上可靠，经济上合理，已经完全具备实施条件，标志着中国铁路既有线提速水平已跻身世界先进行列。这时，世界上只有10多个国家的旅客列车最高运营时速达到了200公里。

第六次大提速推出的三大系列客运产品，让广大旅客喜出望外。白色的“和谐号”动车第一次进入中国人的视野，而且这一次将中国火车时速提高到了250公里，创造了中国旅客列车的新速度。

第一系列，推出了416列城际动车组快速客车。主要集中在环渤海、长三角、珠三角三大城市群，以及以郑州、武汉为中心的中原城市群，以沈阳、长春、哈尔滨为中心的东北城市群，以西安为中心的西北城市群，适应大城市群内高密度客流的需求。

第二系列，增加了一站直达和夕发朝至列车。新增7对一站直达特快列车，由原来的19对增加到26对。同时，夕发朝至旅客列车增加32列，总数将达到337列。

第三系列，增加了传统的普通旅客列车。增开52对中长途普通旅客列车，其中中西部地区增加29对，占增加总数的55.8%。井冈山首次开行至北京、上海、深圳的火车，海南省西环线铁路开行从三亚至北京、上海、广州的火车。

这次大提速，更加科学地统筹了速度、密度、重量三大要素，在提高列车运行速度的同时，努力压缩列车追踪间隔时分，提速干线动车组列车追踪间隔5分钟，其他干线客车6分钟、货车7分钟，进一步增加了干线行车密度。

时速200公里及以上动车组的开行，让中国铁路的面貌焕然一新。

以京哈、京沪线为例：北京至哈尔滨全程运行7小时58分，比运行图上的最快客车压缩2小时32分钟；北京至沈阳北3小时59分，压缩1小时33分钟。北京至上海9小时59分，压缩1小时59分钟；北京至济南3小时25分，压缩43分钟；北京至青岛5小时48分，压缩1小时42分钟。

中国人民大学公共管理学院行政管理学系主任毛寿龙认为，铁路发展是工业进步的象征，也进一步推动了工业社会的进步。每一次工业革命都为其提供了重要的技术支持。国际经验表明，高速铁路改变了几个发达国家的交通运输格局的构架，也改变了人们的生活方式。

事实上，"像风一样快"的"和谐号"动车组，让人们的出行更加便捷，生活半径不断扩展。这年"五一"黄金周期间，动车组车票供不应求，列车上座率达100%。伴随着大提速时速200公里动车组的开行，铁道部进一步优化了其他客车开行方案，增开一站直达、特快、快速、普通旅客列车，满足不同层次、不同地区旅客需求，同时，列车到达和开行时刻普遍得到优化，为广大旅客创造了更便捷舒适的旅行环境。

铁路客货运能分别提高18%和12%，是第六次大提速带给社会的又一个惊喜。在当前铁路运力非常紧张，新线建成投产尚待时日的情况下，铁路人依靠实施既有线提速，实行内涵扩大再生产，从一定程度上缓解了铁路运输能力紧张状况。

由铁道部经济规划研究院牵头10多家单位完成的"第六次大提速"经济分析评估研究报告显示：运输成本降低和旅行时间节省所产生的消费者剩余创造的社会效益为每年300多亿元；此次提速周转量一项将促GDP年增200多亿元。铁道部经济规划研究院研究员吴卫平解释说，由于提速，将有不少运输业务从高速公路和航空转向铁路，而由于铁路运费成本平均低于公路和航空，"社会总消耗将得到节省"。

北京交通大学交通运输学院教授纪嘉伦认为：合理的综合运输体系应该是航空、公路、水路、铁路各种交通工具统一规划、协调发展、互相补充、有序竞争。但长期以来，在综合运输体系内，铁路发展相对滞后，难于形成各种运输方式之间的竞争。铁路六次大面积提速，将使铁路在整个运输市场中所占份额和竞争力进一步增加，有利于综合运输体系的进一步形成。

经过六次大提速后，中国铁路跨入了世界铁路既有线提速先进行列。它对既有线路时速200公里以上的提速线路延展里程，几乎相当于德国、法国等欧洲9国既有线时速200公里提速线路里程的总和。250公里的最高时速超过了发达国家既有线提速最高目标时速240公里。当时中国铁路总营业里程排名世界第三和亚洲第一，完成客货运量居世界第二，运输效率居世界第一。

然而有人担心，铁路大提速会不会让普通列车"大减速"。从媒体报道不难看出，大城市尤其是特大中心城市，仍然是此次提速惠顾的重点。而既往的几次提速经验表明，伴随大城市之间铁路提速的，往往是沿途中小城市的交通利益相对受损。

铁路运输组织规律告诉我们，囿于铁路交通容量的有限性，大量开行高速列车，往往意味着普通列车速度的减速——为给高速直达列车让路，普通列车势必会大量增加避让等待的时间。还有大量中小城市站点不再被安排停靠，于是当地居民不得不放弃家门口的车站，绕道去大城市乘坐火车，从而增加了交通成本。还有，随着"和谐号"动车组的开行，速度快了，但票价提高了一倍，遭到了许多埋怨。

火车提速的同时，速度较慢的绿皮车逐渐退出运行。这使得低收入人群逐渐失去了获取较廉价的车票的机会。如此一来，一面是高端旅客出行的提速，一面是普通旅客出行的减速，如何相互兼顾，是个新的课题。

有趣的是，就在中国铁路实施第六次大提速不久，越南铁路部门也开始了学习中国铁路的经验，酝酿着越南铁路大提速。据中新网报道，越南铁路总公司副经理阮达祥介绍，越南政府将对现有南北铁路进行提速，把它建成电气化铁路。

毫无疑问，铁路大提速，也是一种变革。它是向传统的铁路运输组织模式的挑战，也是对传统的思维方式的突破，对于夯实中国铁路基础，拓展铁路新技术领域，都将产生十分积极的影响。特别是高速动车组技术的引进消化吸收再创新，搭建起来国产动车组的技术平台，以高新技术的全新姿态迎接中国高铁时代的到来。

多年以后，中国科学院院士何祚庥评价道，铁路提速应该有两方面含义：一个是加快铁路的发展速度，一个是提高列车的运行速度。无论是运行速度还是发展速度，都是值得提速的。

历经六次铁路提速后，乘坐火车的人数一次次地刷新着纪录，相对便宜的火车票价，使得多数人仍将火车选为旅途工具。论是“速”，还是“素”，旅客列车的服务质量都得到了很大提升，特别是直达快速列车也被旅客戏称为“准星级宾馆”。但是，与人民群众的需求和日益紧张的客运相比，人们心中的火车“蜗牛”时代仍没结束，期待着真正的中国高铁时代的到来。

京津城际先声夺人

步入 2004 年，中国铁路迎来了大发展的春天。

新年伊始，国务院常务会议讨论通过了《中长期铁路网规划》，其最大的亮点是，首次提出了“中国高铁网构想”，把中国高铁梦及其灿烂远景展示在世人的面前。由此，拉开了中国高铁发展的序幕。

历经三年艰辛建设的京津城际铁路，在北京奥运会前夕如期运营。伴随着京津城际铁路开通的第一声汽笛，历史的强音与时代的步伐都在这里回响。这一刻，中国铁路人把国家的进步与民族的希望书写在自己不可磨灭的记忆里。京津城际铁路不仅仅是一个线路坐标，而且是一个国家的精神坐标，它让世界认识了中国，让中国铁路人更加自信和自豪。

京津城际铁路汇集了当今世界高速铁路的最新科技成果，标志着中国已经系统地掌握了时速 350 公里的高铁技术，为中国高铁建设提供了示范和借鉴，在我国铁路发展史上具有里程碑意义。京津城际铁路运营时速居世界首位。至今，欧洲和日本高速铁路列车速度普遍在时速 270 公里到 320 公里，无一达到 350 公里。

这距离邓小平乘坐日本新干线高

铁、中国人第一次知道日本高铁，已经过去了整整30年。中国铁路仰望日本新干线的日子，终于到此为止，成为过去时。

“和谐号”动车组，以350公里的时速飞驰在广袤的华北平原，风一般地呼啸而过，在中华大地上刮起了一股巨大的旋风，搅动得风生水起，热浪扑面。

在前期实施广深铁路时速160公里改造、建设运营秦沈客专和连续6次实施全国铁路既有线大面积提速改造等实践基础上，中国第一条设计时速350公里的京津城际铁路建成运营，标志着中国铁路昂首阔步迈入高速时代。

中国高铁网构想

高速铁路始于20世纪后半叶，作为铁路复兴的重要标志，在世界一些发达国家得以快速发展和广泛运营。进入21世纪以来，为适应经济全球化、贸易自由化的深入发展，应对能源短缺、气候变化的严峻挑战，高速铁路以其高速度、大能力、舒适安全、节能环保等比较优势，越来越引起世界各国的重视。

交通运输发展面临着占用宝贵土地资源、消耗紧缺石油资源，同时也带来了尾气排放、噪声污染、交通堵塞等诸多问题，而铁路具有显著的技术经济比较优势。发展越快，作用越突出，社会运输成本就越低，对资源利用和环境保护越有利。

2003年9月8日，中国权威报纸《经济日报》在一版二条显著位置，发表了一篇题为《铁路会不会拖小康建设的后腿》的读者来信。同时配发题为《我们能无动于衷吗？》的编辑点评。作者是中国铁道科学研究院首席专家钱立新。

钱立新在这封“读者来信”中，集中了近年来铁路多个部门的调研成果，列举了发人深省的一组数据：

2002年，全世界铁路营业里程约120万公里，其中中国铁路有7.2万公里，约占6%；全世界铁路完成的工作量为8.5万亿换算吨公里，其中中国铁路完成了2万亿换算吨公里，约占24%。

中国铁路以占世界6%的里程，完成了将近全世界铁路工作总量的四分之一，运输密度为世界之最。

由于铁路运输能力受限，中国

人均乘车率很低，仅为0.8次，而日本为43次，德国为19次，俄罗斯为3.8次，印度为5次，都远远高于中国。

据铁道部权威人士分析，到2020年，中国GDP将比2000年翻两番，年均增速达7.2以上。按照国民经济这一发展速度，铁路货物周转量将增长119%，铁路货物发送量将达到40亿吨，铁路旅客周转量将比2003年增长200%左右，铁路旅客发送量将达到40亿人次左右，比2003年的10.5亿人次翻两番，铁路不适应的矛盾会更加突出。

铁路需要大发展，路在何方？

《经济日报》因势利导，组织开展了题为《铁路会不会拖全面小康的后腿？》的专题大讨论，相继发表了《企业盼望铁路尽快打破瓶颈》《百姓盼望铁路加快发展》《中国需要多少铁路》《铁路为美国贡献了什么》《铁路带动日本经济腾飞》《法国铁路经历两度辉煌》《加快建设客运专线是大势所趋》等14篇大篇幅的大讨论文章。

显然，《经济日报》的这场大讨论为铁路大发展提供了舆论准备。

2004年1月7日，国务院常务会议讨论并原则通过了《中长期铁路网规划》。确定了扩大规模，完善结构，提高质量，快速扩充运输能力，迅速提高装备水平的铁路网发展目标。

到2020年，铁路将建成超过1.2万公里时速200公里及以上的客运专线和约1.6万公里的其他新线，全国铁路营业里程达到10万公里，主要繁忙干线实现客货分线运输，复线率和电气化率达到50%，运输能力满足国民经济和社会发展需要。

规划中的客运专线网，即高速铁路网，其布局可以形象地称之为"四纵四横"，可覆盖450万平方公里的国土，让8亿人口的区域受益。

南北方向称为纵向，"四纵"为：北京—沈阳—哈尔滨（大连）高速铁路，全长1612公里，连接东北和关内地区。由沈阳过承德，与北京接轨；北京—上海高速铁路，全长1318公里，贯通环渤海和长三角东部沿海经济发达地区；上海—杭州—宁波—福州—深圳高速铁路，全长1650公里，连接长三角、东南沿海、珠三角地区；北京—武汉—广州—深圳（香港）高速铁路，全长2350公里，连接华北、华中和华南地区。

东西方向为横向，“四横”为：青岛—石家庄—太原高速铁路，全长906公里，连接华北和华东地区。由太原到石家庄向东，在德州与京沪高速铁路接轨，再向东到胶东半岛；徐州—郑州—兰州高速铁路，全长1346公里，连接西北和华东地区。由郑州到西安、向东在徐州与京沪高速铁路接轨，向西延到兰州；上海—南京—武汉—重庆—成都高速铁路，全长1922公里，连接西南和华东地区。在南京与京沪高速铁路接轨，武汉向西沿长江到重庆、成都，形成沪汉蓉沿江大通道；上海—杭州—南昌—长沙—昆明高速铁路，全长2264公里，连接华中、华东和西南地区。长三角经南昌，在长沙与京广高速铁路接轨，经贵阳到昆明，形成沪昆大通道。

同时，以环渤海地区、长三角地区、珠三角地区，以及辽中南、山东半岛、中原地区、江汉平原、湘东地区、关中地区、成渝地区、海峡西岸等经济发达和人口稠密地区为重点，建设城际高速铁路，覆盖区域内主要城镇。

随着国民经济持续快速增长，区域经济发展战略实施，工业化、城镇化、市场化进程加快，社会主义和谐社会和资源节约型、环境友好型社会的建设，均对交通运输发展提出新的更高要求，运输需求和运输结构也将发生深刻变化，铁路在综合运输体系中的作用更为突出。

国家“十一五”规划纲要明确提出加快发展铁路，各级地方政府也迫切要求加快铁路建设，《中长期铁路网规划》提出的路网规模总量等已不适应国民经济和社会发展需要。

此后，《中长期铁路网规划》不断发展完善，连续发布了数个版本，均以年份进行区分。

2008年10月31日，国务院正式颁布了《中长期铁路网规划》调整方案。新调整的方案，将2020年全国铁路营业里程规划目标由10万公里调整为12万公里以上，客运专线由1.2万公里调整为1.6万公里，其中时速250公里的线路有5000公里，时速350公里的线路有8000公里，并与既有线提速改造工程相衔接。铁路电气化率由50%调整为60%。

在原“四纵四横”客运专线网的

基础骨架上，进一步延伸并扩大客运专线覆盖面，加强客运专线之间相互连通和衔接；进一步扩大城际客运系统的组团建设，在环渤海、长三角、珠三角城际铁路的基础上，加快了长株潭、成渝、中原、武汉、关中、海峡西岸城镇群等经济发达和人口稠密地区的城际轨道交通建设步伐，未来将形成连接所有省会及50万人口以上的城市，覆盖全国90%以上的人口。总里程达到5万公里以上的快速客运网。这将大大缩短城市间的时空距离，省会城市间总旅行时间节省50%以上。

到2020年，中国将会形成以北京为中心的1至8小时的高速铁路网络圈。除乌鲁木齐、拉萨、海口以外，绝大部分省会城市及区域中心城市都将被高速铁路网络圈所覆盖，城市之间的时空距离将会被进一步拉近，经济和社会运行效率将会大大提高，将会有更多的城市和地区享受到高速铁路带来的便捷生活与全方位的"拉动效应"。

这是一张布局合理、结构清晰、功能完善、衔接顺畅的铁路网络图。繁忙干线实现客货分线，迅速释放既有线的货运能力，加之快速发达的客运专线网，将有效形成人便其行、货畅其流的运输格局。运输能力满足国民经济和社会发展需要，主要技术装备达到或接近国际先进水平的规划目标。

亮丽的"中国名片"

2008年8月1日，蓝天如洗，风和日丽。

京津城际铁路正式投入运营。

首发的两列"和谐号"动车组分别从北京南站和天津站同时启动，相对而开。北京南站始发司机是中国高铁"1号"(驾驶证编号，下同)李东晓，天津站始发司机是中国高铁"2号"赵威，他们激动而又平静地按响第一声风笛，奏响了中国高铁时代的序曲！

这天中午，刚落成的北京南站以超大面积的玻璃穹顶，让候车大厅的各个层面都是明亮通透。在电子牌的引导下，旅客相继登上了北京南站开往天津的C2275次"和谐号"动车组。这是京津城际铁路开通后的首次载客运行。12时35分，列车缓缓启动，速度迅速攀升。运行中的列车很稳，听不到钢轨接缝处的“咣当”声，也几乎没有噪音，高速运行的列车并没有带来丝毫不适的感觉。

一位名叫刘慧文的旅客说，她在北京一家IT企业工作，家住天津，每周都要在两地间奔波一两个来回。她算了一笔账，从北京到天津，自驾车需两小时，普通列车1小时56分，动车组1小时10分，而现在的京津城际只需要30分钟，时间又缩短了一半。刘慧文的激动之情，溢于言表。

一位南开大学历史学系研究生兴奋地说，旧时坐双轮马车从天津到北京，至少需要在路上颠簸两天半。1900年，京津铁路开通时，列车时速才30公里。时代在大踏步前进，百年间，铁路时速提升了十多倍。

30分钟后，C2275次列车正点到达天津站。

北京南站欢迎您！

对天津来说，这也是一个特别的日子。这天奥运圣火正在滨海新区传递，不期而至的京津城际铁路正式通车，可谓双喜临门。

早在2003年，天津市就曾提出，为促进环渤海地区经济和社会发展，改善京津间的交通环境，希望能建造一条连接京津的高架城际铁路。天津方面愿意在投资比例、征地拆迁等方面占据主动。这一想法，与铁道部一拍即合。

京津地区是中国经济发展最快的区域之一，也是中国城市化水平最高的地区之一。

北京与天津是近邻，历史上的两城关系十分纠结。解放前，天津是北京的海上门户，因为有海港和租界，对外贸易比较繁荣，工业也比较发达，经济基础比北京还好一些。解放后，新中国受到敌对势力的封锁，对外贸易的重心放在了上海和广州，紧临北京的天津的外贸优势就没有了，只剩下工业支撑。

改革开放后，北京和天津都得到了快速发展。到2002年底，北京市常住人口1423万人，人均国内生产总值28449元。天津常住人口1007万人，人均国内生产总值22380元。据当时预测，到2015年，京津通道年客流密度将达到1.24亿人次。

打通京津通道，自然成了两城人民的期盼。

京津铁路通道连接京原、京包、京通、京山、京沪、京广、京九等多条重要干线，是京沪、京哈客运通道的共同段，也是环渤海京津冀地区城际轨道交通网的主轴，还是中亚和欧洲地区路桥走廊，承担着区域对外中长途交流和区域内城际客流。

现状是，京津通道路网作用日益突出，瓶颈制约现象日益严重。既然是重要的大通道，就不应该只是一条高铁，应该有多条铁路。

《中长期铁路网规划》明确提出，京津通道需要修建三条客运专线，"十一五"期间先修建京沪高铁和京津城际铁路。2004年12月3日，国家发改委批复了京津城际轨道交通建设项目可研报告。这样，京津通道既是京沪通道的组成部分，又与津秦客专一起，构成关内外交流的主通道。以最小的代价，尽快形成和完善京津通道

京津城际铁路线上的“和谐号”
动车组列车驶过北京永定门桥

谐号
CRH

和城际铁路网。

毫无疑问，设计时速350公里、无砟轨道的京津城际铁路，是当今世界等级最高的高速铁路。由此，铁路有关部门展开了一场高铁技术的攻坚战。科技人员在系统总结秦沈客运专线基础工程、遂渝线无砟轨道综合试验段、第六次大提速时速250公里线路等研究试验技术成果的基础上，提出了110项重大科研课题，全力开展了客运专线技术创新工作。

2005年3月28日，国家发改委公布了《环渤海京津冀地区城际轨道交通网规划（2005—2020年）》，在2010年阶段目标中，明确提出了“建成北京—天津—塘沽城际轨道交通线，构建京津冀地区城际轨道交通网的主轴”的要求。这条城际高速铁路，设计年度的最大区段客流密度，近期为2320万人，远期为3280万人。

2005年7月4日，京津城际铁路在北京与天津交界处的大王沽镇开工建设。

天津，传说是哪吒的故乡。当年哪吒协助姜子牙讨伐纣王，凭借高强的武功和风火轮的神速屡立战功。京津城际铁路的开工建设，无疑为天津的发展装上了追风赶月的“风火轮”。

细观京津城际铁路走向，由北京南站东端引出，沿既有京山铁路线南侧向东，再沿既有京山线北侧至天津站，全长120公里，设北京南、亦庄、武清、天津4个车站，预留永乐站；同时还预留了至首都国际机场、天津西站和塘沽方向（天津滨海国际机场）的出线条件。由铁道部、天津市、北京市、中海油共同投资建设。

京津城际铁路沿线经济发达，道路纵横交错，土地资源极其宝贵。设计中，广泛采用了桥梁替代传统路基技术，桥梁长度占线路总长度的87%，列车几乎是在“空中通道”上行驶。与8米填高的路基相比，每公里桥梁可节约土地55亩，仅此就节约土地5500余亩。

高速列车轨道沉降误差以毫米计，标准比F1赛车跑道还高。京津城际铁路告别了枕木，研发了国际最先进的、具有自主知识产权的CRTSII型板式无砟轨道系统。全线铺设板式轨道板34535块，精度达到0.1毫米。这标志着中国已经完全掌握了无砟轨道的设计建造技术，形成了中国铁路无砟轨道技术标准和规范。无砟轨道使用寿命能达到60年，大大降低了综合维护成本。

还有集成创新的国产时速350公里的"和谐号"动车组，自主设计的轻量化简单链型悬挂接触网系统等，这些先进技术的运用，实现了不同速度级列车混合运行、地一车安全信息连续传输等多项创新，实现了重要设备远程监测、监控和远程操纵。

三年中，中国铁道科学研究院、铁道第三勘察设计院等诸多的专家学者，中科院、工程院诸多院士，以及一大批工程技术人员，日夜奋战在实验室和工程现场，在多年技术积累的基础上，以中国人的聪明才智，系统解决了高速铁路的一系列重大关键技术问题。

事实证明，中国铁路人打胜了这场战争。

2008年6月25日，时任中共中央总书记胡锦涛考察了试运行中的京津城际铁路，他欣然登上国产"和谐号"动车组，感受中国速度。

胡锦涛殷切嘱托道，不仅要建设一流的设施，还要有一流的管理、一流的服务。

来自美国、英国、俄罗斯、日本、意大利、澳大利亚、印度、南非、波兰等30多个国家的政要、国际组织领导人、铁路同行和境外记者等累计200多批次的上万人考察了京津城际铁路，对中国高铁发展快、水平高、投入少的表现，给予充分肯定，赞叹不已。

北京奥运会和残奥会期间，京津城际铁路更是让大批国内外游客感受了"中国速度"，感受到了中国铁路的现代化。

2008年7月，14名日本高速铁路知名专家在体验了京津城际铁路后非常震惊。他们感叹道："做梦也没想到中国高速铁路发展这么快，技术水平在很多方面已超过日本。"

同年8月2日，英国《泰晤士报》发表评论说，京津城际铁路高速列车350公里的速度，令法国的高速列车相形见绌，让日本的子弹头列车看起来像蒸汽机车。

京津城际铁路的成功运营，无疑向世界展示了一张亮丽的"中国名片"。

高铁“同城效应”

高铁的问世，不只是一场经济地理上的革命，也是一场时空观念上的革命，影响着中国社会形态，改变着人们的生活方式。高铁像魔术师一样，让中国变小，让人们生活圈扩大。

“大运量、高密度、公交化”的京津城际铁路，着实打造起北京和天津两座特大城市间的“半小时经济圈”，强化了北京、天津与周边中小城市的联系，让京津两地居民工作和生活的范围迅速扩大，“双城记”升级为“同城记”“多城记”，彰显出强大的“同城效应”。

京津城际列车实行公交化运输，最小行车间隔只有3分钟，京津间全程直达运行时间半小时。从空中鸟瞰，一列列白色铁龙，接二连三，有序快速穿行，好似一条流动的银白色长廊。

北京地铁线路最小行车间隔为两分半钟，从这点来看，京津城际已达到了公交化的运行标准。同时，列车发车模式采取交错发车的方式，每一列车只在一个站停留，以保证列车能够高速运营。

有研究表明，北京人上下班的拥堵成本每个月是375元，上海人可以忍受的拥堵时间为48分钟……而现在人们仅花几十元、30分钟，即可从北京抵达天津，这无疑大大节约了出行成本。

时任铁道部总工程师何华武，曾在笔记本上记下了一组密密麻麻的有趣数字。他以机场轨道交通为例，给乘坐京津城际高铁的旅客算了一笔账：在机场轨道交通费用上，香港34公里需要100元，上海30公里需要50元，北京从东直门出发26.1公里需要25元，而京津城际120公里的票价不超过70元！

京津城际铁路大大缩短了京津间的时空距离，加速了两地间的经济文化交流，给以北京、天津为中心的环渤海地区经济社会发展注入了强大动力。2008年8月，京津城际铁路开通的当月，天津市社会消费品零售额达到171.4亿元，同比增长25%。

城际铁路公交化开行高速列车，让沿线民众对工作地、居住地有了更多的选择，在城际铁路这一端大城市工作，在另一端周边城市买房居住，成为现实。2008年，天津楼市的总成交量中，有三成是外地购房人群，其中北京市民达到一半以上。

周末去天津吃海鲜、听相声，成为越来越多的北京市民的休闲方式。2008年外地到天津的旅游者消费超过750亿元，城际高铁对2008年旅游增长的贡献率为35%。2009年上半年，天津社会消费品零售额实现了1176亿元，同比增长20.7%左右，增幅居全国第二。

京津城际铁路开通的当年，天津免费开放的6个博物馆、纪念馆，就接待外地观众近80万人次，由北京来津的旅游团体观众占90%，比以前增加了30%。天津各大、小剧场迎来观众人数超千万，比京津城际开通前增长了70%。百年老店“狗不理”总店和各个分店业务量则增长了20%到50%，泥人张、杨柳青年画等传统工艺品销量分别达到500万和640万，比上年同期增长近50%。

小廖是天津音乐学院的学生，时常关注北京音乐会的演出信息。他说：“北京的大型剧场比较多，音乐会、话剧几乎每天都有，从天津跑过去享受一下是经常的事。”他以前常坐的是动车组列车，70分钟的行程不算长也不算短，再加上赶往火车站的时间、等候下一班列车的时间，怎么也要三个小时。如今一个小时就搞定。

“中午从北京到天津吃顿包子，下午回去还不耽误上班。”著名艺术家阎肃在试乘了京津城际高速铁路后，作了这样一个形象的描述。有了京津城际高速铁路后，京津两地的百姓在居住、工作、教育、娱乐等方面的选择更加广泛，文化、休闲的资源在城市间实现了共享。

高速铁路带来的经济效应十分迅速而明显。据资料显示，2009年北京市实现地区生产总值11865.9亿元，比上年增长10.1%。天津市房地产业、物流业、旅游业、餐饮业等产业得到快速发展，2009年社会消费品零售总额完成2430.83亿元，增长21.5%。

“不仅如此，北京的高端人才也将不再局限在中关村，天津滨海新区的开发开放亟需吸纳北京的高端人才、信息等资源。”南开大学经济研究所副所长谢思全表示，随着高速铁路的开通，将京津之间的距离缩短至30分钟，京津地区密集的人才、信息、技术资源，更加便捷地彼此扩散和疏解。

天津中原地产投资顾问部总监高飞说，随着天津滨海新区的加速发展，将吸引更多高端商务人士来往于京津之间。许多国内外大企业生产地在天津，总部在北京，人员来往将会频繁。一些目前在北京的企业因为产业链条的延伸，可能会考虑到天津这样的土地相对充裕的城市投资发展。

同城化效应，让北京和天津两个城市都有了重新定位：北京是“国家首都、国际城市、文化名城、宜居城市”，天津则是“国际港口城市，北方经济中心和生态城市”；北京不断推动产业升级，服务业已经占到70%，天津也在全力开发滨海新区，发展金融和高新技术产业。

尤其可贵的是，京津城际铁路作为中国高铁建设的示范性工程，为大规模的高速铁路建设，特别是京沪高铁的建设运营提供了极为宝贵的经验和样板。

3

千呼万唤始出来

舆论认为，京津城际铁路就是京沪高铁的“袖珍本”。

以京津城际铁路为起点，中国高铁建设热潮开始席卷全国。

北京交通大学运输管理学院教授杨浩认为，作为在全国推广建设高速铁路前的一个实验和示范工程，京津高速铁路从基础设施建造，到动车组生产，各个方面都成为国内高速铁路建设的技术储备。

2008 年 4 月 18 日 9 时 05 分，温家宝总理宣布：京沪高速铁路全线开工。

千呼万唤始出来，京沪高速铁路终于迎来了它灿烂的黎明。

若从 1990 年京沪高速铁路的相关可行性研究提上日程算起，到准备着手修建，历经李鹏、朱镕基、温家宝担任国务院总理的三届政府，争论不休，几起几落，整整期盼了 18 年。这 18 年，中国铁路人集思广益，思考得太多太多；这 18 年，中国铁路人励精图治，积蓄了巨大的精神和物质能量；这 18 年，中国快速发展，国力、财力大大增强。

采访中发现，2533 卷、4760 册设计资料，6.7 万张设计图纸，放满了 5 个 2 米多高的档案柜……这是存放在中国铁路设计集团档案馆里的京沪高铁原始“模样”。正是这些珍贵的资料，奠定了京沪高铁建设的坚实基础，让京沪高铁成为中国高铁工程的杰出代表，更为中国建设更多的高铁提供了充实的技术支撑，书写了中

飞驰在京沪高铁线上的“和谐号”动车组列车，跨越京杭大运河。

国高铁浓墨重彩的一笔。

成就京沪高铁

2006年2月22日，国务院第126次会议研究并批准了京沪高速铁路立项方案。这是党中央、国务院作出的一项英明而重大的决策，在中国铁路发展的历史上具有划时代的意义。

3月7日，国家发展和改革委员会在关于京沪高速铁路项目批复中指出，经过充分论证、科学比选，各方面就技术方案等重大问题基本取得一致，项目建设时机已经成熟，同意建设京沪高速铁路。批复强调，京沪高速铁路采用轮轨技术建设，与既有京沪铁路的走向大体并行，全线为新建双线，按最高时速350公里设计。京沪高铁全长1318公里，自北京南站至上海虹桥站，沿线设置23个客运车站，总投资2209.4亿元人民币。

这标志着京沪高速铁路由论证决策进入开工建设的新阶段，也意味着“轮轨”与“磁悬浮”长达十多年的争论终于水落石出，中国未来“四纵四横”的高速铁路干线网络将深深打上轮轨烙印。其实，就这十多年的时间而言，是中国民众对高铁不断认知的过程，更是统一认识和积蓄力量的过程。

多年来，为了拥有自己的高速铁路，为了真正拥有自己的高铁技术，中国一大批专家、学者奋发图强，先后研制出了“中华之星”“先锋号”“长白山号”等国产动车组列车，掌握了无砟轨道高速线路技术，引进、吸收、消化再创新国外先进技术，打造中国高铁品牌，创造了骄人的成绩。

新华社及时向社会发布了这一喜讯，消息的正题是：京沪高铁预计年内开工。副题是：全程运行时间只需5小时。消息写道，届时京沪线将实现客货运输的分离，客运时速可达300公里，从而实现中国两大经济区——京津唐地区与长三角之间的客货无障碍运输。

2008年1月26日，国务院第205次常务会议批准了京沪高速铁路开工的报告。

4月18日，北京大兴区京沪高铁北京特大桥桥址施工现场，彩旗飘扬，艳阳高照。身穿深蓝色夹克衫的温家宝总理与工人代表一起挥锹铲土，为京沪高速铁路奠基。

此时，8 台大型旋挖钻机同时开钻。

近 18 年科学论证，200 多项科研试验顺利完成，一系列关键重大技术全面突破……京沪高铁终于在春天里全线开工。

京沪高铁是新中国成立以来一次性投资规模最大的建设项目之一，完全可以与国内的三峡工程、青藏铁路、西气东输、南水北调等重大工程相提并论，在人类工程建设史上亦有资格占据一席之地。

从此，京沪高铁重大工程建设正式进入国内外民众的视线。当日，各大媒体都作为头条重大新闻进行了报道，多家网站亦制作专题、专栏进行跟踪报道。许多境外媒体也都进行了详细报道。

温家宝总理下达了开工令，十几万建设者迅速汇聚沿线建设工地，展开了京沪高铁“大会战”。全线上场人员超过 13 万人，到场机械设备近 3 万台（套）。高峰时，全线每天消耗钢筋超过 1 万吨、水泥 3.5 万吨、混凝土 11 万立方米。

三个月后，即 7 月 20 日上午，京沪高铁上海虹桥站及相关工程在上海奠基。

上海虹桥站位于上海虹桥机场西侧，是集高铁、航空、地铁、城市公交等多种运输方式为一体的现代化虹桥综合交通枢纽的重要组成部分。虹桥站北端引接京沪高铁、京沪铁路、沪宁城际铁路；南端与沪昆铁路、沪杭甬客运专线、沪杭城际铁路接轨。

车站采用平直、方正、厚重的建筑造型，把传统建筑特色与现代建筑元素相结合，追求既稳重又充满活力的建筑效果。站内设计采用大空间布局、无站台柱雨棚技术；空调系统利用地热能；屋顶局部采用太阳能发电；运用多项新技术、新设备控制站内噪声。旅客不出站即可完成与航空、地铁、公交、出租车等交通工具的便捷换乘。

2010 年 11 月 15 日，京沪高铁全线铺轨完成。

2011 年 5 月 20 日，京沪高铁全线开通前夕，全国政协副主席、科技部部长万刚及国内 30 名工程界院士、专家，乘坐新一代“和谐号”380A 高速列车，体验和观察运行效果，对京沪高铁进行了检查、检测和评估。

专家组一致认为：京沪高铁轨道状态达到了高平顺和高稳定的要求；

通信信号和牵引供电系统稳定可靠；国产“和谐号”动车组符合高速度、高舒适性要求；运营安全保障设施齐全，开行方案合理；各项指标均达到世界先进水平。

京沪高铁是世界上一次建成线路最长、标准最高的高速铁路，完全由中国自主建设。全线贯穿北京、天津、河北、山东、安徽、江苏、上海7省市，连接环渤海和长三角两大经济区。

京沪高铁是中国高铁技术创新成果的集大成者，也是目前世界上技术标准最高的高速铁路。它在工程建设、高速列车、列车控制、客站建设、系统集成、运营维护和环保标准等技术领域开展了一系列技术创新，取得了一大批重大科研成果。

京沪高铁沿线分布着广泛的软土、松软土和深厚软土，其中有厚度达38米的淤泥质土的不利地质条件。控制路基沉降和结构变形是高铁建设中遇到的难题之一。施工中，工程技术人员在对全线19个典型工点的桩基进行了实验研究后，对30多万根桩基设计进行了验证和优化。路基竣工后，沉降最大未超过2毫米，桥梁墩台沉降未超过1毫米，大大低于15毫米的控制标准。轨道几何状态合格率达100%，优良率达98%。

京沪高铁全线有104项重点性控制工程，无砟轨道1298公里，沿线与70处跨越省级以上公路干线，与59条既有铁路交叉，跨越26处通航河流，设计中尽量与公路、既有铁路共用同一走廊。线路的最小曲线半径、最大坡度、线间距、隧道净空断面等主要技术标准，都位于当前世界高铁之最。

中国工程院院士王梦恕在接受凤凰网记者采访时谈道：中国高铁整体上达到国际先进水平，而且稳定性相当好。譬如说，北京到上海温差很大，京沪高铁钢轨热胀冷缩就有几公里，不仅做到了不让它热胀冷缩，而且做到了轨距的误差不超过±2毫米，高差不大于2毫米。

有这样一组数据：

京沪高铁全线3.2万个桥墩，29251孔900吨级箱梁；40万块精确到“毫米级”标准的CRTS Ⅱ型轨枕板；4066公里接触网，每米的平直度误差在0.05毫米以内，低于标准要求的0.1毫米。这些数字的背后是国家综合实力和京沪高铁建设者创新能力的集中展现。京沪高铁工程质量一次检验合格率100%。

2011年6月20日，就在京沪高铁开通前夕，中国人民银行特发行京沪高速铁路开通“熊猫”金银纪念币一套，以纪念这项伟大的工程。该套纪念币共2枚，其中金币1枚，银币1枚，均为中华人民共和国法定货币。

大地飞虹

记得蔡国庆有首歌叫《北京的桥》。歌词中唱道：“北京的桥啊千姿百态，北京的桥啊瑰丽多彩……”

其实，京沪高铁最值得一说的也是桥。京沪高铁沿线的桥多达288座，桥梁总长度占线路总长的81.5%，也就是说，全线有1074公里的桥。大地飞虹，桥桥相连，整个京沪高铁，就是一座巨大的桥。仅此，与传统路基相比，京沪高铁就节省用地59070亩。

南京大胜关长江大桥、济南黄河特大桥、丹阳至昆山特大桥等一大批世界级桥梁工程，都因京沪高铁而诞生。其中，南京大胜关长江大桥是京沪高铁全线重点控制性工程，这座“个头大、跨度大、荷载大、速度高”的大桥，创造了当年的多项世界第一。

地处长江南京段的大胜关，元末时，因朱元璋在此大胜对手陈友谅而得名。这里江面宽阔，水深流急。在此建造六线高速铁路大桥，无疑代表了中国桥梁建造的最高水平，创造了中国桥梁多项中国之最、世界之最，标志着中国桥梁建造技术跻身于世界领先行列。

——个头大。大桥全长9.27公里，长度相当于两座南京长江大桥加上一座武汉长江大桥。大桥共架设11个桥墩，一个桥墩相当于7个篮球场。据说，这座大桥钢梁总量达到了8.2万吨，相当于武汉长江大桥钢梁用钢量的4倍，混凝土总量达到了122万立方米，是南京长江一桥、二桥、三桥的总和。

——跨度大。六跨连续钢桁梁拱桥，其主跨长度336米，大桥通航净高32米，可以确保万吨级巨轮顺利通航。

——荷载大。大桥为京沪高铁和沪汉蓉高铁的过江通道，同时搭载双线地铁，为六线铁路桥，也就是说，可同时并行6列火车，为世界大桥之

南京大胜关长江大桥的建设者们

首。大桥的支撑最大反力达18000吨，是目前世界高速铁路设计荷载最大的大桥。

——速度高。大桥设计列车通过时速为300公里，作为六线六跨特大桥，其列车通过速度居世界之最。

早在2006年5月10日，作为全线控制性工程，南京大胜关长江大桥就已先期开钻动工。待京沪高铁全线正式开工时，江面主桥墩和引桥桥墩已经渐次出水，一座现代化的钢铁大桥悄然成型。

2007年10月17日，美国利哈伊大学约翰·费尔教授慕名来到南京大胜关长江大桥工地考察。这位国际桥梁与结构工程协会的知名专家，对大桥的规模和技术含量感到惊叹。他说，如此工程不亚于日本的明石海峡大桥的规模，是21世纪的一项宏伟工程，将对国际桥梁的发展产生积极的重大影响。

2008年8月1日，日本桥梁专家、世界桥梁结构工程协会前主席、东京大学名誉教授伊藤学带领9名日本桥梁专家，专程来到大胜关长江大桥工地参观。参观完后，伊藤学先生动情地说，从世界桥梁发展过程来看，20

世纪二三十年代，技术发展的焦点在美国，到了四五十年代，欧洲各国桥梁界都把目光聚焦在中国。目前，中国的桥梁建设规模、技术水平，特别是大跨度桥梁的建设水平都已经跃居于世界前列。

2011 年 1 月 11 日上午，上海虹桥始发至安徽合肥、湖北武汉的 44 趟动车从南京大胜关长江大桥通过，标志着这座“世界铁路桥之最”的长江大桥正式通车。

没有举行庆典，唯有大桥下滔滔江水在欢呼和歌唱。

当天零点起，中国铁路执行新的运行图，南京大胜关铁路大桥首次启用。

上海虹桥站至武汉、合肥方向的 11 趟旅客列车改由大胜关铁路大桥通过，为南京长江大桥铁路桥分流，并大大减少了运行时间。

巨大的天蓝色钢梁，波浪式安卧在天水之间，给人以无限的遐想。中铁大桥局集团有限公司的负责人自豪地说，中国人能在世界上任何一条大江大河上造世界上最大的桥。这个集团公司的前身是铁道部大桥工程局，他们的第一个作品就是武汉长江大桥。

武汉长江大桥是中国的一个标志性建筑，是古往今来万里长江上的第一座桥。

毫无疑问，当今的南京大胜关长江大桥则又是一座新中国的标志性建筑，是一个时代的象征。

总理来到我们身边

2011 年 6 月 30 日，中国铁路史上一个不寻常的日子。

经过铁路建设者 38 个月的艰苦奋战，京沪高铁今天胜利通车运营。

午后，北京南站洋溢着欢乐祥和的节日气氛。“热烈庆祝京沪高速铁路开通运营”的电子显示屏红色夺目，宣告着中国铁路史上又一个有纪念意义时刻的到来。

14 时 25 分许，温家宝总理、张德江副总理走进宽敞明亮的北京南站候车大厅。

温家宝专程绕道来到大厅北侧的旅客中间，微笑着与大家一一握手。他向一位旅客亲切地询问道：“是第一次坐高铁吗？都是去上海吗？”“我是去上海”“我是去济南”……大家纷纷向总理表达着自己即将乘坐高铁列车的兴奋之情。

整个候车大厅涌动着浓浓深情，几百米的距离，温家宝足足走了7分多钟。总理的亲切关怀，让大家感到无比温暖。

告别候车旅客，温家宝来到站台休息室。这里摆放着京沪高铁建设沙盘、南京大胜关长江大桥模型、CRH380A型动车组模型，四周墙壁上悬挂着图片，着重展示了京沪高铁建设中中国铁路的自主创新成果。

在沙盘前，温家宝听取了铁道部领导关于京沪高速铁路建设及运营情况的汇报。

京沪高铁通车后，京沪间最快将在4小时48分到达，比以往压缩了5个小时，环渤海和长三角两大经济圈一日联手成为现实。

沙盘、模型、图片，记录了广大铁路建设者的卓越奉献，展示了京沪高铁建设的重大成就，也体现了中国铁路自主创新、节能环保的建设理念。

温家宝动情地说，建设京沪高铁，对于完善现代交通运输体系，促进经济社会发展，满足人们出行需求意义重大。温家宝指出，京沪高铁工程建成通车了，但实现高铁安全、科学、有序、高效运营，充分发挥京沪高铁的效益和作用，任务还很艰巨。

站台旁，中国自主研制的CRH380A新一代高速列车整装待发。

温家宝登上列车，来到驾驶室，察看列车现代化的操作系统，了解列车发车准备情况。担当此次驾驶任务的是中国高铁司机"第一人"——北京机务段动车组指导司机李东晓。

温家宝一把握住李东晓的手说："我们见过面。"

2008年9月27日，温总理考察京津城际铁路时，就是李东晓担当的驾驶任务，他的过硬技术给总理留下深刻印象。总理赞许道："你的技术很娴熟、操作很标准，有口令，有手势。"

14时59分，李东晓以笔挺的姿态敬礼报告道："G1次列车发车准备就绪。"

15时整，列车平稳启动，驶出站台，迅速提速，向上海方向驶去。

10分钟后，列车显示屏显示时速达到300公里。

"您坐高铁有什么感觉？"总理亲切地向身旁的一位老年旅客询问。

京沪高铁南京大胜关长江大桥

老人说:“我和京沪铁路有渊源,50年前从上海到南京上大学,沪宁线坐快车都要跑8个小时。1968年南京长江大桥通车时,我就在那趟首发车上。这次特意前来感受崭新的京沪高铁。”

一位年轻旅客接过话说:“总理好,我叫路威,在中国农业科学院读书。这几年我经历了石太客专的通车、京津城际的通车、武广高铁的通车、沪宁高铁的通车,咱们国家铁路的变化实在是太大了,我们青年学子由衷地感到高兴。”

总理风趣地提示他说:“你今天这不又经历了京沪高铁通车吗?”车厢里顿时响起开怀的笑声。

突然,旅客中传来一个小伙子的喊声:“中国速度!”这个车厢聚集着不少前来体验的火车迷,他们盯着车厢两端的电子显示时速,兴奋地欢呼着:“中国速度!中国速度!”有一位吕先生在和温家宝握过手后,提出一个要求,希望总理能在他的首发车票上签个名。温家宝欣然答应,拿过签字笔,在这名火车迷的车票上签上了自己的名字。

21分钟后,G1次列车抵达廊坊站。温家宝走下列车。在总理的身后,一列列高速列车飞驰而过。

京沪高铁传奇

2016年1月8日,北京风和日丽。

这天上午,中共中央、国务院在人民大会堂隆重举行2015年度国家科学技术奖励大会。党和国家领导人习近平、李克强、刘云山、张高丽出席大会并为获奖者代表颁奖。京沪高速铁路工程,荣获国家科学技术进步奖特等奖。

京沪高铁曾经诞生过时速486.1公里的世界纪录,实现了开通仅3年就实现盈利的传奇,创造了开通运营4年半运送旅客约4亿人次的奇迹。截至2015年12月31日,京沪高铁累计开行高速动车组367556列、日均223列;累计运送旅客4.02亿人次,日均运送旅客24.4万人次。

京沪高铁实现了五大技术创新,即创新了复杂工程环境下高铁工程建造技术、研制了新一代CRH380系列高速动车组、构建了时速350公里的CTCS-3级列车运行控制系统、构建了高铁运行检测验证成套技术、创新了中国高铁技术发展模式。这些技术创新涉及到机械、土木、电子、电气、材料、信息、测量控制等多个学科领域，堪称“高铁技术博物馆”。

京沪高铁建立起了中国高铁技术体系，形成了高速铁路设计、制造、施工、验收、运营的技术体系和标准体系。获得国家发明专利53项、实用新型专利116项、外观设计专利5项、软件著作权8项，国家级工法9项，专著14部，论文235篇。京沪高铁技术体系有力推动了铁路行业科技进步，其成果推广应用于石武、沪昆、合福、宁杭等高铁建设，成为中国高速铁路技术创新的“样板工程”。

2013年2月，京沪高铁工程项目通过了国家验收：全线运营安全稳定，各项检测指标稳定地保持在相关规定指标的最优水平，实现了预期的建设目标。

“通过京沪高铁工程技术创新，中国时速350公里高铁技术体系成熟完备，时速380公里的高铁技术得到了初步验证，整体技术达到国际领先水平。动车组最高设计速度、接触网接触线的强度和导电率、平均旅行速度等技术指标均居世界首位。”时任中国铁路总公司总工程师何华武说。

专家认为，京沪高铁实现了时速350公里运营，这是世界铁路商业运营的最高速度，有着两个方面的重要意义：一个是中国高速动车组是世界一流的，另一个就是京沪高铁的线路质量是世界一流的。

新一代CRH380型高速动车组，成为京沪高铁的一道亮丽“风景线”。当它以时速300公里行驶时，每秒推进83米；当它以时速350公里行驶时，每秒则推进97米，如离弦之箭。这可是喷气式飞机低速巡航的速度。

京沪高铁还大幅改善了中国东部地区投资环境，对加速区域经济一体化、推进产业结构升级、助推城镇化进程及创新铁路投融资体制改革发挥了重大作用，为经济社会发展提供了强大的绿色、低碳运力支撑，为沿线百姓创造了安全、方便、温馨的出行环境。

“银龙出京一路奔，转瞬之间入津门。冀鲁皖苏须臾过，品茗到沪尚存温。”这首描绘京沪高铁的诗歌生动呈现出京沪高铁强大的辐射能力，表达了广大旅客对美好出行的赞美。

高速列车运行在阳澄湖旁的京沪高铁线上

北京动车段高速列车编组场

第3章

中国高铁模式

植根中国铁路这棵大树，嫁接国外先进技术，结出丰硕果实。以最小的代价、最短的时间，实现中国高铁梦，成为中国铁路人的明智选择。

1881年，胥各庄修车厂生产了中国第一台蒸汽机车“火箭号”。

当时光跨入21世纪的大门时，在世界经济发展的横坐标上，高速铁路已经成为一种时代标志，成为世界上一些发达国家和地区经济腾飞的助推器。高铁是当今高新技术的集成，是铁路现代化和人类文明结晶的标志，反映和代表了一个国家的综合国力。

然而，这时中国铁路的现状是，铁路占国土面积的比重排名在世界60位之后，客车装备制造水平仅相当于发达国家20世纪70年代的水平……

与发达国家相比，中国铁路制造业起步较晚。1881年，中国第一条铁路——唐胥铁路开通，胥各庄修车厂在英国工程师的指导下组装了一台名为“龙号”的二轴蒸汽机车。旧中国没有机车制造能力，铁路线上奔跑的近200种型号的蒸汽机车，全都是来自美、英、日等国，有“万国火车博览会”之称。

新中国成立后，中国铁路人发奋图强，自己设计制造了“前进型”等大功率蒸汽机车。自20世纪60年代起，开始自行研制内燃、电力机车，多达30个型号，数万台之多……中国机车工业在不断发展完善的过程中，特别是“中华之星”等国产动车组的研制，积累和储备了技术和人才力量，奠定了扎实的工业基础。

面对新时代潮流，中国铁路如何迎头赶上？如何利用中国庞大的市场优势，赢得世界上最先进的技术？坚持以我为主、开放合作，积极吸收人类文明的先进成果，以最小的代价、最短的时间，实现中国高铁梦，成为中国铁路人的明智选择。

上图：KD 型蒸汽机车

中图："东风型" 内燃机车

下图："韶山型" 电力机车

一方面，充分发挥后发优势，坚持引进、消化、吸收和再创新，集世界高铁先进技术之大成，加快中国高铁技术创新赶超的步伐；另一方面，坚持以国情路情为基础，始终把科技自立自强、自主创新作为根本，坚持不懈加强关键领域技术攻关，形成基础理论、技术应用、成果推广乃至技术标准体系的完整的高铁创新链条，牢牢把握创新主导权与发展主动权。

综合评价当今高速列车品质和高铁轨道线路水准，世界高铁可谓德、法、日、中四国称雄。高铁技术发端于西方，始于日本，兴于欧洲，盛于中国。中国高铁从“跟跑”“并跑”到“领跑”，跑到了西方高铁先行者的前面，“复兴号”高速列车成为中国科学技术自主创新的一面旗帜。

1 高铁技术与中国市场

高铁技术是高新技术的集成，是一个十分庞大复杂的工程体系。

所谓高新技术的集成，即通过结构化的综合布线系统和计算机网络技术，将分离的设备、功能和信息等集成到相互关联的、统一协调的系统之中，实现集中、高效、便利的运用和受理。

高铁技术指高速铁路系统有关的所有科学技术，包括轨道线路建设、动车组制造、信息采集、列车控制、运营管理技术和维修养护等多门类技术。涉及到工务工程、通信信号、牵引供电、高速列车、客运服务、运营调度和运营维护等多个系统。

高铁作为大国技术，日本、德国、法国等国家一直走在前列，并率先实现了产业化。就高铁技术的交流而言，中国几乎在这些“前辈”面前难以得到“真经”。相反，要求中国“开放市场”是其主要诉求。而过去中国在汽车领域也曾强调“以市场换技术”，但其结果是，丢了市场，却没有得到技术。中国道路上跑的清一色的是丰田、奔驰、福特等外国品牌汽车，中国自主品牌汽车却迟迟难以进入百姓生活。

前车之鉴，中国高铁如何引进大国技术？真乃是左右为难。

大国技术壁垒

1812年夏日的一天，湛蓝色的大西洋风平浪静。载有美国商人弗朗西斯·卡伯特·洛厄尔及家人的客轮，正劈波斩浪，跨越宽阔的海平面，驶向美国。突然，英国海军出现在海面上，将这艘客船拦截下来。英国海军将所有的船员及乘客关押在加拿大哈利法克斯的英军基地。郑重告知，洛厄尔犯有盗窃动力纺织机械设计图案的嫌疑。然而，有关人员将洛厄尔的行李彻底搜查了多遍，也没有发现证据。事实上，洛厄尔确实犯下了设计盗窃罪，不过谨慎的他，早已将蓝图印入了脑海。洛厄尔逃过了一劫。

17世纪的资产阶级革命后，英国资本主义手工工场迅速发展，至18世纪中期，英国成为世界上最大的资本主义殖民国家。随着国外市场的不断扩大，工场手工业生产已经不能满足日益增长的需求。18世纪60年代，珍妮纺纱机与水力纺纱机相继问世。80年代，水力织布机的出现大大提高了织布的效率。由于用水力带动机器会受到自然条件的限制，机器的使用需要一种更方便、更有效的动力，于是就有了瓦特改良蒸汽机的伟大发明。1785年，这种蒸汽机被用于带动纺织机器。

由此，动力纺织机械图案作为大国技术，闻名于世。当时的大国技术涉及到机器制造、蒸汽动力、冶金工艺等多方面，先进的大国技术大幅度提升了生产力，必然会带来巨额利润。而拥有这些大国技术的国家，出于国家利益的考虑，必然要严防死守，抵制技术外流。

尽管如此，野心勃勃的美国后来居上，通过多种方式，终于打破了英国人的垄断，让大国技术成为世界技术，成就了人类历史上划时代的工业革命浪潮。紧接着，世界各国的冶金、采矿等工业部门也很快采用了机器生产和蒸汽动力。到了19世纪上半期，大机器生产基本上取代了工场手工业，世界完成了工业革命过程。

高速铁路是人类近代科技进步的重要表现，是新学科、新技术、新材料和新工艺的集大成者，也被称作当今的“大国技术”。涉及到冶金、通信、电子、信息、材料、航空、航天、环保、计算机、原材料等各个产业，汇集了空气动力学、高速轮轨系统动力学、金属与非金属材料轻量化技术、交流传动与控制技术、电空复合制动技术、减阻降噪技术、空气自动调节与气密性技术、计算机网络控制与自动诊断技术、人体工程学等一系列当代高科技领域和最新科技成果，集中地反映了当代新型牵引动力、高性能轻型车辆、高质量线路、运行控制指挥、运输组织和经营管理等方面的技术进步。一列高速列车，零部件数量达10万个以上，独立的技术系统超过260个，几乎遍及机电产品所有的领域。

纵观社会发展与进步，历史学家都以工具的变革来划分历史阶段。诚然，高铁为一种先进的交通工具，不仅促进了生产力发展，而且揭示了技术革命的发展方向。有专家预言，随着“高铁时代”的到来，交通工具的重大变革，必然带动传统运输格局、城市经济版图、人口布局的重新洗牌。

回首历史，从4世纪至14世纪的1000多年间，中国的科技一直走在世界的前面。15世纪以前，影响人类生活的重大科技发明有298项，其中173项是中国人发明的，占比达到58%。正是这些重大的发明和发现，使中国的农耕、纺织、冶金、手工制造技术长期处于世界先进水平。

然而，自15世纪经历400年后到了近代，中国科学技术明显落后了。尽管中国曾一度衰落，但现实的中国正在重新崛起。作为一个发展中国家，中国正处于工业化中期，同发达国家相比，差距较大。但从世界经济发展历史来看，后进国家以先进国家为榜样，通过学习和借鉴先进国家经验，在技术引进和创新、规划未来的产业结构以及设立相应的组织体系等方面，都会节省大量的时间和成本，从而实现赶超目标。这种现象被专家称之为“后发优势”。

遥想二战后的日本，汽车、钢铁的国际化程度很高，重化工业并不具有比较利益。按照一般经济理论，汽车、钢材似乎不应成为发展的重点。而纺织和杂货则具有较高的比较利益，应成为主要的出口产业。但是，日本政府分析后认为，从长期来看，一般纺织品在世界贸易总额中所占比重是逐渐下降的，而机械类产品出口比例是逐渐提高的。这就意味着重化工业在经过10年或20年的发展之后，就会显露出比较利益。由此，在1945年以后，日本把重化工业作为重点，而不以轻工业为重点，采取了一系列的保护措施，最终实现了经济迅速起飞。

殊不知，中国在引进消化大国技术过程中，也有过一些教训。以汽车为例，20世纪90年代，中国汽车工业急需先进的制造技术，依靠自主研发显然追不上时代的车轮。于是，世界名牌汽车纷纷进入。然而发展到现在的情况是，国外先进的汽车制造企业则把中国汽车市场当成了一个印钞厂。他们在中国造车，在中国市场销售车，再把钞票装进自己的口袋。而中国自主品牌汽车的研发道路走得越来越艰难，自身技术体量并没有得到增长。

自1964年高速铁路现身日本，首开时速210公里的纪录，此后在西方国家走过40多年漫长的发展道路，运营时速一直在250公里上下徘徊。显然，与这些国家的民航和高速公路比较发达，高铁缺少紧迫及巨量的市场需求有关系。而在中国，辽阔的疆土、广阔的市场、人民的需求和高速发展的国民经济，都在呼唤铁路快速发展，呼唤高速铁路。

中国东西南北纵横5000公里，资源和工业布局极不平衡，大量货物需要通过铁路进行跨区域交流。中国又是人口大国，地区经济、城乡经济发展不够平衡，人均收入水平相对较低，大量的中长途旅客运输主要依靠铁路。中国人均耕地面积少，石油对外依存度高，要实现全社会可持续发展，铁路大动脉必须发挥更大的作用。

“中国国情要求必须尽快发展大运量、低能耗、占地少的高速铁路。”时任铁道部总工程师的何华武说。每年，中国铁路以仅占运输系统20%的能耗，完成了全系统50%的运量，发展高速铁路无疑是中国转变增长方式、实现可持续发展的必然选择。

铁路作为骨干交通工具，要实现大运量增长只有两条途径，一是多拉，二是快跑。而对于旅客运输而言，快跑比多拉更重要。中国铁路要凭借自己的力量，从时速55公里的普速等级，跨越到时速300公里乃至350公里的高速等级，由于技术条件和国力的限制，这在当时看来颇有“天方夜谭”的味道。

长期以来，铁路作为国家基础产业，在规划建设和资金来源上都是依赖国家投资，这样一定程度上回避了投资多元的矛盾，但单一的投资也制约了铁路的发展。至于先进技术的引进消化与自主创新，一直存在着争论和争议。如何利用中国广阔的市场优势，引进消化世界先进技术？如何自主创新发展民族工业，抢占先进技术高地？于是，“市场换技术”这一命题再次浮出水面，呈现在世人面前。

当时有一种流行的观点认为，可以用“技术换市场”，依靠外国高铁巨头在国内做合资企业的模式来推动中国高铁发展。这显然是中国汽车工业的发展模式。另一种观点则认为，我国必须在借鉴的基础上研发自己的高铁技术，坚持自主创新，这也是科技部坚持并得到广大铁路科技和产业界支持的观点。然而，怎样借鉴外国先进技术？还是有一个市场换技术的问题。

所谓“市场换技术”，说到底，是一个如何发挥中国市场优势的问题。中国具有广阔的国内市场，如果从大的范围来看比较优势，中国市场规模在当前和未来仍然是一个重要优势，甚至是比劳动力成本持续更久的比较优势。说白了，巨大的国内市场潜力是中国的一个硬“筹码”，它为中国企业参与国际市场提供了重要“底气”，也为获得提升自主创新能力所需的时间、技术等资源，争取了主动权。

中国政府和企业越来越重视国内供应商，支持他们抢占市场，要求那些想在中国开展业务的外国公司转让先进技术，哪怕是部分转让，或有条件转让。这从另一方面加大了中国市场的“筹码”。有位外资人士表示：“中国讨价还价有底气，因为中国是目前世界上唯一一个正常运转的大市场。”毫无疑问，国情和国际环境决定了“市场换技术”仍然是中国自主创新道路的一个选项。尤其对于那些处于明显技术弱势、在短时间难以取得哪怕是局部性突破的产业。同时，原创性的自主创新和引进消化吸收再创新，也可能需要采用这个途径作为初级阶段的基础。实践表明，实施“市场换技术”战略，引进大国技术，必须注重中国国情，走出一条具有中国特色的大国技术“引进消化吸收再创新”之路。在这个过程中，有许多问题需要研究，有许多问题需要在实践中认识和解决。

譬如说，如何将自身的技术与国外先进技术实现对接和兼容？如何在学习借鉴消化吸收的过程中真正掌握核心技术？如何保持最终技术的持续领先？诸如此类，都在考验中国铁路人的智慧。

时任中国中车首席技术专家丁叁叁认为，就供给而言，这是经济发展的内在动力需求及国家战略的有力支撑。从需求来说，中国幅员辽阔、人口众多，人员流动频繁。引进国外技术，消化吸收和自主创新，为高铁快速发展提供了可行的路径。

高铁“三国演义”

这个日子注定要记入中国高铁发展的史册：2004年4月9日。

北京，春暖花开。国务院召开会议专题研究铁路机车车辆装备有关问题。就是在这次会议上，明确提出了“引进先进技术、联合设计生产、打造中国品牌”的基本方针。确定了“以高速列车为突破口，引进少量原装、国内散件组装和国内生产的中国高铁项目”的运作模式。从时速200公里开始起步，通过引进消化吸收再创新实现自主研发，发展时速300公里及300公里以上高速列车。

外电评论，从一定意义上讲，高速铁路的建设和运营反映了一个国家的科技实力。真正的全球竞争，却是在铁路从内燃机车时代、电力机车时代，特别是进入高速铁路时代之后。中国政府这次会议所作出的决定，就是要启动“金钱和市场”两个轮子，启动中国高铁的发展。

就中国发展高铁而言，如果单纯依靠自己的力量进行探索，耗时长久，成本高昂，还有可能在技术上走弯路，从而错过发展机遇，长期落后于发达国家。如果完全依靠外国企业，不仅在价格上会被牵着鼻子走，一步步拱手让出国内市场，更会让中国装备制造产业长期处在“襁褓”之中。

根据国务院确定的铁路装备现代化总体要求，铁道部在认真研究论证和反复比选的基础上，确定了具体实施方案：锁定当今国际上最先进、最成熟、最可靠的技术，以铁道部为主导，以国内企业为主体，以掌握核心技术为目标，利用中国铁路巨大的市场，联合国内科研、设计、制造企业，以低成本引进先进技术，进行消化吸收再创新，实现本土化生产，用3至5年的时间打造出中国品牌的、先进的铁路技术装备。

这时，高速铁路技术的领先研制

国有三个：日本、法国、德国。

1959 年 4 月 5 日，世界上第一条真正意义上的高速铁路东海道新干线在日本破土动工，经过 5 年建设，于 1964 年 10 月 1 日正式通车。它的建成通车标志着世界高速铁路新纪元的到来。

随后法国、德国纷纷开始修建高速铁路，形成了以德国西门子、法国阿尔斯通、日本川崎重工为代表的三国高铁技术体系，以及以东京、巴黎、柏林等为核心的城市密集地区的快速铁路网。

法国 TGV 可能是当时唯一没有任何盈利色彩而享誉世界的高速列车。1981 年 9 月 27 日，法国第一代高速列车 TGV-PSE 在法国东南线面世，最高运营时速为 260 公里，超过了日本新干线。2001 年，法国对东南线信号系统进行了改良，TGV-PSE 的最高运营时速达到了 300 公里。从此，TGV 一直牢牢占据高速轮轨的速度桂冠。2007 年 4 月 3 日，V150 列车在 TGV 东线以 574.8 公里的时速创造了轮轨列车的最快纪录。

德国 ICE 高速列车于 1991 年 6 月投入商业运营。早在 1988 年 4 月 28 日，试制样车 ICE-V 的试验速度就突破了时速 400 公里大关。5 月 1 日，试验速度达到了时速 406.9 公里，这是当时的世界纪录。

当时的德、法、日三国都在进行磁悬浮列车研究，但一直处于试验阶段，而三国的高速轮轨技术各有千秋，技术水准不相上下。法国 TGV 技术比较先进；德国 ICE 技术传动部分比较先进；而日本新干线的运营和管理经验比较成熟。

高速列车是由动车组担当的。所谓动车组，即列车由具有牵引动力装置的车辆组成。按动力分类，可分为内燃动车组和电力动车组。按技术模式分类，又可以分为动力集中式和动力分散式两种，动力集中式，即头尾是两台电力机车，中间配置拖车。动力分散式，则由有牵引动力、兼备载客载货功能的车辆和没有动力的车辆混合组成。

法国、德国的高速列车一直坚持动力集中方式，日本新干线高速列车则首创动力分散方式。长期以来，两种动车技术模式相互竞争，你追我赶，此起彼伏，推动着世界高速列车技术日新月异，快速发展。

自20世纪90年代中国政府提出建设高速铁路的动议以来，日本、德国、法国这三个高铁技术最为先进的国家展开了激烈的竞争。多年来，三国动用了包括经济、外交、文化与政治等在内的几乎所有手段。其间，一旦有与此相关的风吹草动，日、德、法的媒体就会大篇幅报道。

早在1992年，铁道部就成立了“高速办”，组织一大批专家开始一刻不停地跟踪和研究世界高铁技术进展，尤其关注高速动车组技术的发展动态。青岛四方、长春、唐山等轨道客车制造企业通过地铁、城轨车辆研制项目，积极与这三国企业进行交流与合作，在人才培养、技术储备和工业化改造方面取得重要进展。

中国要建设世界最大的高速铁路网络。根据《中长期铁路网规划》，未来十五年，中国将投资两万亿元，建设1.2万公里的快速客运专线。调整后的规划又提出，到2020年，中国高铁线路将超过1.6万公里，总长度足够从北京延伸到伦敦，再从伦敦折回北京。

境外媒体报道说，中国政府已经决定未来几年每年安排逾1000亿美元的预算，用于建设新铁路线和升级陈旧的铁路网络。据世界银行(World Bank)估计，这个数字预期将占同期全球铁路投资金额的一半以上。这块诱人的“大蛋糕”，吸引了世界各大铁路企业制造商。

2004年7月，时任铁道部副部长的陆东福对媒体表示，中国铁路工程咨询的市场是开放的，将在时速300公里以上的铁路建设中全面引进中外合作的国际工程咨询，包括以外方技术总负责的设计咨询和施工总监；在时速200公里以上建设中采取中外合作，外方担任总监，包括难点工程咨询的施工监理。

当时，中国企业能够承担的是路基、桥梁、钢轨、枕梁、供电架等基础部分的施工和生产，还没有掌握高速铁路的核心技术。列车、通信、信号、供电等系统，需要从国外购买；项目设计、施工监理等专业服务，需要与国外技术机构合作。

就当时的情况来看，德、法、日三国都有比较成熟的轮轨技术；在制动系统、动力系统、车厢技术、自动控制系统等核心技术方面，不相上下；在工程造价、运营费用、运量和速度方面也都相差不大，最终的决定因素只有两点：价格和技术转让。从中国高铁长远发展来看，后者才是最关键因素。

专家表示，如何实现技术引进与国产化的最佳结合，是中国高铁发展无法回避的问题。中国在引进国外先进技术的过程中，关键是要注意避免技术引进的“水土不服”。

关于中国究竟以哪种技术为基础修建高速铁路的争论，其实质上反映了当今世界上三个高铁技术最先进国家对中国市场的争夺。中国自有高铁构想开始，就成为日、法、德这三个国家的争夺目标。以京沪高铁为例，谁要拿到这个项目，将会获得100亿美元的市场效益。为了向中国推销新干线技术，日本政府和民间早在1995年就成立了“北京—上海高速铁路计划合作推进委员会”。

就当时的情况而言，法国在世界高铁市场份额最大，覆盖9个国家和地区，在时速270公里的高速动车组市场，占有85%的份额；排在第二的是德国。日本出口最少，仅在2000年向台湾出口高速列车，这是日本唯一的海外输出。

面对中国高铁市场，日本是国内企业组团参战，法国与德国是联合体参战。日本是世界上第一个建成高速铁路的国家，新干线和富士山是日本的国家象征。日本川崎、日向和日立号称日本新干线铁三角，核心技术都掌握在这三家手中。法国阿尔斯通公司在渐进式技术方面经验丰富，先后成功地向西班牙、英国、韩国实施高铁项目所需要的技术、工业和管理转让，样板就是说服力。德国的优势在于，不但拥有成熟的轮轨技术，而且还拥有目前世界上最为先进的磁悬浮技术。

按理说，中国更愿意与德国进行包括两种铁路技术在内的一体化谈判，从而完整地安排中国今后大铁路网的规划实施。然而，阿尔斯通公司明确表示，整体引进或者分项引进，都可以由中国决定，并承诺毫无保留地向用户转让技术。这对中国很有诱惑力。日本川崎重工为首的企业联合体，也向中方抛出了一揽子优惠条件。

到底采用哪国高铁技术？中国一时还难以决断。从中国的角度看，最为关键的是技术转让，谁能更有效和彻底地转让技术，谁就能在中国获得更多的市场份额。

闯关中国高铁市场

2004年6月17日，初夏的北京，气候宜人。

铁道部党组机关报《人民铁道》报和中国采购与招标网同时发布招标公告：中华人民共和国铁道部拟采购时速200公里的铁路电动车组，共计10包200列。其中，10列原装进口的原型车，20列散件进口，170列国内总装、国内制造。国产化水平按步骤逐渐提高，每包的最后一列时国产化率要达到70%。公告明确招标公司和投标人资格，投标主体是国内企业，但它必须取得国外先进技术的支持。

这是当时全球最大的一次动车组公开招标。白纸黑字的招标公告，打开了中国铁路的市场大门，一字一句都是真金白银，释放出诱惑的光芒。

公告明确告知，投标企业必须是“在中华人民共和国境内合法注册的，具备铁路动车组制造能力，并获得拥有成熟的时速200公里铁路动车组设计和制造技术的国外合作方技术支持的中国制造企业（含中外合资企业）”。

这句话看上去是有点绕。说白了，就是投标企业必须是有国外成熟技术支持的中国公司。

这种公司当时中国有没有呢？一家都没有，“中华之星”制造企业拥有纯国产技术，理所当然也被排除在招标范围之外；那国外的公司有没有呢？还是一家都没有。显然，中国铁道部的目的，就是要让国外垄断动车组技术的公司将竞标的标的技术，通过转移给国内注册的中国公司，来完成竞标。

公开招标，意味着打开了中国高铁的市场大门。这个招标公告的意义在于，铁道部统一组织对外谈判，统一向企业下订单。中国铁路市场是一个整体，谈判砝码由单独的指头变成了一个硕大的拳头，任何一个车、任何一个配件，都不能分割，中国南车、北车旗下的35家机车车辆厂和各铁路局是一家人，由此避免企业间相互抬价恶性竞争。

面对攥紧的“拳头”，任何一个国际巨头要挤进中国市场，都要做到“三个必须”，即必须转让关键技术，必须价格优惠，必须使用中国的品牌。最苛刻的是独创了“技术转让实施评价”，即技术转让的进度和效果如何，要由铁道部来评价，如果转让结果不能让铁道部满意，中标公司是拿不到钱的。

从招标、投标到开标、评标和授标，整个过程始终严格依照《中华人民共和国招标投标法》等法律法规和国际通行规则进行，做到了公开、公正和公平。在招标引进工作中，对多国技术进行比选引进，对国外企业技术转让的内容、进度和有效性作了严格规定，要求外方全面转让先进技术；要求国外合作方为国内企业提供技术服务与培训，提高国内企业设计、制造和质量管理人员的技术水平，确保中国客运专线项目的工程企业能够全面、系统地掌握国外先进技术。

在这次国际招标大战中，铁道部展示了近乎完美的行动力，实施了战略买家策略，整个招标活动从启动到谈判再到执行，堪称一个完美的商业传奇。

所谓战略买家，说白了就是集中采购，但不是简单的集中采购，采购者是一个行业或群体采购。当时中国钢铁产销量全球第一，但是中国钢铁企业在跟外企进行铁矿石价格谈判时，却毫无发言权，连续多年谈判总是屡战屡败，原因是什么？就因为没有战略买家，有了也执行无力。前边跟人家谈价格，后面老有自己人打黑枪，总有某些国内钢铁企业跟人家偷偷签订矿石购买协议，价格还比你的底线高出很多，让你谈不成，所以每次的谈判结果都是缴械投降。

商业战争是没有硝烟的战场，不乏谈判筹码后的博弈，甚至牵扯到情报、权利、背叛、离间、合作等令人捉摸不透、瞬息万变的态势。成功者的喜悦，失败者的泪水，野心家的密谋，唯有大格局者联手合作，才能谋取最大利益。

中国地大物博，人口众多，市场巨大，对于任何一个国际企业来说，都是一块肥肉。毫无疑问，中国高铁庞大的市场令跨国企业心之向往。一旦拿到中国订单，不仅仅是销售了动车组，只要技术跻身中国市场，此后就可源源不断将零部件订单收入囊中。

国际高铁技术市场，是一个典型的寡头垄断市场，西门子、阿尔斯通、川崎重工及庞巴迪这些“百年老店”，几乎垄断了整个高铁设备市场。这些世界高铁技术的巨头，面对庞大的中国高速动车组市场，摩拳擦掌，跃跃欲试。他们心里明白，中国《中长期铁路网规划》描绘的“四纵四横”客运专线网络，可是世界上从来没有过的高铁大市场，这个机遇十分难得。

这个夏天的北京，十分热闹。日本人、法国人、德国人和加拿大人聚集一堂，为了得到中国高铁订单，明争暗斗。他们互相挤兑、相互批斗，不惜把各自几十年来搜集的情报，提供给中国铁道部，以打压对方，致使价格越降越低。

值得一提的是，加拿大没有高铁，却有名扬四海的庞巴迪公司，它是世界上第三大飞机制造公司，同时也是世界上最大的铁路及轨道交通设备制造商。生产范围覆盖支线飞机、公务喷气飞机以及铁路和轨道交通运输设备等，拥有着先进的高速列车制造技术。

承担动车组技术引进重任的青岛四方机车车辆股份有限公司（以下简称四方公司）和长春轨道客车股份有限公司（以下简称长客公司），在过去的日子里，在国产动车组研制领域，也都出过一些成果。特别是四方公司，在1998年至2003年的国产动车组研制浪潮中，研制的车型最多，生产批量最大，而且还实现了出口。尽管如此，面对这些实力雄厚的跨国公司，无论是技术水平、还是生产规模，就显得单薄多了。

小鱼如何和大鳄打交道？中国企业相对于跨国公司虽实力较弱，但中国铁路市场十分巨大，如果组成“中国兵团”，起码具备了与国际跨国公司博弈的体量。

由此，中国铁道部进行了精英布局。铁道部派出来的“战略买家”是2个，即四方公司和长客公司，面对的“战略卖家”却是4个，即4家国际高铁公司。这样，中国企业在选择上，有了一定的空间。2比4，对于寡头竞争行业来说，已经是很大的选择空间了。但是，卖家们可选择的买家仅有两个。

自《人民铁道》报6月17日正式发布游戏规则，到7月28日投标截止，这41天时间中，面对狼多肉少的局面，4家国际高铁公司展开了对两家中国公司的全方位围猎，组团推销，频繁出击，如火如荼。此时，中方任凭风浪起，稳坐钓鱼台，完美执行了战略买家策略，一波三折，处世不惊，堪称现代版的"二桃杀三士"。

洁白的谈判桌前，就坐者心态各异。行事谦恭的日本人频频点头，性情浪漫的法国人报以灿烂的微笑，表情深沉的加拿大人不动声色。只有盛产哲学家的德国人保持着"哲学式"的清高，在他们看来，一流的德国高铁技术是中方非买不可的。

谈判过程中，中方将"兵不厌诈"的技巧表现得淋漓尽致。阿尔斯通有点撑不住了，脚踏两只船，一边跟四方公司谈，一边跟长客公司谈。然而，四方公司的首选谈判对象是川崎重工，他们跟阿尔斯通谈，主要是为了给川崎重工施压；长客公司的首选谈判对象是西门子，给西门子施压也是他们跟阿尔斯通接触谈判的重要目的之一。

与日德法三国企业不同的是，加拿大巨头庞巴迪却一直表现得超然物外。早在1990年，庞巴迪就与四方公司成立了合资公司——青岛四方庞巴迪铁路设备有限公司。对庞巴迪来说，不存在技术转让的问题，只要将产品图纸转移给合资公司进行生产就可以了。

日本一直很想占领中国的高铁市场。日本由川崎重工牵头，三菱商事、三菱电机、日立制作所、伊藤忠商事、丸红六家公司组成了大联合谈判体，日本很多商社都组织了相应的部门、团队来中国助阵，花费了很多资金与物力，想用政府主导、民间接单的形式获得中国高铁的订单。

不过，当时中国铁道部真正心仪的是德国西门子技术。德国西门子公司的"维拉罗E"时速350公里动车组，是当今世界铁路商业运营中速度最高、动力最大的一种成熟高速列车。中国希望与德国合作来推进中国高铁的建设。

德国人心里很清楚，在初期谈判中，就向中国开出了天价的报单，而且坚持不让步。

这时，四方公司与日本企业联合体、长客公司与阿尔斯通的谈判突然加速。四方公司拿出技术清单，明确每项技术的原理和指标，要求日方明确是否可以转让，以及转让价格。日方基于新干线数十年研发和稳定运营的基础，要求中方只能在国内使用日本转让的技术，并且以技术机密为由，不转让200公里时速以上的动车组技术。

谈判陷入困境，日方威胁要退出谈判，放弃中国市场。这时，中方的一个年轻工程师，抓起桌上日方技术文件，当场摔在地板上，让翻译告诉对方“今天走出这个门，就不要回来了”。日本人吓着了，只得又回到了谈判桌前。

投标当天，四方公司与日本企业联合体、长客与阿尔斯通、庞巴迪以与四方公司成立的合资公司为主体，投出了自己的标书。西门子因为在最后时刻没有找到合适的合作伙伴，为自己的要价付出了代价。

2004年10月20日，中国、日本、法国和加拿大四方签约活动在北京正式举行。

经过多轮谈判，中国最终决定采用以日本技术为主、多方技术合成的250公里新干线技术，即东北新干线家族的“疾风号”E2-1000系的缩水版。原版是6动2拖结构，最高运营时速275公里，但日本卖给中国的是4动4拖结构，最高时速250公里。

中国向日本川崎重工订购60列时速200公里级别的高速动车组，总价值93亿元人民币。按照合同规定需把若干关键技术转让予中国公司。其中，3列在日本完成，另有6列以散件形式付运，由中方负责组装；其余51列将通过技术下转让，由青岛四方公司制造。

长客公司选择了与阿尔斯通合作。早在2003年，阿尔斯通因经营不善陷入困境，已是债台高筑，正面临美国的高额诉讼，这年8月已经向巴黎法院申请了破产保护。如果再拿不到国际大单，就只能向法国政府申请破产。然而，2004年逢凶化吉，中国6.2亿欧元的高铁大单挽救了它被肢解的命运。阿尔斯通将其拥有的AGV高速列车的七项关键技术，全部转让给了中国。

庞巴迪则拿出为瑞典国家铁路提供的Regina C2008型动车组为原型车，继续与四方公司合作。西门子虽然在技术上占有一定优势，却因为原型车价格和技术转让费都过高而颗粒无收。

日方尽管是有备而来，但也是几经波折。最初想让拥有最新700系及800系技术的日本车辆制造公司（日车）及日立制作所出手，但日车、日立均拒绝向中国出售车辆及技术转让。川崎重工经过公司内激烈争论后，不顾日车、日立及东日本旅客铁路公司的反对，决定向中国出售高速动车组并转让全部技术。

川崎重工为何同意转让全部技术？细究其原因，一是川崎重工自身的生存压力。由于日本市场狭小，川崎重工的发展已经顶到了天花板，只有向海外发展。加之经营状况不太理想，处于濒临破产的境地；二是川崎重工的生存需要中国这个大市场。川崎重工认为，高铁技术不是一般国家能够承受的，中国除了高铁外，还有地铁、城市交通系统，日本技术应该有一席之地；三是其他同行公司的竞争压力。日方如果不与中方签订转让技术协议，中方就会选择西门子或庞巴迪的技术。

西门子败走麦城

“西门子败走麦城”案例，被写入了美国斯坦福大学经济学课程教案。

德国人一向工作严谨，在进军中国高铁市场的过程中，依据此前周密细致的情报工作，西门子公司对获胜胸有成竹。他们坚信，西门子以ICE3为基础研发的Velaro高速列车技术平台，才是中国铁道部最中意的引进目标。

事实上，当时中方真正心仪的也是西门子技术，真心希望与德国合作，高起点地推进中国高速列车的研制。

这也难怪，谈判桌上，西门子公司代表表现出了一股子舍我其谁的傲慢劲，在原型车价格以及技术转让价格上漫天要价。每列原型车的价格3.5亿元人民币，而技术转让费高达3.9亿欧元，相当于39亿元人民币。此外，他们还在技术转让方面设置了诸多障碍，对标书不响应之处多达50多项。

2004年7月27日深夜，开标在即，中德双方依然没有达成协议。

已经很晚了，中方代表仍在与德方人员斡旋，表现出对德国技术的爱慕与尊重，很希望与西门子成为合作伙伴。遗憾的是，德方的出价实在不像是伙伴，大有趁火打劫的意思。德方人员打着哈哈，丝毫没有退让之意。中方代表坚定地表示：每列车价格不降到2.5亿元人民币以下，技术转让费不降到1.5亿欧元以下，肯定出局。

德方首席代表靠在沙发椅上，连连摇头：“不可能，不可能。”

中方代表强调说：“中国人一向是

与人为善的，我不希望看到贵公司就此出局。何去何从，给你们5分钟时间，出去商量吧。”

德国人的傲慢已经成就了固执。商量回来，仍然没有一点儿圆通的余地。德方代表耸了耸肩，摊了摊手，做了一个无可奈何的动作。他们很自信。

中方代表微笑着扔下一句话：“各位可以订回程机票了。”然后拂袖而去。

第二天早晨7时，距铁道部开标还有两个小时，长客公司宣布，他们决定选择法国阿尔斯通作为合作伙伴，“双方在富有诚意和建设性的气氛中达成协议”。大梦初醒的德国人，呆若木鸡。

早餐桌上，得意洋洋的法国人品着美味咖啡，还不忘幽了德国哥们儿一默：“回想当年的‘滑铁卢之战’，今天可以说我们扯平了。”

“德国人从中国的旋转门又转出去了。”消息传开，世界各大股市的西门子股票随之狂泻。放弃世界上最大、发展最快的中国高铁市场，显然是战略性的错误。总裁希·冯·皮埃尔引咎辞职，参与中国谈判团成员被集体炒了鱿鱼。

1992年10月，皮埃尔担任西门子公司总裁兼首席执行官，12年的总裁生涯中，他对内部结构进行了大力的改革，取得了显著的成效，西门子公司在东欧安家落户，在亚太地区确立起牢固的地位，同时极大地提升了在美国的业务活动量。2003年，皮埃尔成为德国经济亚太委员会主席，并带头倡导“投资中国”活动。他经验丰富，国际交往广泛，深受国际商界尊重。

汉堡《金融时报》报道说，在大家蜂涌向中国市场的时候，只有西门子总裁皮埃尔很失落。三个月前，他刚来过中国，那时他还许诺说，任何企业都不会错过中国的高速增长，西门子集团在中国的规模预计在2009年前将翻一番。西门子这次落标，是西门子扩张过程中的首次失败。这就应了“智者千虑，必有一失”的中国古话。

有意思的是，面对中国与川崎重工签订了时速250公里技术、中国高铁市场将要被日本技术独占的严峻形势，次年，败走麦城的西门子又回到中国。2005年6月份，铁道部又启动了时速300公里动车组采购项目。这次铁道部没有公开招标，而是采取竞争性谈判的方式进行采购。西门子报出的价格竟比一年前的时速250公里列车还便宜，不仅原型车每列价格降到2.5亿元人民币，还以8亿人民币的价格转让了关键技术。最后，西门子完全接受中方的技术转让方案和价格方案，与唐山轨道客车有限责任公司（以下简称唐车公司）进行合作。

2005年11月，西门子获得了为中国提供60列高速列车的巨额订单，价值6.69亿欧元（约63.1亿元人民币）。这个冬季，在胡锦涛主席访德之际，西门子公司与中国铁道部在柏林签订了这项合同。这意味着德国在中国高铁项目的争夺中取得了领先优势。西门子将拥有的时速300公里以上的高速列车技术，包括一般性组装、车体、转向架、牵引变压器、牵引逆变器、牵引电机、牵引控制系统、列车网络控制系统等8种技术，向中国有条件转让，或让中国享用。这几乎涵盖了高速列车各个方面的重要技术。

与德国人第一次出价相比，中方节省了90亿元人民币采购成本。德方也获得一份巨额订单和广阔的中国市场，这是一场双赢的战争。有关专家分析认为，考虑到整个铁路网的兼容性以及西门子转让技术等各方面原因，西门子获得中国高速列车订单意味着还有许多延伸的利益。

与西门子谈判，无疑是一场充满了中国智慧的较量。

对接世界高铁技术

2005年冬天，中国铁路与世界高速铁路最前沿的先进技术成功实现对接。中国高铁实现了一系列新技术的重大突破，拉开了高速动车组国产化生产序幕。

由此，青岛四方公司、长客公司和唐车公司等企业分别从日本川崎重工、法国阿尔斯通和德国西门子引进技术，联合设计生产高速动车组。

在引进技术的基础上，中国尽可能吸收和集合了自身近10年的高速铁路轮轨技术的自主研发成果，形成了6个系列的“和谐号”动车组。具体地讲，以加拿大庞巴迪Regina C2008动车组为原型车，由四方公司与庞巴迪联合生产的CRH1型动车组；以日本川崎重工E2-1000动车组为原型车，由四方公司联合日本川崎联合体生产的CRH2型动车组，其电力牵引系统由南车时代电气和日本三菱联合研制生产；以德国西门子ICE3型（Velaro）动车组为原型车，由唐车公司引进西门子生产技术生产CRH3型动车组；以法国阿尔斯通的“潘多利诺”宽体摆式动车组为原型车，取消摆式功能，车体以芬兰铁路的SM3动车组为原型，由长客公司生产CRH5型动车组。CHR4系这个型号，则预留给中国自主研发的动车组。

客观来讲，这些国际高铁巨头出口给中国的动车组技术，并不是当时最先进的。在这些原型车和技术的基础上，中国企业和科研部门做了大量的改进和技术更新。譬如说，CRH2型动车组经过四方公司的再创新，最高时速可达380公里，比原车型250公里的时速提高了130公里。而长客公司在创新CRH5型动车组的过程中，结合了我国东北高寒地区和西北风光区域的需要，分别研制出了CRH5G高寒型动车组和CRH5H防风沙型动车组。在耐寒性方面，CRH5承受温度范围可达±40℃，可在中国东北高寒地区运用。而时速380公里国产新一代高速CRH380A型和CRH380B型，则分别是CRH2和CRH3的升级版。

2005年初，四方公司培训团队来到日本川崎车辆厂接受培训，学习和消化日方的管理经验和制造技术。在此期间，按照技术转让协议，四家外国公司都相继开展了与中国合作企业的岗位人才培训，包括设计、工艺、生产、管理等。不可否认，这对于中国高铁人才的培养，发挥了基础性作用。

2007年4月18日，伴随着中国铁路第六次大提速的号角，时速200公里的“和谐号”动车组开启了中国铁路的“追风时代”。它以银白为底色，形状简洁流畅，像一枚枚超长的子弹，在时空中划出一道道美丽的身影，展示出中国高速列车独特的气质。

2008年6月24日，北京奥运会前一个普通日子，一列通体白色的动车组，驶出天津火车站，5分钟之内加速到时速300公里，9分钟后更是达到了时速394.3公里，创造了当时世界运营铁路的最高速度，也开启了中国高铁发展的新征程。

中国开放高铁市场，系统性引进

高速动车组技术，到底交了多少学费？原科技部研究中心研究员金履忠，长期从事交通运输及其装备、农业机械等科技管理工作，对中国铁路装备引进情况非常熟悉，他提供了一笔账：截至2006年年底，铁道部通过三次动车组招标，共购买了法国、德国、日本的高速列车280列。其中160列为时速200公里，120列为时速300公里，共计人民币553亿元。按合同规定，这些费用包括动车组购置费和若干项核心技术的转让费。

毫无疑问，中国高铁是改革开放几十年来，行业内唯一一次完成整体“市场换技术”获得全套技术引进再消化的样本。中国市场开放了几十年，真正用市场换来的技术，屈指可数。在“造不如买、买不如租、租不如送”的历史背景下，这种由国家层面、通过公开设置招标要求的形式来完成先进技术引进的，仅此一家。今天，当我们静下心来回顾和思考，就会发现这样一个逻辑圈：只有引进了，才能有消化，只有消化了，才能再创新，只有创新了，才是自主的。

中国高铁技术的发展进步，特别是高速动车组核心技术的掌握与创新，经过了我国科技人员近20年的不断探索、全力攻关，经历了引进、消化、吸收再创新的全过程，在充分吸收世界先进技术成果的基础上，为我所用，创新发展，终于奠定了“和谐号”动车组在世界动车组大家庭中的地位。同时，也为“复兴号”动车组的问世作好了多方面的准备，创造了有利条件。

2

国产动车组之殇

1903 年 7 月 8 日，世界上第一列动车组在德国柏林投入客运。这是一列动力车厢与无动力车厢混编列车，由一个司机全面操控。

早在 20 世纪 50 年代，我国就开始内燃动车组的研制工作，由于技术、材质、资金等多方面的制约，内燃动车组尽管下线了，但却没能上线运营。80 年代后期，国产动车组加快了研制步伐，取得了明显成效。特别是 90 年代后，在市场经济的推动下，为开拓客运市场，铁道部所属各铁路局分别与机车车辆企业合作，坚持自力更生，先后研制、生产了多种型号的国产电力动车组，掀起了一场中国动车组研发的高潮，开创了良好的发展势头，积累了宝贵的经验。

从某种意义上讲，以“中华之星”“中原之星”为代表的国产动车组，虽然命运坎坷，但寄托了中国高速列车最早的民族梦想。

国产动车组溯源

阅读国产动车组发展历史，无疑是一本大书。

中国动车组的研发历史可追溯到 20 世纪 50 年代，最早自行研制的内燃动车组是“东风”号，1958 年在四方机车车辆工厂下线，由两辆 600 马力液压力传动内燃动车和4辆双层客车组成。

我国自主开发的第一列电动动车组，于1988年由长客公司、株洲电力机车有限公司（以下简称株机公司）研究所和中国铁道科学研究院共同完成，并被命名为KDZI型，以2动2拖为一组，时速140公里。

电动车组最大的优点是以电为能源，运行起来噪音小、无污染，有利于环境保护，是铁路交通运输发展的方向。

1989年，KDZI型动车组在进行调试试验时，最高试验速度达到142.5公里，各项指标达到设计任务书要求。KDZI动车组采用了大量新技术，虽然由于当时运输条件的限制未能投入正式运用，但为国产电力动车组的研发积累了宝贵经验。

据原铁道部部长傅志寰回忆，KDZI型电动动车组在北京环形铁道试验线上试验时，时任国务院总理李鹏、副总理邹家华曾专程前往视察，并上车试乘。

1993年至1995年间，四方公司研制了两台“天安号”液力传动内燃动车组，分别配属于北京铁路局和沈阳铁路局，最高试验时速达到了120公里。

1998年四方公司启动了液力传动内燃动车组的研制，将其命名为NYJ1型，采用2动5拖等多种编组形式，设计时速100—140公里不等。1999年2月出厂后，运营相对稳定，并分别被命名为“九江”号、“北亚”号、“罕露”号、“晋龙”号、“北海”号、“神华”号。

1999年3月，为迎接昆明世界园艺博览会，“春城”号动车组在长客公司下线，担任昆明至石林的城际线路运营。它是由株机公司、长客公司与昆明铁路局联合研制的。动车组采用3动3拖编组，最高运营时速120公里，是我国自主研制的首列投入商业运营的动力分散型电动车组。2009年“春城”号被封存。

1999年4月，由株机公司、唐车公司等多家企业共同研制的DDJ1型“大白鲨”电力动车组下线。“大白鲨”以国产电力机车鼻祖韶山8型和25Z型准高速客车为基础，采用交—直流电传动，动力集中式1动6拖编组。自9月27日起，“大白鲨”在广深铁路投入载客运营，最高时速达到200公里。每天担当2对来往深圳和广州东的广深城际列车，成为我国第一列时速200公里的商业营运列车。“大白鲨”属于实验性车型，仅试制一列，并未投入批量生产。曾获“九五”国家重点科技攻关计划优秀科技成果。

同期，国家重点科技攻关项目“高速铁路试验工程前期研究”和“时速200公里电动旅客列车组合动力分散交流传动电动车组研究”正式启动，先后研制出“蓝箭”号、“先锋”号高速电力动车组。

2000年9月，DJJ1型动力集中型电动车组“蓝箭”号问世，在广深线高速综合试验中，最高试验速度达到时速236公里。2001年1月，“蓝箭”号投入广深线运营，最高运行时速220公里。8列“蓝箭”与1列购自瑞典的X2000一起，组成了广深铁路“新时速”列车。

2001年5月，DJF2型“先锋”号电动车组下线，这是我国首列交流传动动力分散型电动车组。由南京浦镇车辆有限公司、长客公司、大同电力机车有限公司（以下简称大同公司）和永济电机有限公司以及中国铁道科学研究院、上海铁道大学等联合研制，由6节车编组而成，总功率4800千瓦，借鉴了日本新干线300系的一些技术，设计时速200公里。2001年10月，“先锋”号在广深铁路的线路试验中创下了时速249.6公里的当时“中国第一速”。2002年9月，又在秦沈客专综合试验中创造了时速292.8公里的中国速度新纪录。

在引进国外先进动车组技术之前，我国研制的最后一款动车组是由长客公司研发的“长白山”号动力分散型动车组。6动3拖编组，设计时速210公里。2005年5月，“长白山”号参与了“遂渝线200公里时速提速综合试验”，最高试验时速达250公里。2006年底配属沈阳铁路局，2010年4月被封存。

无可否认，这些国产动车组集中了当时国内优势科研力量，在转向架设计、铝合金车体、空气动力学试验、牵引与制动及列车网络系统等方面都取得了开创性的成果。然而，这些国产动车组终究没能服务于中国高铁，其技术也没有被后来的中国高速列车所采用，其原因是多方面的。

"蓝箭"动车组列车行驶在京广线韶关至坪石间

"民族梦想"之星

采访中，中国工程院院士、原铁道部部长傅志寰对我说："'中华之星'寄托着中国高铁最早的民族梦想。"

傅志寰回忆道："那时天上飞的是'空客''波音'等外国飞机，地上跑的是'桑塔纳''别克'等洋品牌汽车，而令铁路人引以为荣的是，在中国数万公里的铁道线上，奔驰的全都是中国原创的'中华牌'机车和车辆。"

谈及"中华之星"，它也应该是中国高铁论战的产物。

早在20世纪90年代，修建京沪高铁被提上国家议事日程，铁道部出于优先考虑成熟技术的思路，提出了高速轮轨方案。而中国科学院则从技术的前瞻性考虑，认为磁悬浮方案更先进，双方争论激烈。

"中华之星"动车组列车行驶在秦沈线

1999年，铁道部与国外合作研制“蓝箭”号动车组，由此拉开了“自主+合作”模式的序幕。“蓝箭”的研制是以欧洲高铁技术模式为基础，属于动力集中型动车组。2000年，中国通过技贸结合和国际合作，引进国外核心技术部件——牵引变流器，完成了时速200公里级的“蓝箭”电动车组的设计和生产。

当年曾参与“中华之星”国产动车组设计的老专家告诉我，在这些动车组试验车型中，平稳性最好的是“蓝箭”。后来名声大振的“中华之星”，也正是在“蓝箭”基础上发展起来的。

在这种背景下，中国铁路部门立足于自主研制，同时部分系统、部件开展国际合作，展开系列高速列车的研制工作。世界银行得知中国铁路部门正在着手发展高速铁路，十分赞赏，提出要给中国贷款，支持中国兴建高速铁路，并连续几次派员到中国考察高铁项目。

2000年年初，铁道部向国家计委上交了《270公里高速列车的产业化》项目报告，国家计委批准了这个报告，列入国家高新技术产业化发展计划项目。铁道部联合南车、北车集团公司及所属的株机公司、大同公司、长客公司等单位共同打造中国高速列车，并将具有完全自主知识产权的高速列车命名为“中华之星”。

“中华之星”的研发就成了铁道部的“争气”项目，铁道部试图用“中华之星”争取主动，让中央高层支持高速轮轨方案。2001年4月，铁道部下达《270公里／小时高速列车设计任务书》。

任务书对“中华之星”的用途作了明确的说明：京沈快速客运通道主型列车，未来高速铁路的中短途高速列车和跨线快速列车。明确以“产业化”为目标，项目总投资1.3亿元人民币，总功率9600千瓦，编组11节，设计时速270公里，预计用两年左右时间，达到年生产能力15列。

中国工程院院士、株机公司高速研究所所长刘友梅被任命为该项目的总设计师。由此，拉开了“中华之星”研发序幕。

刘友梅先后担任过中国第一、第二代电力机车的总体设计，主持并组织了中国第三、第四代电力机车的开发研制全过程，实现了中国电力牵引技术装备由普载到重载、常速到高速、交直传动到交流传动等多次历史性跨越。

对于当今中国铁路人来说，也许对“中华之星”早已没有多少印象了，然而，当年它却是中国铁路机车中的明星，曾集“万千宠爱于一身”。1992年，铁道部科技司根据高速列车的相关重要部件列出研究课题。将当时高速列车的各个科研课题的成果集中进行开发，形成了一个整体规划。这个规划包括列车变流系统及其控制技术等，都要求是中国企业自己研发的。

“中华之星”是中国铁路的骄傲。能够参加这个项目，研发组的成员都感到这是一种难得的荣耀。铁道部立项之后，中国铁路科研的顶尖级单位全力以赴，中国列车制造四大骨干企业都参与了该项目，铁路系统四大科研院所——株机公司研究所、中国铁道科学研究院、四方公司车辆研究所、戚墅堰机车有限公司车辆工艺研究所，轨道技术最强的两家著名高等院校——西南交通大学、中南大学，也都参加了“中华之星”的研制工作，被称之为“442”工程。

株机公司和大同公司负责各研制一台动力车，长客公司负责研制4节拖车，青岛四方公司负责研制5节拖车。

时任铁道部部长傅志寰，是国产高速动车组自主研发路线的倡导者和坚定支持者。从1998年到2002年，傅志寰任职铁道部长期内，集中了全路科研力量，致力于更高速度的动车组研发，参与的科技人员多达几百人，取得了明显成果。

“中华之星”车头采用了鸭嘴兽式双拱流线型设计，转向架参考了德国动车组的设计理念，并结合中国实验结果进行相关参数和结构设计，是完全的自主研发。同时在牵引控制系统上，“中华之星”也实现了变流机组和牵引电动机器等核心部件自主研发。

一年之后，捷报频传。

2001年8月，“中华之星”通过了技术设计审查，开始进入试制阶段；2002年9月，“中华之星”动车组下线，在西南交大的国家牵引动力实验室通过了时速400公里的动力学试验，接着又先后转到位于北京东郊的中国铁道科学研究院环形铁道试验线、秦沈客运专线进行试验和列车编组调试。

同年11月27日，“中华之星”在秦沈客运专线的冲刺试验达到321.5公里的最高时速，创造了“中国铁路第一速”。中国独立设计、拥有完全知识产权的高速列车由此诞生，并成为当时媒体报道的热点。

得知这个喜讯，时任政治局委员、国务院副总理曾培炎非常高兴，他亲自带着国家计委的负责同志专程来体验中国高速列车。大家拥挤在驾驶室里，列车不断加速，最后加速至时速300公里，一旁高速公路上同向行驶的汽车纷纷被抛向后边，驾驶室里一片欢呼声。

对此，日本媒体报道说，“中华之星”在秦沈线的试运行，给现场观察人士无限遐想空间的同时，也给日本新干线在国际市场竞争中涂上了一层阴影。日本媒体担心，一旦中国铁路熟练地掌握了时速200公里的技术，势必将缩小今后引进的范围。

当年，“中华之星”的荣光曾出现在中学时事政治的考卷上。

据刘友梅回忆：“我们那个时候也引进学习国外的技术，重在沟通交流，机械零部件、电子线路、参数、图纸都是自己的原创设计。”

不为人知的是，为研制中国自己的高速列车，我国铁路科研部门选择了两条腿走路的方针。在当时，日本新干线采用的是动力分散式技术，而欧洲国家都是动力集中式技术。作为高铁的后来者，“中华之星”在选择学习法国动力集中式技术模式的同时，“先锋”号动车组的研制则是学习日本动力分散式技术模式，这在当时属于高度机密。

那些年，国产高速动车组的自主研发并非闭门造车，也包含技术引进、吸收和消化。与后来的大规模引进主要区别在于，这种技术引进是小批量的，以国内研发人员为主，注重的是引进后的学习和吸收，提高再创新。在此期间，我国专家通过各种渠道频频和法国、德国等方面的专家进行沟通，介绍中国动车组的研制情况，希望他们也能开展动力分散式技术研究。

据中国铁道科学研究院专家介绍：“中华之星”90%以上都是自主研发创新的，拥有完全自主知识产权。目前，中国的专利有三种类型：发明专利、实用新型专利和外观设计专利。专家认为，“中华之星”的自主技术更多属于前两种。

“中华之星”在动力系统、制动系统和转向架等关键领域，完成了系统集成和技术自主，只是一些重要的零部件从国外进口。比如轴承，就是从国外购买的。当时国内厂家生产的轴承材质不过关，承受不了高速列车的载荷与转速。

诚然，自主设计、拥有知识产权，并不是说要求包括原材料在内的完全国产化。铁路配件的国际采购是非常正常的事情，比如大功率电子器件，国际上只有几家公司能够生产。当时法国高速列车电子器件就是从瑞士、日本的一些大公司购买的。

“中原之星”的坎坷

“中原之星”与“中华之星”是兄弟俩，前者比后者大一岁。同样的时代背景，同等的技术现状。我们完全可以通过认真解读“中原之星”的诞生与成长过程，来切身感受“中华之星”的艰难曲折。

这是 2001 年 7 月的一天下午，北京烈日炎炎。

我与时任郑州铁路局局长徐宜发一同赶到北京，来到中国铁道科学研究院环形铁道试验线。我们登上国产“中原之星”动车组，亲身体验和感受咱们自己的高速列车。

徐宜发是位中原汉子，曾任郑州铁路局主管机务的副局长，后又任局长，他直接参与了“中原之星”的研发、试验，以及上线客运运行的全过程。

这是我第一次见到高速动车组。其外形设计与传统的旅客列车相差很大，银色与深绿相交，流线型的车体，明快、时尚、气派，让人耳目一新。

动车组全长 161 米，由 6 节车厢组成，包括两节软席和四节硬席车厢，可载客 548 人。车厢内宽敞明亮，装饰豪华，座席采用高靠背航空座椅，有可折叠的茶桌和透光灯带，车厢两端安装了全数字化的电子信息显示屏。各车厢设有列车吧台、宽敞的行李存放间和功能齐全的盥洗间等。眼前的一切，都让我新奇、激动不已。

鱼头型的驾驶舱内，司机轻轻推动操纵手柄，操纵台微机显示屏上的各种数据不断变化，车速快速上升，10 公里、30 公里、60 公里、100 公里……1 分 18 秒车速上升到了 140 公里。

当天，“中原之星”试验时速跑到 170 公里。圆满完成了环线动力学试验任务，所采集的一亿多个数据，全部达到设计要求。

徐宜发告诉我，“中原之星”是完全的中国化。“中原之星”动车组为动力分散型、交流传动电动车组，适用于中、短途快速旅客运输。由郑州铁路局、株机公司、四方公司和株洲电力机车研究所（以下简称株机所）联合研制生产。

纵观世界高速列车的发展，高速列车都是以“动车组”的形式出现，先进电动车组的传动方式都是交流传动。早在 1998 年，铁道部党组就提出，要用 10 年的时间，实现我国电力机车由直流传动向交流传动的转变，实现机车牵引动力技术的大飞跃。

长期以来，我国的电力机车技术一直处在直流传动的水平上，通俗地讲，就是电力机车使用的都是直流电动机。要扩大机车功率增加牵引力，提高运行速度，必须将直流电动机改用交流电动机。这是制约国产动车组研制的关键所在。然而，这种变流传动谈何容易？一些西方发达国家花费了大量的人力、物力才攻破了这一技术难题，其技术一直对外封锁。

1999 年 10 月 14 日，株机公司、青岛四方公司和株机所在株洲正式签订了联合开发动力分散型交流传动电动车组的协议和合作开发计划。决心联合铁路客车生产强手，攻克交流传动的核心技术，开发新一代交流传动电动车组。

为了确保产品适销对路，这次研制工作提出了一种新的合作模式：先找婆家后嫁女，工厂与用户联手打造品牌产品。于是，地处全国路网中心的郑州铁路局成为最佳合作伙伴。

2000 年 7 月 4 日，株机公司、青岛四方公司、株机所和郑州铁路局共同签署了《动力分散型交流传动电动车组联合研制协议》。这是一次“强强联合，优势互补”的尝试，是以市场为导向，用户直接参与开发研制铁路交通运输新产品的第一例。

三个月后，电动车组的总体设计全部完成。经铁道部批准后，很快投入生产。“两厂一所”都拿出了各自的“看家本领”，把消化吸收国外先进技术同自己多年积累的成熟技术结合起来，综合创新，精心打造精品车。株机所担当着控制网络设计和电动车组的核心——逆变、变流技术的研制任务。攻关组夜以继日开展工作，反复修订方案，反复进行试验，硬是啃下了交流传动技术这块硬骨头。在试验台与德国西门子公司的同类产品相比较，不仅电流、功率等参数达到设计要求，而且噪音和轴承温度都低于西门子电机的数据。电动车组转向架决定了运行速度，四方公司充分运用成熟技术，吸收国外先进技术，大胆采用无摇枕结构，经过严格的疲劳强度试验，试验时速达到248公里，一切数据均在优良范围，为“中原之星”电动车组的安全行驶提供了良好技术。

2001年9月21日，株机公司举行了隆重的“中原之星”电动车组竣工下线仪式。

接下来的日子，徐宜发跟随“中原之星”四处奔波，先后在株机公司、北京环形铁道试验线、京广线试验区段试跑。徐宜发是时而欢喜、时而忧愁。

此前，郑州铁路局在全局开展了一次为动车组列车征名活动。当时车体已在株机公司进入调试阶段，但一直未命名，厂方请铁路局为动车组取名。于是，我任职的郑州铁路局党委宣传部组织了一次群众性的征名活动，一是扩大高速动车组的影响，二是尊重职工的民主权益。全局干部职工积极响应，提出的“新世纪”“世纪之星”等近百个名称，雪片般飞到宣传部。这天是局党委中心组学习日，会上徐宜发向大家通报了动车组征名的情况。大家你一言我一语，讨论热烈。局工会主席邢合荣建议说：“把‘世纪’改成‘中原’，叫‘中原之星’吧，既突出了郑州铁路局的地域特点，又体现了这组车的新技术。”大家感觉很对，一致鼓掌赞成。就这样，“中原之星”在中原大地成为一个响亮的名字。

2001年10月23日上午，“中原之星”在郑州至许昌小商桥线路上进行交车后的第一次试车。可是，刚运行不久便出现了问题，折腾了半天，才重新上路，不久就又走不动了。第一次试车提前结束，车被拖了回来。接下来的试车中，也是时好时坏。然而，大伙信心不减。

11 月 4 日下午，“中原之星”出现在石家庄电力机务段的整备线上。16 时许，正在河北考察工作的江泽民总书记来到石家庄电力机务段考察。江总书记登上“中原之星”，用手轻轻地抚摸着软席座位中间的台桌，指着精美的车厢内饰，高兴地连声说“很好、很漂亮”，“铁路这几年发展很快……”

同年 11 月 18 日，“中原之星”正式投入京广线郑州至武昌间运营。这天，徐宜发很兴奋，亲自驾车出征。其流线型的“子弹头”外形，成为京广线上的一道风景，受到社会

2001 年 11 月 18 日，“中原之星”动车组列车在郑州站整装待发

各界的广泛关注。

我作为局党委宣传部部长，特地邀请了一帮记者跟车采访，心情激动，不亦乐乎。那天，“中原之星”很给力，一路十分欢畅。次日，《人民日报》(海外版)在头版头条刊发“中原之星”的图片，向世界展示中国高速列车的英姿。

然而，好景不长。在接下来的运营中，“中原之星”故障频发，经常“趴窝”，时常将旅客甩在半道上。那些日子，河南《大河报》《郑州晚报》隔不了几天，就会刊发旅客对“中原之星”的抱怨和投诉。那时可忙坏了我，为了保护国产动车组的声誉，我几乎天天跑媒体，请求编辑们手下留情。当年的郑州客运段乘务员提到“中原之星”就会不停地摇头：“这个车，让我们没少挨旅客的骂。”

一位曾在郑州车辆段工作过的老员工回忆道：“‘中原之星’经常趴窝，很重要的原因是关键部位的材质不过关。每次‘中原之星’进库检修，从轴箱里都可以掏出一捧铁屑。”

“中原之星”运行半年后，因故障太多停运。

“中华之星”的殒落

2011年夏天，京沪高铁通车前夕，株机公司高速牵引研究所所长、中国工程院院士刘友梅被铁道部邀请到场。同时被邀请的，还有当年参与“中华之星”自主研发的七八位老专家。这是“中华之星”动车组被否定后，他们的第一次重聚。

北京南站一站台，欢声笑语，流线型的CRH380A动车组静静地停着，整装待发。刘友梅沉默着，他心情十分复杂。十年前，他曾是中国高铁自主研发的领军人物。

2003年，铁道部叫停已经进行了十年之久的国产高速动车组研发试验。刘友梅与他的“中华之星”团队被挡在中国高铁发展的门外。至今，他仍然对这一决策耿耿于怀。令他欣慰的是，当初参加“中华之星”研发的许多得力干将，后来在四方公司、长客公司都成了引进、消化和吸收国外动车组技术的骨干，发挥了重要作用。眼前的CRH380A动车组，也饱含着他们的心血。

刘友梅总在想，当年停止“中华之星”的研发到底对不对？自主研发与技术引进应该是什么关系？什么样的产品应该自主研发，什么样的产品可以走技术引进的道路？作为一种市场手段，“以市场换技术”本身并没有错，但是如何才能以尽可能小的代价来换取尽可能大的收益，而不至于被技术所捆绑。

“中华之星”从怀胎、问世到最后夭折，可谓命运多舛。刘友梅的心情也随之而焦虑、欢喜到失望。他曾经十分痛苦。

10年过去了，如今的刘友梅已经完全释然了。

2016年冬天，我专程来到株机公司，拜访了年近八旬的刘友梅老人。他精神矍铄，仍然坚守岗位，担任公司高速牵引研究所所长。他动情地说：“‘中华之星’已成历史，它是我一手设计的，凝聚了我们团队大量的心血，它也是国产动车组研制生产必须经历的一个过程。随着时代的发展、技术的进步，如今的动车组制造技术与‘中华之星’的年代相比，已经有了翻天覆地的变化，我们应该向前看，调动一切积极因素，为全力推进国产动车组技术的提升与发展，贡献我们的力量。”这位当年的国产动车组总设计师，显得很坦然、很大度、很理性。

也许是应验了“乐极生悲”这句宿命式的谶语，满载中国自主研发希望的“中华之星”，在冲刺试验并创造了312.5公里最高时速的第二天，一场“灾难”悄然而至。

2002年11月28日，包括部长傅志寰在内的铁道部四位领导兴致勃勃地来到秦沈客运专线，准备登乘“中华之星”，体验中国第一速。在此之前，总设计师刘友梅按惯例对“中华之星”进行了热备，即试跑。当时速达到285公里时，转向架故障诊断系统突然报警，显示轴承温度达109摄氏度，温度超标，属于一级报警。停车检查，发现是B动力车有一个根轴的托架轴承座温度明显过高。

刘友梅向傅志寰报告了实际情况，请示是否还按计划试验。傅志寰当即表示，既然发现问题，还是等解决问题后再说吧。于是，几位部领导改乘“先锋号”动车组。“先锋号”试跑很顺利，时速达到了270公里。

事后查明，“中华之星”轴温升高，是一个进口轴承损坏所致。

很快，有关“‘中华之星’差点要

了四位部长的命”的说法不胫而走。

反对者说，“中华之星”的轴温事件，说明了国产动车组质量之差，后果很严重。大家想想，列车正在高速运行，车轴突然断了，那将会是一个什么后果？脱轨颠覆，车毁人亡啊。

刘友梅感到很委屈。他认为，列车自动报警，这恰恰说明“中华之星”安全诊断保障系统是很有效的。

对此，有专家反驳道，从20世纪80年代末开始，铁路就开始推广车载轴温报警系统，到了90年代已经非常成熟，价格低廉，稳定可靠。从90年代中期开始，新造的车辆全都安装了轴温报警系统，许多老式绿皮车也进行了改装。只要轴温高于外温45摄氏度，这套系统就会报警，列检必须确认情况，采取应对措施。如果温度还有上升的趋势，或者轴温达到了90摄氏度，那就必须立即无条件甩车，绝对禁止继续运行。

在此之后的时间里，“中华之星”仍然进行运行试验，总里程超过53万公里以上，远远超出普通列车的10万公里运行试验的要求。

当时试验运行是不载人的，放的都是沙袋，按人等重放沙袋。“中华之星”创造了当时中国铁路新型机车车辆试验运行考核里程最长、运行考核速度最高的纪录。

2003年7月1日，秦皇岛至沈阳的秦沈客运专线正式开通，“中华之星”并没有如期进入正式载客试运营。

2004年，铁道部启动时速200公里动车组项目采购招标，“中华之星”被排除在外。因为铁道部招标要求必须是“获得拥有成熟的时速200公里铁路动车组设计和制造技术的或有国外合作方技术支持的中国制造企业”。此前，“中华之星”已被铁道部组织的研讨会界定为不成熟技术。此外，“中华之星”属于动力集中型，最多只能8节编组，不符合铁道部要多载人的要求。

2005年6月26日，中国工程院召开了一场“提高装备制造业自主创新问题”的座谈会，刘友梅就“中华之星”面临的困境向与会院士们作了汇报。徐匡迪院长十分重视，包括原铁道部部长傅志寰在内的52名院士联名写信，以中国工程院红头文件的方式，向国务院呈送了一份《关于报送院士反映“中华之星”高速列车有关情况的签名信》。

“签名信”认为，铁道部最近引进“日、法、加”三国共计140列时速200公里等级电动车组的实践说明，包括设计技术、系统集成技术、交直交变流技术和网络控制技术都难以获得技术转让，中国企业仅分工承担组装制造任务，处于产业链的低端，使国内企业失去了自主创新的机会，使已经培育起来的科研队伍面临人员流失。

“签名信”认为，鉴于“中华之星”状态基本良好，各项技术指标满足设计任务书要求，建议对于自主研发的“中华之星”高速列车尽快组织鉴定，并实现产业化，不能让国家立项自主研制的成果不了了之。

然而，52名院士的“签名信”最终没能改变预定的轨道。

国家软科学研究计划课题组2005年组织完成的《中国高速铁路技术发展路线》报告指出，“中华之星”的意义更深层次在于，虽然目前还存在一些问题，可靠性还不高，与国外技术水平还有相当的差距，但通过这一项目，中国毕竟有了自己的技术开发基础和高速铁路技术平台。

2006年8月2日，“中华之星”在试验运行了80万公里后，被封存在沈阳机务段，彻底从中国铁路运行图中消失。后被中国铁道博物馆收藏。

境外媒体报道说，当携带着日本、法国、德国血统的CRH高速列车正在中国高速铁路上飞驰之时，曾经被寄予厚望的国产“中华之星”高速列车正在车库里封存，任由灰尘落满全身，等待着被拆解的命运。

谈及“中华之星”与“和谐号”动车组的关系，有学者认为，“中华之星”是2002年研制而成。而CRH则是2004年才有引进计划。此后，由于“中华之星”多次翻修改进，但质量始终不达标，更加促进了CRH的引进；也正是由于“中华之星”的存在，加重了在国际市场的谈判砝码，有效压低了国外动车组技术的引进价格，否则，我国动车组技术的引进成本会更高，过程也不会那么快、效果也不会那么好。

“中华之星”国产动车组最终还是夭折了。尽管只是昙花一现，但对于国产动车组的发展来说，是一个很有意义的过程。既不能简单地否认当时刘友梅院士等一大批中国高铁的先驱者所做出的开创性贡献，也不能简单地认可当年的“中华之星”就是中国高铁自主创新的最佳路径。就当年研发“中华之星”的情况而言，不仅仅是一个是否拥有最先进技术的问题，还有材料材质、生产设备、工艺流程、工人技术素质和操作技能，以及信息化、产业化的生产条件等，都有着很大的历史局限性。

中国高铁超乎寻常的发展速度，首先源于中国综合国力的迅速提升，源于包括“中华之星”科研人员在内的新中国几代铁路科技人员的技术积累，“中华之星”为中国高铁引进、消化、吸收再创新国外先进技术，打下了基础、提供了条件。当时“中华之星”的稳定性已经很高，也毕竟跑出了312.5公里的最高时速，而且很多科研单位、工厂参与研究制造，培养锻炼了一大批技术人才，积累了包括高铁线路建设等许多有益的经验。

毫无疑问，“中华之星”等国产动车组研发过程所积累的人才与技术基础，为后来中国高铁引进先进技术、坚持自主创新发挥了重要作用。譬如说，负责引进消化吸收重要车型CRH2A动车组的关键人物，就是研制“中原之星”的技术总负责人；还有“先锋号”动车组的总体技术负责人，后来成为铁道部动车组联合工作办公室负责人，负责动车组技术引进工作。这种人才的延续和积淀，对实现中国高铁跨越式发展来说，功不可没。

由此可见，中国本土技术能力也应该是高铁技术创新的重要支撑。

3

市场与技术的较量

这么多年来，“市场换技术”的悲剧一再上演。

中国民用航空领域、汽车工业等技术相对密集的行业都或多或少出现了“马失前蹄”的情形。于是，一些学者、专家谈虎色变，不断地猛烈批评“市场换技术”战略。对铁道部取道“市场换技术”发展中国高铁的做法，有些担忧，甚至产生质疑。

商务部原部长吕福源谈及“市场换技术”的内涵时说道，中国必须有自己的骨干企业，合资必须建立在双赢的基础上，维护中国企业的长远利益。我们让出巨大的市场，才有资格要技术、要利润。并不是任何“市场”都可用来换技术的，只有外资企业具有相对技术优势的产品供给，中国企业又无法或完全满足的“市场”才能拿来换，这才不会对中国民族企业构成威胁。

可见，“市场换技术”也不能一概而论，发展才是硬道理。

打造三大技术平台

进入新世纪以来，中国作为后来者，以高速动车组研发为重点，带动高铁领域多门类技术创新，旋即掀起了一场中国科技创新的革命。

应该承认，中国制造业整体水平不如发达国家，像高速动车组这样的多系统、大体量、高技术产品，其设计、制造难度是有目共睹的。如果没有良好的技术集成能力，没有可靠的试验平台，要实现国产化是根本无法想象的。

战略上，中国高铁技术研发依托重大高铁工程项目，坚持原始创新、集成创新与引进消化吸收再创新相结合的创新模式；战术上，中国高铁技术研发打破了部门、行业、院校、企业的体制壁垒，发挥集中力量办大事的体制优势，整合各类资源，将分散在全国的科研设备、科研资金、科技人才集中起来，打造战略性产业的公共创新平台。

多年来，在中国高铁科技创新的大舞台上，一直活跃着许多优秀科技工作者。国家战略的号召力与知识分子的报国心、兴趣点结合起来，必然激发出巨大的创造力。

中国工程院院士、时任中国工程院副院长何华武就是其中的杰出代表。这位中国高铁工程技术的领军人物，长期从事铁路工程技术的研究与实践，主持并参与了既有铁路六次大提速的改造升级、现代铁路枢纽建设、中国高铁建设等重大工程技术工作。2004年，他出任铁道部总工程师以来，带领中国高铁技术团队，坚持立足自我，博采众长，将国际先进的高铁技术与中国铁路技术集成创新，创造性地攻克了中国高铁一系列重大的、关键性的工程技术难题。

中国高铁项目聚集了全国6家大型中央企业、25所大学、11家研究院所、51个国家重点实验室和国家工程中心的科研资源。由68位院士、500多名教授，以及数万名科技人员，组成了一支响当当的“中国高铁科研国家队”，优势互补，协同作战。这样，既降低了创新的风险与成本，又加快了成果转化效率，使基础研发到产业化生产的时间缩短了十几倍。系统集成，为我所用，最终形成符合中国国情、路情，具有世界一流水平的高速铁路技术体系。从而，成功打造了中国高铁三大技术平台。

北京铁路局北京动车段检修平台

高速动车组技术平台——

高铁作为中国战略性新兴产业，高速列车是中国创新能力的一个标志性作品，而搭建中国高速动车组技术平台则是题中之意。

在动车组技术引进项目中，作为机车车辆的购买方，铁道部组织中国南车集团、中国北车集团下属的35家机车车辆制造企业，搭建起四方公司、长客公司、唐车公司三个动车组技术引进平台。以中国铁路的整体市场为筹码，铁道部与四家跨国公司达成引进协议，开启了对口联手的“引进、消化、吸收和再创新”的运作模式。

国家发改委和科技部率先在四方公司建立了高速列车系统集成国家工程实验室和国家高速动车组总成工程技术研究中心。这个目前国内轨道交通行业实验设备最全的实验室，拥有整车滚动试验台、转向架疲劳试验台、电磁兼容试验台、制动试验台及产品虚拟中心等。

紧接着，在京津、武广、郑西等高铁线路上，研发人员开展了一系列综合试验，对高速条件下的系统行为进行了全面研究，对动车组的牵引性能、车体强度与模态、转向架等方面进行了系统提升与优化，突破了制约速度提升的关键技术。仅用了一年多时间，CRH2C型时速300至350公里高速动车组便研制完成。

经过几年的努力，基础研发平台、制造平台和产学研联合开发平台在各大企业迅速搭建成型。中国不仅实现了时速200公里动车组国产化批量生产，而且搭建起了国际先进的CRH380高速动车组技术平台，自主研制生产出了首批国产时速350公里的动车组。

由此，“和谐号”动车组搭建起了三个速度级技术平台：一是时速200公里级平台，包含时速在200至250公里内的一系列高速列车型号；二是时速300公里级平台，覆盖了时速在300至350公里内一系列型号的高速列车；三是时速350公里以上级平台。列车的最高运营时速达到380公里，持续运营时速达到350公里。这三个平台都是在引进、消化、吸收以及再创新的基础上形成的，称之为中国第二代动车组。在此之前的“蓝箭”“中原之星”“中华之星”是第一代国产动车组。

2006年7月31日，国产首列时速200公里及以上CRH2“和谐号”动车组在四方公司竣工下线，并迅速转入批量生产。2008年4月11日，国产首列时速350公里CRH3“和谐号”动车组在唐车公司下线，标志着中国高速动车组开始跻身世界先进行列。2010年12月3日，国产CRH380A新一代高速列车在京沪高铁枣庄至蚌埠段综合试验时速达到486.1公里，创造了世界轮轨最高运营速度。

目前世界轮轨最高时速是574.8公里。这是2007年4月3日，由法国最新型“V150”高速列车在行驶试验中创造的。但是，该速度是试验速度，是试验车在增大牵引力和轮子直径后产生的极限速度。而京沪高铁试验跑出的这个时速，是实际运营的动车组列车在运营线路条件下达到的最高速度。显然，后者在实际应用上更有意义。

以“复兴号”为代表的智能化高速列车，集物联网、传感网、列车控制网络、车载传输网络等多网融合技术于一体，可谓是中国第三代国产动车组，标志着中国高速列车进入中国标准动车组时代。

专家告诉我，中国标准动车组技术平台的意义在于：其一，整体设计以我为主，建立起了完全自主的动车组技术平台；其二，包括动力系统、变流系统、网络控制系统等关键系统部件实现了自主化；其三，全球采购部分，坚持摆脱独家垄断，实现自主采购；其四，建立了中国动车组标准体系。

高速轨道技术平台——

中国高铁线路基本采用无砟轨道，铺设的是重型超长钢轨和无缝线路，具有超高的平顺性。加之良好的系统匹配，能够适应更高更快的速度。

我国自主创新的高铁钢轨、无缝线路、无砟轨道和高速道岔等技术，保证了高速铁路线路的高平顺性。精准如丝的高铁线路，让高速列车无忧无虑地欢畅奔跑，让旅客乘坐平稳舒适。

传统轨道线路是有砟的，也就是

枕木下面垫石砟，而无砟则是将钢轨铺在一个高强度混凝土板上。有砟在工程建设期能省钱，但车速越高，列车晃动越剧烈，很容易飞起石砟，而且后期养护投资大。无砟可以保持列车的高平、高稳，少维修。无砟成本虽高于有砟成本，但运营十年左右，连本带息就能收回来。

一般来说，当列车时速达到 250 公里以上时，列车尾部会形成强烈的气旋风，如果是“有砟轨道”，那些碎石子会被掀起来，给列车运行和周围环境造成极大危险。

日、法、德的国土面积小，本国的气候和地质条件变化不大。而中国国土面积大，地形复杂，横跨多个不同的气候和地质区域，因此，在高铁线路实际建设中完全照搬引进日、法、德的技术显然行不通，必须因地制宜，创新

高铁列车行驶在郑西高铁线上的黄土高原的丘壑之间

发展。

在长期的铁路工程建设中，我国在包括大桥、隧道在内的铁路工程技术方面积累了丰富的经验，有着明显的技术优势，相继成功地实施了秦沈客专、遂渝客专等快速铁路线的建设。原铁道部在多次组织技术人员到日本、德国等国考察高速轨道技术的基础上，结合中国的实际情况和技术积累，确立了“充分发挥中国轨道技术优势，引进先进的无砟技术，在国内短线铁路上搭建无砟线路技术平台”的思路。

在设计时速350公里的京津城际轨道实验现场，研究人员进行了为期半年的17大类1800多种不同运行状况的科学试验研究。在武广高铁实验现场，针对其隧道多、桥梁多、运营里程长等线路特点，进行了为期11个月的试验研究，完成了高速运行空气动力学等项目的研究试验。在京沪高铁，类似试验更为密集。

2007年3月，郑西高铁建设工地，春雨绵绵，一片繁忙景象。

这条西部高铁90%线路处于黄土覆盖区，是全世界唯一铺设在黄土地带的高铁。黄土缺少支撑力，遇雨就沉降变形，像水浸过的面包一样。如果固化不好，地基一旦变形，就要毁路重建。在中国工程院院士、铁道部总工程师何华武的率领下，国内十几位顶尖院士来到施工现场会诊。他们勘探地形、查阅资料，反复商讨对策，采取“水泥土挤密桩”作支撑，终于攻克了这一难题。

洛阳龙门高铁站地基，是地质最为湿陷的地方，每隔一米就要打下一个水泥土挤密桩。龙门站建筑面积200万平方米，这种长约10米、直径0.4米的桩子足足打下了50万根。打下这些桩子和灌浆后，你要想在上面钉个钉子都不可能。路基面就像大理石一样光滑，甚至在上面可以滑旱冰。

充分发挥高速轨道技术平台优势，接踵而至的武广线岩溶地基、广深港和甬台温淤泥地基、合宁线膨胀地基、哈大线高寒软土地基等复杂的地质难题，都被中国铁路人一一破解，实现了中国高铁线路的“零”沉降！

尔后，中国又相继攻克了松软土、湿陷性黄土、岩溶、沿海软土、高寒地区等一系列高铁土建关键技术难题；

攻克了跨越大江大河和艰险山区的深水基础施工、大吨位钢梁变形控制等高铁桥梁关键技术难题；攻克了大断面黄土隧道、江河水下隧道、高压富水岩溶隧道等复杂地质条件下的隧道设计、风险评估和施工技术高铁隧道关键技术难题，成功地解决了地质沉降和轨道热胀冷缩问题，有效控制了钢轨全线高低误差。建成了沪苏通铁路长江大桥、五峰山长江大桥、武汉天兴洲大桥等多座世界级大跨度高铁桥梁，建成了广深港高铁狮子洋隧道、西成高铁秦岭隧道群等多座长大高铁隧道等标志性工程。

2012年11月，京广高铁全线开通前夕，原铁道部邀请了一大批国内外专家乘坐京广高铁试验车，"列车时速上升到350公里时，车厢内水杯的水几乎纹丝不动"，中国高铁的"高平顺、高稳定"性能得到了国际同行的一致赞叹。

轨道技术是中国高铁总体技术达到国际领先水平的一个缩影。经过十几年的努力，通过大量工程试验和实践，中国已经掌握了寒带、热带、大风、沙漠、冻土等不同气候和复杂地质条件下建设高速铁路的技术，对复杂路基、长大桥梁、大断面隧道等工程的设计施工均居于国际领先地位，形成了具有世界先进水平的中国高速铁路技术标准体系和成套工程技术。

高铁通信信号技术平台——

通信信号是高速列车的指挥控制系统。在引进高速动车组技术中，高铁通信信号的关键技术不在转让之列。早在2000年，铁道部成功研制了ZPW-2000A型区间自动信号闭塞系统，改进创新了国产信号调度集中行车指挥系统，在秦沈客专等快速铁路线运用过程中，效果显著。2007年底开始，原铁道部组织通号公司、中国铁道科学研究院、北京和利时公司联合攻关组，依托国外先进列控系统技术，结合中国国情，很快搭建起高铁信号技术仿真实验室平台。专家们像开足马力的发动机24小时分班运行，轮回进行模拟试验，查找问题，修改数据，再回归测试，经过了4000多个场景仿真试验模拟，终于掌握了时速200～250公里等级的CTCS-2级列

CRH1 型动车组列车在广州东站待发

控系统技术。

在此基础上，通过技术创新，采用 GSM-R 无线通信网络系统实现地面与动车组控车信息双向实时传输，构建起了具有世界领先水平的 CTCS-3 级列控系统（简称 C3），满足时速 350 公里、最小追踪间隔 3 分钟运行要求。2009 年 12 月 26 日，装载着首套中国标准 C3 列控系统的高速列车，在武广高铁正式开通时投入运营。中国高速列车运行控制系统，应用无线传输方式控制列车运行，是目前世界最先进的高铁列控系统，现在已成功运用在京沪高铁、京广高铁、郑西高铁、沪昆高铁、沪宁城际铁路等多条高铁线路。

目前，中国高速列车 C3 列控系统平台及关键技术实现了 100% 自主化，核心软件 100% 自主化，成套列控装备 100% 自主化。2020 年 12 月底，中国通号列控系统各产品

CRH2 型重联动车组列车运行在京广线上

（ATP、RBC、LEU、应答器）已全部通过欧盟基线 2 和基线 3TSI 认证，实现了“全家福”和“大团圆”。

与此同时，经过多年努力，在中国国家铁路集团有限公司（以下简称国铁集团）的主导下，铁路科研团队联合攻关，成功研制了具有完全自主知识产权的列车调度指挥信息管理系统（简称 TDCS）和调度集中指挥系统（简称 CTC），前者为中国铁路运输调度指挥中心监视系统，后者是各铁路局集团公司调度所的调控系统。TDCS 是 CTC 的基础，CTC 是 TDCS 的功能增强和延伸。结合北斗导航、5G、大数据等先进技术在高铁的成功应用，构建起中国铁路智能化调度指挥受理系统。

……

由此，中国高铁的轨道装备制造企业、土木建筑企业，与国内相关配套企业齐头并进，带动了冶金、机械、

CRH3 型动车组列车驶出天津站

建筑、橡胶、电力、信息、计算机、精密仪器等产业的快速发展。据不完全统计，仅中国高速动车组零部件生产独立的技术系统超过 260 个，设计生产动车组零部件的核心企业超过 100 家、紧密层企业达 500 余家，覆盖 20 多个省市，形成了一个庞大的高新技术研发制造产业链。高铁装备制造业，已成为我国具备全产业链国际竞争优势的战略性新兴产业。

就这样，“车、路、信号”这个庞大的高铁体系技术平台，被中国人搭建起来。在有序引入、持续消化和再创新过程中，中国高铁已经形成自己的技术领先优势。毫无疑问，无论是决策上，还是技术和管理模式上，中国高铁成就了后来者居上的一个现代性的绝佳的解析样板。

目前，中国铁路已经掌握了时速 250 公里和时速 350

CRH5 型动车组列车运行在京哈线上

公里及以上速度等级，涵盖设计施工、装备制造、系统集成、运营管理等高速铁路成套技术，成功开展了工务工程、通信信号、牵引供电、调度指挥、旅客服务等各专业系统的集成创新，机车车辆制造也具有了比较好的基础；建立起了具有自主知识产权、世界先进水平的中国高铁技术标准体系，成为世界上第四个系统掌握时速 300 公里及以上高铁技术的国家。

2016 年初，中国铁路总公司召开工作会议，骄傲地向世界宣称，经过十几年的高铁建设实践，中国系统掌握了高铁复杂路基处理、长大桥梁工程、大断面隧道工程、轨道工程、牵引供电、通信信号、新客站等高铁建设技术和运营管理维修技术，建成了京津、沪宁、京沪、京广、哈大等一批设计时速 350 公里、具有世界先进水

CRH380A 动车组列车飞驰在京沪高铁上

平的高速铁路，形成了比较完备的高铁技术体系。

“国家一等奖”殊荣

2010年1月11日，国家科学技术奖励大会在北京召开。

由四方公司承担的“时速250公里动车组高速转向架及应用”科研项目，荣获2009年度国家科学技术进步奖一等奖。

国家科学技术奖励评审委员会在授奖词中写道：CRH2型高速动车组转向架的研制成功，不仅推动了材料、机电、控制、牵引制动、信息等技术进步和产业升级，而且使中国铁路由普速跨入了高速时代。

转向架是高速动车组的走行装置，它相当于汽车的底盘，整个系统由车轮、减震、传动、制动装置等组成，是决定车辆行驶性能和安全性的关键部件，决定了列车运营速度和运行品质。

与公路相比，铁路的轨道是平整的，实际上并非绝对平整。即使是依靠打磨机打磨出的高速列车轨道，也存在非常细微的起伏。当列车高速运行时，这种不平整会加大列车的振动，横向出现“蛇形运动”，纵向产生“钢轨激扰”。当两车高速交会时，产生的瞬间气流变化则会导致这种振动加剧，使列车出现失稳，严重时甚至可能导致脱轨。

据专家介绍，国外的高速列车通常采用4毫米至6毫米轮轨间隙的限值。而中国的高速动车组要求既能在既有线路运行，又能在高铁线路上运行，所以必须制定自己的轮轨匹配技术标准。

面对这一系列难题，四方公司科研人员首先建立起了精确的动力学模型，并确立了中国高速转向架轮轨匹配技术标准。在此基础上，研究人员围绕提高临界失稳速度、降低脱轨系数、改善平稳性三大指标，通过仿真分析进行了一系列迭代优化，完成了涉及动力学、结构强度、磨耗、润滑、温升等数十项分析计算。

作为高速列车的核心技术，时速250公里动车组高速转向架具有重量轻、动力学性能优良、结构安全可靠、适用性强、维修方便等特点，整体技术达到国际先进水平。

2007年4月，在全国铁路第六次大提速中，四方公司研制的高速转向架首先在京广、京沪等9条主要干线上得到运用，后又应用于京津、武广等新建高线路，累计运营里程超过9000万公里，平均缩短旅客旅行时间30%至40%，大幅度提高客运能力，极大地推进了区域经济协调发展，取得了巨大的经济效益和社会效益，成为中国高速转向架的主型产品。

据有关资料显示，CRH2型高速动车组转向架，不仅突破了传统车辆动力学的单车和多刚体假设，发展了系统动力学理论，而且在高速转向架的减震悬挂匹配技术、保证结构安全性的轻量化技术上，均作出了系统创新。

诚然，在这一研究成果基础上发展起来的CRH380A的转向架，时速达到350公里以上，被称为“完全自主研制”，这一点在外界没有争议。在CRH380A动车组的研发中，设计团队在CRH2型转向架基础上，经过系统分析京津、武广高铁累计里程百万公里线路的跟踪试验数据，提出了进一步的优化设计方案。据统计，共开展了45项动力学及结构强度仿真分析，52项台架试验，15次线路试验，此外还给转向架安装了空气弹簧和系列减震装置，有效解决了在列车更高速度下运行的稳定问题。

动车组时速每提高一公里，带来的磨损都是巨大的。针对这一难题，CRH380A动车组研制人员迎难而上，不仅在车轮材料上下足了功夫，还在超出标准限值载荷条件下，对转向架进行了多达1000万次的疲劳强度试验，通过反复的样机台架试验和整车线路试验，才最终确定转向架各项参数。

为防止转向架上的轴承因温度过高导致类似汽车的“抱死”等现象发生，设计人员在车轮、电机和齿轮箱的轴承上还安装了温度传感器，一旦超温，车辆控制系统就自动限速。这些辅助装置，进一步保障了转向架的安全可靠性。

试验结果表明：CRH380A动车组在运行时速为380公里时，脱轨系数小于0.1，远小于0.8，性能优良；列车振动舒适度小于1.5，达到优级；“踏面接触应力”比欧洲标准降低了10%至12%，安全系数则提高到了2.7，部件疲劳寿命可满足20年使用要求。在速度更快的同时，转向架各项性能不但没有降低，反而得到大幅提升，整体技术性能达到了国际先进水平。

2010年6月27日，京沪高铁开通的前夕，有百余家中外媒体的记者登上列车，感受中国速度。外媒对这次高铁之旅表示出极大的兴趣，大批外国记者扛着设备、拖着箱子，“全副武装”地参与这次体验式采访。据统计，113家境外媒体的205人参加了这次由中央外宣办、外交部、国务院港澳办、国务院台办、铁道部联合组织的京沪高铁的试航运行。

记者们感受最深的是两个方面，一个是快，另一个是稳。荷兰国际新闻电视台的记者玛莱雅说，她曾经坐过法国和日本的高铁，这是第三次体验高铁技术，她很喜欢“抓住时间”的这种高效率感觉。她认为，京沪高铁的高科技元素很多，坐起来很舒适，速度快得像飞机。不少外国记者在感受CRH380A后发回的报道中，纷纷感叹“鸡蛋不滚，杯水不晃”。这些赞叹来之不易，列车车厢底下的“高速转向架”这一自主创新成果功不可没。

中国中车有关专家表示，中国高速动车组采用了减震性能良好的高速转向架，车厢内振动小，噪声低，全部是自主研发，处于世界领先水平。

再创新之艰难

谈及中国高铁，已取得的成就令世界瞩目。然而，总有人关注这样一个问题：中国高铁的核心部件是中国制造吗？

在高速列车技术的引进过程中，外方对诸如转向架、网络控制、变流装置、空气制动等核心技术和关键零部件，拒绝转让，或者有条件转让。这是因为中国机车车辆制造已经具有不俗的实力，西方公司心怀戒备。那些关键计算分析、实验数据以及相关软件更是严加保密。当时西门子人士声称“绝不出让核心技术”。对此，长客公司一位技术人员感触颇深，他回忆道："对于关键技术，只要我们稍稍接近最后一层'窗户纸'，老外就会敏感地在上面盖上'铁板'。"

日本和欧洲高铁企业之所以不遗余力地向中国推荐先进的高速列车技术，它们是想迅速进入中国高铁这个大市场，拿下数十亿美元的合同，建设里程最长、发展空间最大的高速铁路系统，为自己树立声望。当然，它们绝对不愿意看到中国企业成为自己的竞争对手。

西门子的技术人员在接受媒体采访中表示，在高速列车的整个牵引系统中，最核心、技术含量最高的是软件系统，西门子是不会转让的。这位技术员表示，高速动车组的核心技术有三大部分：牵引系统、转向架和制动系统。其中，最关键的是牵引系统，它是"动车组的心脏"。

众所周知，核心技术是看家本领，西方国家一直是严防死守的。譬如说，在空间技术领域，中国一直受到美国的抵制。据了解，早在2000年底，中国就计划参加国际空间站计划。2007年10月，中国表示期望与美国开展在航天领域的合作，成为国际空间站计划第17位合作伙伴。然而，美国对中国航天技术的崛起一直深感忧虑并怀有戒心。为了防止航天技术的扩散，美国一直拒绝中国参与国际空间站计划。

中国靠自己的力量，独立自主地进行着空间技术的研究与开发。在成功发射神舟一号至七号飞船之后，2010年10月，中国宣布正式启动实施中国载人空间站工程。2011年11月，神舟八号和天宫一号的"深情一吻"，标志着中国继美、俄之后，成为世界上第三个完整掌握空间对接技术的国家。

严峻的现实表明，中国装备制造企业必须尽快从资源依赖型向创新驱动型转变，在若干重要领域掌握一批核心技术，拥有一批自主知识产权，用科技进步和创新成果推动经济发展，造福人民群众。

2010年，原铁道部对外宣称"时速200公里动车组的国产化程度已达到70%以上"，伴随着贴有"Made in China"（中国制造）标签的高铁走向海外。中国开始向南美甚至欧洲输出高铁技术和制造能力，这让一些高铁制造国感到了威胁。

2010 年 11 月 17 日，日本川崎重工在接受《华尔街日报》访问时表示，川崎重工和日本高速列车制造商不认同中国高铁创造了自有技术的说法，“多数列车几乎与专利输出国的一模一样，只是对车身外部图案和内部装饰进行了细微变动，此外就是改进了推进系统以提高速度”。

当时中国铁路部门承认，目前销售的高速列车是利用国外技术研制出来的。但是，中国南车、北车公司等国内企业在产品研制过程中加入了自有创新元素，从而使生产的最终产品成为“中国货”。中国铁路行业生产的新一代高速列车，就是在学习借鉴国外高速列车技术的基础上，通过系统集成和再创新研制而成的。

中国工程院院士王梦恕认为，中国先拿出国外进口的

中国中车集团高速列车制造生产基地

少量整机进行拆解“反建”，由国内技术人员亲自进行组装和调速，然后再根据加工工艺图纸，进行散件组装，最后逐渐自主制造，实现了在外方技术基础上的创新。

有外资公司认为，中国的这种做法并没有违反相关规定，只不过是由于中国与其在海外高铁竞标时产生竞争关系，令技术输出方感到不悦。

事实上，被誉为高速动车组“心脏”和“大脑”的牵引电传动及网络控制系统的两大核心技术，是国外公司明确不予转让的核心技术。要消化吸收如此纷繁复杂的技术为我所用，的确需要一定的时间，也需要一个过程。

还有动车组软件编程的“源代码”，外国企业转给中方的源代码都是经过编译之后的，即一些二进制代码，通

常无法直接打开，也无法直接查看代码内容的。其结果是，让你只知其然，而不知其所以然。

如果不掌握一些关键软件的源代码，就不具备了解是否有技术漏洞和防范黑客入侵的能力。伊朗核设施受外来病毒攻击而导致的瘫痪事件，斯诺登暴露的“棱镜门”丑闻，都是前车之鉴。相比之下，美国人在维护网络安全方面警惕性就高得多。当年欲与中国南车公司合作的美国GE公司，就曾要求我方提供源代码，以备美国政府进行安全审查。

有人会问，牵引系统这样的关键技术占到一列动车总价的多少呢？据说要占到20%至30%。其中列车自动控制系统又占整个牵引系统的一半以上，利润最高。控制系统则主要由德国克诺尔垄断。2004年底，克诺尔远东有限公司在苏州高新区设立公司，2010年底收入近35亿元，净利7.7亿元。

与牵引系统一样，被外方视为赖以生存之本的制动系统也没有实行技术转让，而是由外方在中国的合资厂生产。合资厂不存在技术转让，中方连图纸可能都看不到。一些不愿意转让核心技术的国外公司，基本上都是采取的合资生产模式。

在动车组三大核心技术中，中方拿到的部分技术转让合同只有转向架制造，而且只卖安装图纸，不讲设计原理，让你知其然不知其所以然。“在现在引进的高速动车组技术中，大量地存在这样的情况。”中国工程院院士、原“中华之星”动车组总设计师刘友梅称，看得见的部分，外方会给中方设计图纸，这些中方都可以仿造，但一旦涉及软件和核心部件，即那些看不见的部分，外方是不会轻易泄露的。

2011年，原铁道部曾就引进技术的消化情况做过一次调查，结论是，核心技术仍由外国公司垄断。傅志寰院士认为，中国高铁真正突破并掌握核心技术，主要是党的十八大以后的最近几年时间取得的成果。

阿尔斯通、西门子等多位当年参与技术转让的技术人员认为，因为德国技术引进合同没有转让关键零部件的设计技术，转让的只是制造工艺——即外方转让给中方安装图纸，外方派人教中方如何组装。此外，所谓的技术转让合同还包含大量原装进口配件的采购。时任南车集团的一位副总工程师直言不讳地说："实际上是核心部件采购合同。"

据南车时代电气公司工程师姚远透露，时代电气跟日本三菱电机共同出资成立合资的时菱公司，双方各占50%股份。该公司主要生产列车车厢动车组、城市地铁的牵引变流器、辅助变流器和控制系统等。动车组的核心部件需要从三菱电机采购，程序调整也是三菱在做。实际上，最重要的软件和程序都掌控在人家手里。后来中方与他们谈要求能够让自主修改里边的参数，但是人家就是不泄露程序的源代码。

在时菱公司的收益分成中，日本三菱拿去了大头。姚远说，三菱公司自此的收益主要来自于三块：一是时菱公司采购三菱的核心零部件；二是产品出现问题时三菱的服务收费；三是产品出售之后三菱再占50%的收益。

以引进的三菱公司动车组为例，许多零部件原来都是买日本的，在中国线路上使用也经常发现问题，零部件的磨耗也不是起初谈的40万公里，而是20万公里就要修理，而且很贵。后来CRH380A改成了欧系，因为欧系有国内生产商在做，虽然也是合资公司，但主动权就大多了。

姚远认为，严峻的形势逼着我们不得不加快自主创新的步子，这不仅仅是爱国不爱国的问题，而且是关系到了生存发展的问题，必须加快"国产化"的步伐。目前这种情况，核心部件技术都掌握在外方手里，成本太大，国内公司承受不了。

由此，许多专家认为，由于高速铁路具有基础性、战略性价值，所以从政府到科技界，对自主创新和自主掌握核心技术的诉求非常明确和迫切。还有来自于成本的压力，让国内的机车公司纷纷萌生"国产化"的想法。

刘友梅坦率地承认，引进消化再

创新后的高铁技术平台，肯定要比当年“中华之星”的技术平台水准要高，技术上有着很大的进步。“中华之星”现在最应该去的地方是历史博物馆。但他提醒，中国的机车制造技术一定要从“芯”开始，不能再简单走原配件替代之路了。

专家分析认为，核心技术需要“超前研发”，引进关键在消化与再创新。日本在20世纪六七十年代的技术引进，平均花1美元引进，要花约7美元进行消化、吸收和创新，从而让自己快速进入了技术输出国家的行列。韩国则明确规定，同类技术只能引进一次，余下的功课就是消化吸收和自主创新。

有关方面专家认为，我们是在学习借鉴中成长壮大，在很短的时间内，就拥有了动车组规模化生产和制造能力，从技术引进中学到了不少先进的制造工艺，比如焊接精度有了很大提升，也能造出车来。譬如说，CRH3型动车组起步时国产化程度就很高。尽管源自于西门子技术，但在引进中消化中实现了创新，对CRH3动车组本身的参数，包括增加风挡，减低阻力，做了许多重大改进，大大加快了国产化步伐。

应该承认，尽管以市场换技术未必能获得最核心的前沿技术，但通过外国直接投资所产生的技术溢出效应，还是能让中国合资企业通过模仿和应用产品的设计、生产、销售等，获得了国外先进企业的成熟技术，缩小差距，告别了“闭门造车”的无奈。

傅志寰院士认为，技术可以引进，创新能力却是买不来的，必须靠引进技术与自主创新“两条腿”走路。通过引进消化，进行模仿，进行破译，最终在掌握源代码的基础上进行创新。变为我所用，到为我所有，从而实现从“中国制造”到“中国创造”的渐进转换。从这个意义讲，没有买到，并不是说永远不能得到。

日本发达国家也走过这样的路，利用并改造过国外的技术。战后的日本对外国技术进行反向设计，这在某种程度上帮助日本成功实现了转变，并最终培养出一批科技公司、钢铁企业、造船商和汽车生产商，包括本田汽车公司和丰田汽车公司。韩国后来也有类似的经历。

同济大学教授孙章认为，自主化是跨越不过去的，硬件可以引进，软件必须完全消化，实现自主化。国产化仅仅解决了在国内生产，国产化概念与自主化是不同的。中国高铁目前是世界先进水平，但软件、硬件集成的核心技术，还没有完全自主化。核心技术不全在自己手里，就不能说是世界领先水平。

一般而言，西方国家先进的核心技术是不可能转让的，再多的钱也买不到，因为这是他们的生存之本。殊不知，生意场上也有例外，一个愿打一个愿挨。在关键技术的转让中，有死守着金饭碗不放的，也有急着用钱的。如日本川崎重工、法国阿尔斯通，一手接钱，一手交货，生意就成了。尽管是有条件的，但也是双方受益。

其实，对高铁核心技术转让的认识与实践，完全可以换一个思路，从两个方面来认识、来操作：就一个技术体系而言，应该最广泛地引进消化吸收最新成果，为我所用，实现自主创新，搭建起自己的技术平台；如果就一个高科技产品而言，就没有必要一定要是自己的，完全可以采取国际采购的方式来实现。

譬如说，在高铁的牵引供电系统，核心的一个技术是西门子生产的27.5千伏的真空断路器，能保证使用10万次不出故障，但西门子拒绝技术转让，称如果转让，公司股价会大降，且涉及国家经济利益。由于高铁供电是一段一段的，在动车经过段与段之间时要通过断路器来操作，保持供电连续性，因为高铁上来往的车多，真空断路器的质量直接决定着高铁供电系统故障。为了保证质量，国外许多高铁企业都是使用西门子的产品。由此，西门子生产的真空断路器在全球拥有75%的市场份额。

从另一个方面来看，高铁是一项系统性工程，这样的系统性工程不是某项单一技术能够包打天下的。即使是世界上最大、最先进的企业，也不可能拥有本领域的全部技术，也要进行大量购买、引进和技术互换。高铁所涉及的技术专利则更多，在外国企业已有专利的情况下进行必要的技术引进是合理的举措。这样的系统性工程，关键不在于某项技术，而在于各种技术的整合，通过整合形成新的技术和知识产权，形成自主的新技术标准。

中国高铁技术模式，实际上采取的是一个综合的、取各家之长的技术模式，是一个建立在自我发展基础上的，实现众多技术集成的系统工程。嫁接与整合本身就是巨大的创新，原来这些技术散落在各国各公司不同体系内，经过选择，把那些最好最强的公司先进技术买回来，实行“强强联合”，嫁接整合在中国高铁体系中，创造出比原来技术水平更高的新的系统性技术。嫁接、整合与再创新，应该是中国高铁科技的核心价值所在。打破部门、行业、院校、企业的体制壁垒，整合全国的科技资源，打造出了高铁这一战略性产业的公共创新平台。中国高铁自信，正是中国制度自信、道路自信的具体体现。

谈及中国高铁关键技术的创新现状，简而言之，即线桥隧涵等基础设施是“原始创新”，达到90%以上；通信信号、牵引供电系统是“系统集成创新”，即平台创新；运营调度和客运服务系统是以中方企业为主的自主创新；动车组制造则是以引进先进技术、联合设计生产的“和谐号”动车组为基础，持续深化自主创新，突破技术瓶颈，成功研制拥有完全自主知识产权和世界先进水平的“复兴号”中国标准动车组。

路教授的一家之言

2013年12月，《瞭望》新闻周刊发表记者王健君的文章，题目是《中国高铁10年发展：以市场换技术说法不符事实》。文章大有冲破高铁迷雾之势，倍加赞赏中国高铁的自主创新能力，令国民振奋至极，引得诸多媒体争相转载。

文章开门见山提出了一种吊诡的现象：一方面美国发现频道播出京沪

高铁纪录片向中国高铁技术致敬，德国媒体刊文感叹“亚洲人已从西方人身上学会怎么建造高铁，现在还可以自主研发”；另一方面中国的一些经济学者和媒体撰文斥责中国高铁技术“或者是华而不实的自我吹嘘，或者是完全子虚乌有的杜撰”。

王健君文章的全部论据来源于一位学者的研究文章，这位学者就是北京大学政府管理学院的路风教授。

在2012年底和2013年初，中国高铁发展的低谷时刻，长期跟踪研究中国产业经济发展的路风教授，开始关注和调查研究中国高铁技术，并于2013年3月完成了报告。王健君选择了路教授的一组文章，从正面的角度肯定了中国高铁发展成就，特别是表达了路教授对中国高铁技术发展路径的独特看法，让人耳目一新。

路教授的研究报告指出：“中国必须坚持自主创新道路的理由，不是因为核心技术买不来，而是因为能力买不来。因为能力买不来，所以中国企业和中国工业对于中国技术进步的作用不是外资能够替代的，所以中国政府和中国工业对于技术发展的主导权是任何其他因素都不可替代的。”

众所周知，自中国大规模引进高铁技术开始，就一直饱受社会的广泛质疑，争论焦点在于中国铁路是否真的引进了世界先进的高铁“核心技术”。许多中国高铁的经历者和见证者，也一直被这种质疑声所困扰，也一直试图破解这个“局”。

路教授的分析成果表明，中国掌握了世界上最先进的高铁技术，但成就中国高铁技术的是中国铁路装备工业的技术能力，而不是所谓的“引进、消化、吸收、再创新”。因为这种技术能力并非因为技术引进才生成，而是在技术引进之前就已存在。这种石破天惊的结论，的确大长中国人的志气。

路教授的结论，涉及到我们引以为自豪的中国高铁发展的关键问题，具体为两个方面：

第一，中国高铁的发展是通过“以市场换技术”取得的吗？

中国高铁技术的迅速进步，一直被称之为“以市场换技术”的成功典范。但是，路教授认为，这个说法不符合事实。高铁从未“以市场换技术”，中国铁路市场始终把握在自己手中。即使是2004年至2006年大规模地引进国外先进技术，也不属于“以市场换技术”模式，而是纯粹的“以金钱换技术”，不过是一般技术贸易而已。

路教授的观点支撑是：其一，没有任何外国企业能够控制中国的铁路市场。铁路机车车辆并不是消费品（诸如汽车那样），外国企业没有机会去直接塑造中国消费者的习惯和观念，从而对中国铁路运营部门产生来自消费者的压力。其二，由于没有资本所有权的介入，没有任何外国企业能够控制中国企业的技术学习过程。他们一旦向中国企业售出技术和产品，就对后者怎样使用这些技术的决策失去影响力。

路教授强调指出，铁路市场不能对外资开放是铁路的性质和国家体制决定的。对于铁路这样关乎国家主权的大型复杂技术系统，除非中国变成一个殖民地半殖民地国家，才可能把铁路市场全面开放给外国企业。中国的铁路市场真的不能对外开放？殊不知，中国加入世界贸易组织后，铁路作为一个经济部门，必须承担相应的义务，包括开放铁路装备市场。开放市场，不关乎国家主权的问题。事实上，无论是中国进口整列动车组，还是购买先进的高速列车技术，本身就是一种市场行为，而且原铁道部就高速动车组技术向国内外招标的举措，本身就是敞开了中国的铁路装备市场。

第二，中国高铁技术是“引进、消化、吸收、再创新”的产物吗？

路教授认为，本土技术能力是创新核心来源。这种技术能力，是指“掌握”技术和技术变化的能力，是一百多年来中国工业现代化梦想所苦苦追求的核心技术能力。他认为，中国铁路装备工业几乎还在“消化、吸收”原型车技术期间，就已经开始“再创新”。国外企业“转让”的只是“生产能力”，而非技术能力。他解释道，所谓买来的技术，都是给定产品设计的给定技术，即体现在产品上的生产技术而非“设计能力”。

路教授认为，所谓中国高铁技术的迅速进步是在“引进、消化、吸收、再创新”的基础上获得，是一个多么错误的说法。

事实上，中国高铁技术的形成至少有三个来源：一是国外先进技术，二是本国的开发能力和技术积累，三是生产能力形成过程中的多种技术融合创新。必须承认，“引进、消化、吸收”是重要前提，而且起了根本性作用。为强调本土的技术创新能力，而否定这个重要前提和根本性作用，显然与事实不符。

可以试想一下，中国高铁技术如果没有“引进、消化、吸收”这个重要前提，是否会有再创新，是否会有眼下如此重大的技术成果，回答是否定的。当然，我们不否认，本土技术能力的后发优势在再创新过程中的积极作用。

我们还可以思考一下：为什么中国汽车没有自己的品牌？改革开放后，中国的汽车工业大量引进国外先进技术，推进了中国汽车工业的快速发展，可是至今，中国大地上跑的汽车基本上全是外国品牌。为什么？难道中国工业的技术能力不支持汽车工业而只是垂青高速铁路？同样是市场换技术，同样是后发优势，一个能成功，一个不成功，说到底就看你是否真正掌握了核心技术，能否真正地做到了吸收、消化与再创新。掌握了核心技术，你就能创造自己的品牌，否则，最多只能是“套牌”。

同样是市场换技术，为什么中国汽车工业走了弯路？为什么中国高铁就行？就这个问题，2010年7月29日，《南方周末》刊发了对时任铁道部新闻发言人王勇平的专访。王勇平认为，铁道部在引进国外先进技术时，与其他工业有一点不一样的地方：我们不主张国内所有厂家自行其是地跟人家签合同，人们只有一个进口方，这个进口方就是铁道部。无论是日本、法国、加拿大，还是德国，要谈只能跟中国铁道部谈，而不是还要去和机车车辆生产企业谈。与国际巨头相比，我们的任何一家企业都处于谈判的弱势地位，只能听命于人，但是形成了一个拳头，情况就大不相同了，谈判的主动权就必然易位。

当时国家确定的战略方针是“引

进先进技术、联合设计生产、打造中国品牌”。“引进先进技术”，就是要引进当今世界最先进的技术，包括核心技术；“联合设计生产”，就是不是光买别人的车，不是光买别人的技术，而是竞标者得和中国的一个厂家联合起来设计生产；“打造中国品牌”，就是生产出来的产品是中国品牌，知识产权是中国的，比如说动车组必须是中国名字，叫“和谐号”。

经过这一过程后，我们再在原来的技术平台上提升，也就是引进消化吸收之后的再创新。从原有时速200～250公里，提升到时速350公里以上，难道不是创新、不是飞跃？王勇平说，有人说我们剽窃了它们的技术，铁道部总工程师回答得很精彩：哪有350公里的高铁技术拥有者去剽窃时速250公里的技术？

还应该承认，庞大的市场附赠了成本上的优势。中国高铁性价比优势，来自于对整个供应链的控制能力、来自于强大的成本管理能力以及批量化工业制造能力。我们知道，同一个产品，生产的批量越大，单位成本就越低。有中国庞大的市场作为支撑，我们能够实现批量化生产，这与国外一些企业单子时有时无的断续生产线，成本是不一样的。这个市场成本优势利用得好，就能为我们获得世界先进技术增加砝码。

显然，路教授对中国高铁技术形成的路径分析，只是一家之言。

4 “复兴号”奔向未来

2017 年 6 月 25 日，雨后的北京，碧空如洗。

北京南动车所内两列刚下线的中国标准动车组，披红挂彩，职工喜笑颜开，一派欢乐祥和的气氛。

时任中国铁路总公司党组书记、总经理陆东福代表中国铁路总公司党组郑重宣布：中国标准动车组命名为——复兴号。现场顿时响起雷鸣般的掌声。

陆东福表示，在决胜全面建成小康社会、实现中华民

时任中国铁路总公司党组书记、总经理陆东福与中国中车集团公司党委书记、董事长刘化龙共同为“复兴号”揭幕

"复兴号"（红金龙）动车组穿越京津大地

族伟大复兴中国梦的重要历史节点，将中国标准动车组命名为“复兴号”，标志着中国高速动车组技术实现全面自主化。“复兴号”记载了中国高铁技术装备走向世界先进行列的发展历程，展示了中国铁路服务经济社会发展、创造人民生活新时空的美好愿景，承载着中华民族伟大复兴的中国梦奔向未来。

2017年6月26日11时05分，“复兴号”率先在京沪高铁两端的北京南站和上海虹桥站双向首发，分别担当G123次和G124次高速列车。13时55分，两列“复兴号”在京沪高铁658公里处鸣笛交会。不远处，繁忙的京杭大运河依稀可见，百舸争流。旅客们隔窗远眺，兴奋地欣赏着窗外美景。

从这一刻起，“复兴号”亮相中国大地，中国高铁告别跟跑者历史，正式开启中国标准动车组时代。中国标准动车组走在了世界的前列，极大增强了中国高铁的国际话语权和核心竞争力。

中国标准动车组

2014年1月9日，全国铁路工作会议提出：加快高铁核心技术的全面自主化工作，力争年内完成中国标准动车组的总体设计和主要部件研发，用两年左右的时间完成中国标准动车组的研制工作。

所谓中国标准动车组，通俗地讲就是制定中国标准而不是采用外国标准，依据中国方案和中国标准研制动车组。也就是说，在充分总结分析已有动车组运行经验的基础上，结合实际运用需求，融汇既有技术平台的优点来开展顶层设计，提出动车组总体技术条件。

中国标准动车组采用的技术标准涵盖了动车组基础通用、车体、走行装置、司机室布置及设备、牵引电气、制动及供风、列车网络标准、运用维修等13个大的方面，全部采用“中国标准”，并兼容国际标准。包括中国国家标准、行业标准、企业标准以及专门为中国标准动车组制定的一系列技术标准。

从技术与市场的角度看，技术标准是最高意义上的“抽象生产力”。在国际市场化的大国科技博弈角逐中，技术标准堪称“技术的宪法”“合法化的话语权”。

中国工程院院士、著名铁路机车车辆专家傅志寰认为，研制中国标准动车组对于推进中国高铁实现根本性跨跃，堪称“意义重大”。有利于摆脱高铁核心技术和关键零部件受制于人的局面，不管是“日系”还是“欧系”动车组，外方对诸如转向架、网络控制、空气制动等关键硬件和相关软件，都是加以垄断，绝对不会转让；有利于改变动车组引进种类过多、标准不一的局面，多种型号的动车组，车钩结构和高度不一、电气控制方式不同，彼此难以连挂及重联运营；有利于实现动车组零部件统型和主要部件换件修，减少备品，降低生产成本。

当初，我国从欧洲、日本引进了“和谐号”1型车、2型车、3型车和5型车等4种车型。这些车型技术路径不同，尽管“弯道超车”争取了时间优势，但也留下了兼容性差的难题。面对我国地域广阔、环境复杂和长距离、高强度运行需求，有着诸多不便。

曾先后担任过京津城际、京广高铁列车长的王艳，讲述了一件“尴尬事”：“那一天，我当班出乘，列车运行途中突然发生故障，不得不中途更换车体。但是，等换到备用动车组上，有54名旅客不干了，吵着要退票！因为车上竟没有与车票对应的座位。”

原来，引进的CRH2型车与

CRH3型车定员不同，前者有610个座位，后者却只有556个。不仅如此，两种车各成一体，旅客界面、司机操作界面、动拖比例等都不一样。

不同型号动车组存在很多差异，不能实现互联互通、难以互为备用。这就好比一个北方人和一个南方人，他们只会说方言而不会说普通话，交流起来只能干着急。

北京动车段有关人士透露，由于“和谐号”动车组型号众多，采用技术参数不一，维修起来繁琐复杂。同一种零件，至少要准备5种型号，提高了成本不说还占地方，但还必须准备。

2013年6月，由中国铁路总公司主导，中国铁道科学研究院技术牵头，中国中车集团所属企业设计制造，共同开启了“中国标准动车组”设计研制工作。确立了“高速动车组关键技术自主创新深化研究”系统性重大课题，并以此建立完全自主的动车组技术平台，编制中国标准动车组总体和子系统技术条件，划分为方案设计、样车试制、试验验证和运用考核等多个阶段，分头组织推进。

“时速350公里中国标准动车组项目”是迄今中国铁路史上一个最高级别的单个科研项目，被列入“十二五”国家战略性新兴产业发展规划，国家发改委安排专项资金给予支持。众多一流高校、科研院所、院士、教授、研究员、高级工程师和工程技术人员，共同参与到“中国标准动车组”的研发创新，形成了“集合优势力量、产学研用紧密结合、协同创新”的科研工作新态势。

一位参与设计的专家告诉我：“从创新过程来看，中国标准动车组是先有顶层指标，通过正向设计把车做出来；原有引进平台的技术指标不足以支撑顶层要求，必须自主设计，仅仅做参数修改、变形不能达到目标。”

当时的“和谐号”系统动车组，已经形成了4个技术平台、17种车型，要兼顾这些车型，打造统一标准，形成中国标准，谈何容易！譬如说，“和谐号”系列动车组有4动4拖、5动3拖、6动2拖等多种动拖比，究竟那一种动拖比好？公说公有理，婆说婆有理。譬如说，各生产厂家都已经形成了自己的既有生产线，牵一发动全身，谁也不愿意为了一种新车型而改变既有的生产线。

“在研究统一中国标准的过程中，

光技术方案设计就花费了一年多时间，仅技术设计联络协调会就开了60多次，基本每周一次。仅仅是围绕一个互联互通的协议文件，就在会议室里摞了半人多高。”中国铁道科学研究院首席研究员王悦明回忆道。

经过无数次激烈争论和反复比选论证，研发团队在认真总结“和谐号”动车组运行经验的基础上，融汇既有技术平台的优点，着眼于我国实际运用需求，如要持续高速运行、长距离、开行密度较高、载客量较大，以及高寒、多雪、高原风沙、沿海湿热，以及雾霾、柳絮等环境条件，终于完成了中国标准动车组总体技术条件的制定。

这个总体技术条件的思路是，以完全适应中国的运用需求为出发点，自主进行顶层设计，国内企业主导，通过大量应用新技术，逐级开展系统及零部件设计生产，自始至终凸显“中国基因”。

四方公司、长客公司承担了中国标准动车组的设计制造任务。以“中国标准动车组”总体技术条件为依据，对动车组顶层技术指标进行分解，相继完成了动车组总体布置、各子系统的技术参数匹配与相关结构设计、空气动力学仿

时速350公里的中国标准动车组下线

注砂口
制动管截断阀

真、车辆动力学性能仿真、动车组通过曲线能力仿真分析、牵引—制动特性仿真、铝合金车体与转向架结构可靠性分析等设计验证与校核计算。

在这完备的总体技术条件背后，隐藏着一系列不同寻常的设计数据，其中有一项，即气动阻力下降12%以上。这就意味着，与既有的动车组相比，中国标准动车组以时速350公里运行时，人均能耗下降17%。

如何减少动车组的气动阻力？中国标准动车组车体采用了高强度、轻量化铝合金车体，车头采用流线型，车顶采用平顺化设计，空调及受电弓设备采取沉入式安装……

转向架是动车组核心技术之一。中国自主设计制造的中国标准动车组转向架，承载能力提升10%，满足时速350公里及以上持续高速运行，实验室安全稳定试验时速达到600公里。它具有轮对轴温、齿轮箱轴温、转向架横向运行稳定性等安全系统全面监测功能，确保动车组运行起来又快又稳。

牵引传动系统是动车组的心脏，是动车组的动力源。中国标准动车组的牵引动力从9600千瓦提升到10000千瓦以上，大有雷霆万钧之势。“中国标准动车组拥有的‘中国芯’，以及牵引传动系统硬件和软件全部实现了自主设计、自主制造，中国成为世界上少数全面掌握这一技术的国家之一。”中国铁道科学研究院牵引传动项目研发骨干郑雪洋介绍说。

为了确保动车组列控系统和制动装置的万无一失，中国标准动车组研发团队进行了上百万次测试，在车载热备技术上实现了创新和突破，实现了车载列控系统双套热备的自动实时无缝切换。同时，增加了安全冗余检测装置，仅轴抱死冗余检测装置就增加了一倍。这意味着，即使个别车轴制动装置出现故障，也不会影响列车制动安全。

2015年6月30日，具有完全自主知识产权、时速350公里的两列“中国标准动车组”，分别在青岛和长春下线。随之，在中国铁道科学研究院北京环形铁道试验线展开试验工作，标志着中国标准动车组研制工作取得重要阶段性成果。

中国标准动车组从启动研发到最终定型，历时5年时间，历经503项仿真计算，5278项地面试验，2362项线路试验。

中国标准动车组的型号分别定为

CR400AF和CR400BF。“CR”是中国铁路总公司英文缩写，也指覆盖不同速度等级的中国标准动车组系列化产品平台。型号中的“400”为速度等级代码，代表该型动车组试验时速可达400公里及以上，持续运行时速为350公里；“A”和“B”为企业标识代码。“A”代表青岛四方公司研制，“B”代表长客公司研制；“F”为技术类型代码，代表动力分散电动车组。

中国标准动车组的“中国”，意味着我国高速列车从最早的“洋基因”“混血”，到现在从内到外都是“纯中国”，特别是软件全部是自主开发。令人兴奋的是，在中国标准动车组采用的254项重要标准中，中国标准占到84%，11个系统96项主要设备采用了统一的中国标准和型号。从此，中国成为新的竞赛规则的重要制定者、新的竞赛场地的重要主导者。

“红飞龙”与“金凤凰”

“中国标准动车组”横空出世，给了国内外民众一个惊喜。中国网民欣喜若狂，纷纷在网上留言、跟贴，对中国标准动车组表现出极大的热情与喜爱。

网民们依据两列中国标准动车组车身上的标色，将四方公司生产的涂装蓝色标色的CR400AF型动车组，称之为“蓝海豚”（批量生产时，更换为主题色彩更鲜明的“中国红”，“蓝海豚”换装成“红飞龙”）；将长客公司生产的涂装黄色标色的CR400BF型动车组，称之为“金凤凰”。由此，中国标准动车组有了两个令人喜爱的网名。

流线型车头外观造型简洁，线条流畅、圆润，整体视觉立体感强，配色干净明确，具有良好的气动特性。运用车灯的造型线条与整体造型搭配，集成中国古典元素，勾勒出中华民族图腾的形状。一个形似“飞龙”，一个酷似“金凤”，在高铁现代舞台上演着“龙凤呈祥”的喜剧。

在头型设计过程中，为了优化设计动车组的头型，实现最佳的技术性能，研发团队为CR400AF/BF分别设计了46个和45个概念头型，从中分别优选出7个和6个备选头型方案，经过海量计算分析、风洞试验和动模型试验等手段，进行方案验证与多目标迭代优化，结合中国传统文化特征，最终确定了“飞龙”“金凤”头型方案。

看“飞龙”，银灰色车身，辅以红

中国标准动车组“蓝海豚”运行在大西高铁线上

色的长长腰带，棱线分明，硬朗锐利，含蓄而动彰显轩昂雄健之势，如巨龙卧海；看“金凤”，纯白色车身，金色腰带向上延伸至车顶，洁白纯净，雅致神圣，隐忍以静呈现柔顺温情之美，如金凤敛翅。

时尚豪华的车厢，宽敞舒适，乘坐体验得到大幅提升。车厢内空调系统新风达到16立方米／人小时，比其他国家动车组高7%—60%；车体宽，空间大，横断面积达到11.2平方米，比其他国家动车组多14.3%。设置不间断的220V电源插座。采取多种照明控制模式，可根据旅客需求提供不同的光线环境，车厢内实现了无线网络全覆盖。

俗话说，不是一家人，不进一家门。别看这两列标准动车组外型略有差异，但它俩“内心”却高度一致。用行话讲，就是实现了高速动车组的标准化。

按照国际惯例，每一款新型动车组在载客之前，必须要跑满40万公里的运用考核。包括型式试验67项，系统科学试验13项，关键系统及部件服役性能研究试验12项。每一次试验，都是一次大考。

2015年夏天，晋西北的黄土高原热浪滚滚，中国标准动车组在大西高铁开始了紧张的正线动态试验。科研团队人员日夜守候在动车上，盯着监控仪表，频繁往返于试验基地和北京，紧张地工作着。

这次试验，包括型式试验、互联互通高速试验，以及轮轨关系、噪声、基于以太网的列车级数据传输等科学研究试验。

这天，中国标准动车组刚上线试验不久，偶发300微秒通信中断故障，但随后又不见踪影。300微秒，比闪电还快。是设计问题，还是突发电磁干扰？中国铁道科学研究院网络控制系统研发组派出精干队员开展跟踪整治。

每天早上五点天不亮，研发组队员就上车盯控，晚上十点才下车回宿舍休息。不断地调整着测试记录策略，连续监视着示波器，生怕稍有疏忽会错过故障记录。故障似乎与大家玩起了捉迷藏游戏，连续几天的运营试验过程中都没有再次出现。

研发人员将所有相关图纸放在一起分析，挨个梳理每一个细节。经过长达7天168小时的执着坚守，终于再次捕捉到300微秒的故障现象，迅速制定对策，排除了这一故障。

11月18日，两列中国标准化动车组，在大西高铁分别跑出了时速385公里的试验速度。试验表明，中国标准动车组在车体断面增加、空间增大的情况下，按时速350公里试验运行，列车运行阻力与“和谐号”车型相比，降低了7.5%至12.3%，人均百公里能耗降低17%，总能耗下降了10%，司机室与乘客空间噪音均有所下降。列车动力学性能、空气动力学、弓网受流、牵引性能、噪声等各项关键技术指标均表现优异，全部达到了设计要求。

中国标准动车组总体技术及核心系统研发团队领军人物张波回忆说：“每一次试验，都是在打一场攻坚战，既考验心理素质，也是在考验身体素质。团队的同志即使病了，也要坚守到最后，无一人当逃兵。”

作为中国铁道科学研究院研发团队负责人，张波始终保持着清醒的头脑，思路清晰，运筹帷幄，科学地调配各组人员，与各试验测试组保持着畅通的信息沟通，及时处理试验中的各种突发问题，哪怕一个环节、一个细节，都不能疏忽，确保了试验数据的准确无误。

“极速邂逅”惊艳全球

2016年7月，中原大地烈日炎炎。

7月1日至15日，两列不同厂家生产的中国标准动车组，在郑徐高铁线路上进行了单组交会运行和双组重联运行。每列车体都安装了2500多个传感器，可以动态监测动车组高速运行中各个部位的压力变化，为动车组的整体鉴定提供依据。

试验中，中国标准动车组最高时速均达到420公里，创造了动车组在实际运营环境和条件下的世界最高运行速度。这标志着中国标准动车组成功实现了互联、互通及互操作。

这是一个充满惊险而又富有刺激性的历史性时刻：2016年7月15日11时20分，在河南省民权县杨堂村旁的郑徐高铁线上，中国标准动车组样车以时速420公里交会成功。

蓄势而发的两列中国标准动车组均以420公里的时速迎面而来，电光火石之间，相当于乘客一秒“飞”过117米。1秒、2秒、3秒，风驰电掣一般，就在转瞬之间，刚才还远在天边的两列相向而行的动车组列车，顷刻间擦肩而过。间距只有1.6米，用时只有2秒钟，相

2016 年 7 月 15 日，两列中国标准动车组分别以时速 420 公里实现了交会运行，创造了动车组在实际运营环境和条件下的世界最高运行速度。

对交会时速超过840公里，相当于大飞机的巡航时速。眨眼间，安全顺利地完成了两列动车组列车的高速交会试验。

从航拍画面可见，这是一个令世界惊艳的“极速邂逅”和“交会瞬间”，一个崭新的世界纪录诞生。这是世界上首次成功在实际运营线环境和条件下，首次实现时速420公里的高速列车最高运行速度的交会，标志着中国标准动车组实现了高铁交会“第一速”。中国又为世界高铁“教科书”谱写了新篇章。

在中国标准动车组上，许多科研人员见证了这个奇迹。

在这个有限的空间里，就是在那一瞬间里，两车交会时产生的压力波相当于1平方米瞬时受重近200公斤，按成年人体表面积2平方米计算，相当于有四个200斤的大胖子同时趴在了一个人身上。然而，如此高的压强，车内的科研人员和体验者却没有任何不适之感。两条钢铁巨龙沉着镇定，飞速行驶，稳稳地贴身而过，继续保持着超级速度向远方驶去。

据专家介绍，在如此极近的距离内高速交会，两列高速列车之间会产生强大的“吸引力”，对高速列车抗压力、承受力是个极大的考验，更何况两列车都是420公里的时速。

这次综合试验，成功获取了中国标准动车组运行能耗、振动噪声特性等大量现场资料，探索了时速400公里及以上高铁系统关键技术参数变化规律，提供了大量的数据支撑。总体性能、安全状况、技术状态等全部达到优秀，评估其设计寿命从20年提高到30年，具备编入运行图实施载客运行的条件。

2016年8月15日6时10分，G8041次列车驶出大连北站，沿着哈尔滨至大连高速铁路开往沈阳站。这是中国标准动车组首次载客运行。同年10月26日，中国标准动车组样车完成60万公里的运用考核，相当于围绕地球跑了15圈，远远高于欧洲、日本高速列车运用考核里程。

2017年1月3日，中国标准动车组取得“准生证”，获得国家颁发的型号合格证和制造许可证。标志着中国高速列车构建起了体系完整、结构合理、先进科学的技术标准体系；标志着中国高速动车组技术全面实现自主化、标准化和系列化；标志着中国铁路拥有了自主知识产权的高速动车组技术平台，具备了参与国际高速列车市场竞争的实力。

在中国标准动车组动态考核总结

会上，时任中国铁路总公司总工程师何华武自豪地宣布："经过试验和改进完善，中国标准动车组兼具安全、舒适、自主化、简统化、经济性、节能环保等特点，达到了自主化、标准化的预期目标，完全能够适用大批量生产运营。"

2017年9月21日，被正式命名为"复兴号"的中国标准动车组，在京沪高铁首次实现时速350公里商业运营，京沪两地最快4小时18分就可以到达。中国成为世界上唯一实现高铁时速350公里商业运营的国家，树起了世界高铁商业化运营标杆。以最直观的方式向世界展示了"中国速度"，让高品质的中国制造得到淋漓尽致地发挥和体现。

2019年12月30日，中国第一条智能化高铁线路——京张高铁开通运营。"复兴号"智能动车组在世界上首次实现时速350公里自动驾驶功能。5G信号、无线充电、智能灯光调节、无级变色车窗、无障碍设施……人们惊叹"复兴号"智能动车组集中了这么多的"黑科技"。

2021年6月25日，"复兴号"智能动车组集中上线运行，扩大到京沪、京广、京哈多条高铁线开行。就在同一天，拉林铁路开通运营，"复兴号"高原双源动力集中动车组首次开上青藏高原，历史性地实现"复兴号"对31个省（区、市）的全覆盖。

2022年4月12日和21日，新型"复兴号"高速综合检测列车在郑州至重庆高速铁路巴东至万州段，成功实现隧道内单列时速403公里、相对交会时速达806公里；在济南至郑州高铁濮阳至郑州段成功实现明线上单列时速435公里、相对交会时速达870公里，创造了高铁动车组列车明线和隧道交会速度世界纪录。

如今，"复兴号"动车组已经成长为一个"大家族"，正朝着系列化、品牌化方向发展。已研制出适应不同需求的时速350公里17辆长编组、时速250公里8辆编组、时速160公里动力集中等多款新型动车组，及动力集中、双层等系列化动车组……还将根据运输市场需求，逐步研发CR300和CR200系列"复兴号"动车组。

"复兴号"成为全球运行速度最快、更安全、更可靠的动车组列车。目前，中国已经成为世界上少数几个能够提供包括基础设施、移动装备、运营管理等高速铁路成套技术的国家之一。

合（肥）福（州）高铁建设现场

第4章

高铁外交

李克强说，如今高铁已成为广大民众出行、旅游最为方便快捷的交通工具之一，也是中国装备制造的一张“黄金名片”。

2015年8月13日，印度尼西亚首都雅加达，阳光明媚。由中国铁路总公司主办的“中国高速铁路展”在这里隆重开展。亮丽大气的中国标准动车组、CRH380A动车组、CRH6城际列车等模型，代表着世界上最先进的高铁技术装备，吸引着当地民众踊跃参观，叹为观止。

随着中国“一带一路”倡议的推进和技术装备“走出去”，中国高铁走出国门、走向世界，成为名副其实的“中国名片”，为世界打开了一扇看中国的窗口。让世人在认知博大精深的华夏文明的同时，领略当下中国的现代工业文明。“一带一路”建设，关键是路，高速铁路无疑是沿线国家走向富裕的康庄大道。让世界各国分享中国先进的高铁技术成果，让高铁造福于世界人民。

实施中国高铁“走出去”战略，这是继“乒乓外交”“熊猫外交”“借款外交”之后，中国再次启动的新的引人注目的外交形式——“高铁外交”。对于一直睁大眼睛看中国的国际社会来说，中国高铁无疑是一张靓丽名片，展现着新时代“中国智慧”的魅力。不论是害怕输掉优势的日本，还是担心输在起跑线上的美国，“高铁热”在中国“高铁外交”的催化下不断升温。“高铁外交”已基本形成以发展中国家为主的国际市场布局。

中国工程院院士、高铁专家王梦恕说：“中国的高铁技术已被许多国家所公认，这也是中国高铁敢于走出国外的原因。高铁技术在本质上也反映了中国科学技术的整体水平，是中国的自豪和骄傲。”

1 高铁与这个世界

早在1985年，美国儿童文学作家克里斯·凡·艾斯伯格出版了一本名叫《极地特快》的小说，风靡一时。2004年，这部小说被改编成电影。故事里的小主人公克劳斯坚信圣诞老人的存在，并在圣诞节前夕的梦境中登上了通往北极的“极地特快”。无尽延伸的钢轨，穿过冰雪覆盖的田野，欢闹的列车一路狂飙，终于将这位小男孩和他途中遇到的伙伴送到了北极。

这部电影的奇幻美好想象在于，未来的钢轨，犹如血管一样将串联起整个地球村。于是，这世界将变得无比精彩起来，充满了更多情节和故事。

从1825年英国修建世界第一条公共服务铁路算起，至今铁路已有近200年的发展史。从1964年10月1日通车运营的东京与新大阪间的东海道新干线算起，至今高铁也已经跨过半个世纪。

自从有了铁路，人们的移动速度大大加快，让世界各地间的距离大大缩小。由此，战略家开始以铁路为经纬谋划世界格局。而高速铁路的横空出世，让这个世界的联系更加紧密，让世界格局更具有前瞻性和战略性，相互间的往来更加通达、快捷与便利。

世界铁路经历了大建设，也经历了低潮期，随着高铁的出现，铁路迎来了再一次高速发展的机会。日本是世界上最早发展高速铁路的国家，20

世纪50年代后期，日本经济复苏，日本政府明智决策，在工业经济发达的地区建设东海道新干线高速铁路。高铁为战后的日本插上了腾飞的翅膀。

高速铁路适应现代经济和社会生活对运输数量和质量的新需求，使人们重新认识到铁路的价值。继日本之后，德国、法国、意大利、西班牙等国相继建成高铁，并逐步形成了高速铁路网。高铁以其速度快、运能大、安全好和耗能低等其他交通工具无法抗衡的优势，越来越大地影响着这个世界。

随着海洋特大桥、特长隧道技术的突破，高铁将跨越大洋，成为飞越世界的交通脊梁。世界各国可以通过高铁，快速地进行资源、技术的交换，新需求、新投资也将被不断催生，从而有力带动欧亚大陆的经济整合。

高铁将世界经济体紧紧地联系在一起。

投向世界的目光

1991年6月，北京梅地亚中心。

一个有关高速铁路的国际研讨会在这里举行。

参加研讨会的只有两个国家，一个是主持国中国，另一个是主讲国法国。会议的主题是，如何提高旅客列车速度。两国的铁路专家欢聚一堂，就旅客列车的高速度问题，七嘴八舌，建言献策。

这年，法国高速铁路尽管只有700多公里，却已经让中国铁路人羡慕不已。法国TGV一直以“高速度”享誉全球。就在一年前，1990年5月18日，法国高速列车（TGV）创下了时速515.3公里的世界轮轨最高试验速度。

法国很好地把握了高速铁路的发展时机，率先进入了交通运输工具多样化的时代。尽管中国与法国国情不同、经济和社会发展的阶段不同，但是在重要地区和大城市间的主要运输通道内的动力布局的高度集中化，呈现的客货运量集中化的情况却是一致的。中国铁路人有意向法国同行讨教和学习。

专家们一致认为，世界高速铁路发展已经成为一种不可阻挡的历史潮流，没有经济、节能、清洁、有序的强大运力为骨干的交通手段，就不可能构成新时代的运输大通道，而没有繁荣城市间的运输大通道，就不可能推动经济的快速增长。

在这次中法高铁国际研讨会后，中国铁路部门又相继组织了日本、德国、法国，以及西班牙、瑞典等国来华参加的高铁技术研讨会，世界银行专家也多次来华共同研究中国高速铁路的建设课题。

众所周知，交通运输是能源消耗大户，全球超过 40% 的石油消耗在交通运输部门。在 20 世纪 40 年代前的 100 多年中，铁路以其运量大、能耗低、全天候等技术特征而被全世界广泛推崇，同时也作为陆路运输的“老大”，在各种运输方式中占据绝对主导地位。

随着汽车技术的不断改进、高速公路的大量建成，以及民用航空的快速发展，被看作是“夕阳产业”的铁路进入

运行在海南岛西环高铁线上的高速列车

了全面的衰退时期。直到 1964 年 10 月，世界第一条高速铁路——日本新干线建成通车，铁路发展再次被世界所关注。

此后的 30 年里，高速铁路以其安全、快速、准时、舒适、节能、污染少等方面的一系列技术经济优势，博得社会大众广泛支持和欢迎，引领了当今世界铁路发展的二次繁荣。特别是高速铁路的低碳排放，使其成为交通发展新技术的赢家。

速度快：以最高时速 300 公里计算，已超过小汽车 1 倍以上，为亚音速飞机的三分之一，短途飞机的二分之一，从节约总旅行时间看，在距离 100 至 700 公里范围内优于高速公路和航空。

运能大：日本东海道新干线最高年运量曾达1.7亿人。运能是航空的10倍、高速公路的5倍，但运输成本只是航空的四分之三、高速公路的五分之二。客货分线后，既有线以货为主，可兼收提高货运能力和货物送达速度的双重效果。

安全好：高速铁路比普速铁路和其他交通工具事故率低得多，日本新干线运营半个多世纪，杜绝了事故的发生。

汽车和航空占地面积大而运量小。一条双向四车道高速公路占地面积，是复线高速铁路的1.6倍；一个大型飞机场占地面积，相当于建1000公里复线高速铁路。

法国是欧洲最早拥有高速铁路的国家。1978年，法国第一条高速铁路巴黎至里昂的东南TGV线建成并投入运营，首创最高运营时速270公里。

1981年9月，法国TGV东南线高速铁路（巴黎至里昂）南段投入运营。两年后北段开通运营，东南线全长417公里，最高时速为270 公里，为当时世界轮轨速度之最。尔后，法国TGV高速铁路的技术速度屡创新高，一直牢牢占据高速轮轨的速度桂冠，以“高速度”享誉全球。如今，法国拥有欧洲大陆上唯一一条里程超过1000公里的高速铁路运营线路——加来至马赛TGV高速铁路。列车的平均时速超过300公里，运行状况十分稳定。目前，法国形成了以巴黎为中心、辐射各城市及周边国家的铁路网络。

德国ICE高速列车研究始于1979年，但直到1991年6月才正式投入运营，而且建设之初的基本定位为客货共线运输。德国一直在进行高速轮轨和磁悬浮的“双线作战”。由于后者在技术上具备没有固态摩擦的先天优势，德国更侧重于磁悬浮技术。德国的ICE在世界高速铁路技术领域享有较高声誉，比利时、荷兰、瑞士、奥地利以及中国等都有采用ICE高铁技术。

德国高铁建立在对原有技术状态较好的线路的改造基础上，只修了几段新线。现已建成总长约1500公里的高速运输走廊。采取客货分时混运组织模式，白天开行时速200至250公里的高速列车，夜间开行时速120公里的货物列车。

1992年4月，在巴塞罗那奥运会前夕，西班牙马德里至塞维利亚首条高铁开通。由此，西班牙赶上了世界高速轮轨发展步伐。这条高铁引进了法、德两国技术，最高时速达 300 公里。随后，西班牙继续加快高速列车的发展，制定了新的路网规划，正在修建和计划修建的有多条高铁。

1992 年 6 月，韩国动工修建汉城至釜山高速铁路，线路全部自己设计，通过国际招标，确定引进 TGV 高速列车技术，以合作方式在韩国生产制造，最高时速可达 300 公里以上，线路总长度为 420 公里。2004 年 3 月 31 日建成，其建造时间长达 12 年。

2007 年 1 月 5 日，经过 8 年时间筹建，中国台湾省境内的台北至高雄高铁开通运营。线路全长 345 公里，时速达到 300 公里，全程 90 分钟，比原有的特快列车所需的 4 小时缩短两个多小时。招标中，欧铁联盟（主要厂商为德国的西门子和法国的阿尔斯通）曾击败日本，后因德国发生高铁事故，日本卷土重来，最终台湾高铁将日本新干线系统与欧洲高铁系统混合使用，由此造成了技术上的不兼容，给台湾高铁的正常运行埋下了阴影。

纵览世界高铁发展，其成功需要具备两个基本条件。一是地处人口密集城市和地区，社会经济发展整体水平较高，有充足的客流，且人们对运输服务的时效性、安全性、舒适性等要求比较高，同时也能承受相对较高的运输价格。这样，有利于实现高铁在建设、运行与维护方面的经济平衡，保证高铁发展在财务上的可持续。二是具备很好的科技基础和良好的人力资源储备，能够保证高铁在技术层面的相关要求。

高铁适合中国国情，其技术经济优势在中国有可能得到最充分的发挥。中国人均资源紧缺，人均耕地面积仅为世界平均值的三分之一，能源资源仅为二分之一。生态环境问题突出，交通安全形势严峻，最大的问题是人口众多，客运能力严重不足，建设高速铁路还可以充分发挥其能力大的优势。

就现阶段中国社会消费水平而言，相对航空价廉的高铁运输较易为广大人民群众接受。因此，在 21 世纪初中国经济和社会条件下，高铁的一系列技术经济优势可以得到最充分的发挥。尤其是在经济发达、人口密集、客流量高度集中的京沪运输大通道上，建设高速铁路无疑是最佳选择。对于建设符合中国人口、资源特色的交通运输体系具有重要意义。

回顾世界高速铁路的发展，大体经历了三次大的建设浪潮：

第一次浪潮，即高铁的起步发展阶段，是在20世纪50年代末至90年代初。以日本为首的第一代高速铁路的建成，大幅缩短了人们交流交往的时空距离，极大促进了区域经济特别是铁路沿线地区经济的快速发展，带动了房地产、工业机械、钢铁、冶金等相关产业的全面进步。随着高速铁路的出现，曾经一落千丈的铁路市场份额大幅回升，铁路运输企业的经济效益明显好转，铁路“夕阳工业”的负面形象彻底改观。据统计，法国巴黎至里昂的TGV线在投入运营的第二年净盈余便实现正增长，投资回报率超过12%。

第二次浪潮，即高铁在欧洲的大发展阶段，是在20世纪90年代初至90年代末。随着高铁的快速发展及技术的不断进步，高铁的多方面优势日益显现，欧洲一些土地资源较为稀缺的发达国家，如法国、德国、意大利、西班牙、比利时、荷兰、瑞典、英国等，修建高铁的热情进一步高涨，大部分国家都致力于大规模修建本国或跨国界高铁，逐步形成覆盖欧洲的高铁网。高铁在欧洲大陆掀起的建设高潮，不仅仅是铁路自身发展以及提高内部效益水平的需要，更多也反映出国家和地区能源、环境等方面的综合要求。

第三次浪潮，即高速铁路在世界范围的大发展阶段，是在20世纪90年代末至今，仍将持续。20世纪90年代末后，高铁所带来的巨大经济效益和社会效益，使高铁建设与发展在国际社会的更广层面上得到认可。2003年10月12日，中国第一条客运专线秦沈客专正式开通运营；2007年1月，中国第一条时速300公里的高铁在台湾投入运营；2008年8月，中国第一条时速350公里的高铁京津城际铁路正式开通运营。以中国为代表的高速铁路的迅速发展，将世界高速铁路的发展推向了一个新的历史高潮。

从某种意义上讲，在第三次浪潮表现中，中国高铁引领了世界潮流。有人说，高铁之于中国，是一场经济地理革命；有人说，高铁之于国人，是一个时空观念上的革命，将中国变小、世界变大。目前，美国、俄罗斯、澳大利亚、沙特阿拉伯、巴西等国家纷纷制定了规模空前的高铁发展计划。特别是包括法国、西班牙等“高铁元老”在内的欧洲国家，也再一次显示出加快高铁发展的雄心壮志。可以预见，全球高铁发展将很快迎来下一个“黄金时期”。

中国外交新名片

中国和平崛起，需要务实外交、互利外交、实力外交。

随着中国高铁建设的突飞猛进，中国高铁已经成为一个品牌，甚至是一张国家名片，在国际社会产生了重大影响。中国高铁以前所未有的速度和广度出海，不断刷新着人们的认知，成为对外交往、国家领导人出访的外交新名片。

“高铁外交”是技术集成、产业配套、重大装备、国际融资、国际贸易、国际关系协调等的综合能力的表现。北京外交学院外交学系教授苏浩认为，高铁作为一个重要的中国外交手段，有着非常重要的外交内涵。高铁外交对于促进中国和周边国家乃至与世界上其他国家地区的合作，都有着十分重大的意义。

近几年来，向世界各国尤其是东南亚、中亚国家推销高速铁路，这已成为中国外交的一个重要课题。并已经与多个国家达成共识或意向，进入探讨技术层面的阶段。高铁外交作为“一带一路”的重要突破口，是更加紧密地连接中国与东南亚国家的重要通道。

习近平主席利用出访和会见各国领导人的多种机会，向国际社会宣传中国高铁，探讨和推进高铁合作项目，展示中国“高铁外交”魅力。2015 年 4 月 22 日，习近平主席在雅加达会见印度尼西亚总统佐科，双方见证了两国高速铁路项目合作文件的签署。习近平表示，中方愿鼓励更多有实力的中国企业参与印尼基础设施建设和运营。

2015 年 5 月 8 日，赴俄罗斯参加卫国战争胜利 70 周年活动的中国国家主席习近平，在莫斯科克里姆林宫会见了俄罗斯总统普京。中俄之间将会见作为了两国元首的峰会。双方签署了包括共用格洛纳斯和北斗导航系统、信息安全政府间协议、莫斯科至喀山高铁建设等数十份协议。

2017 年 6 月 8 日，正在哈萨克斯坦访问的国家主席习近平，在哈萨克斯坦总统纳扎尔巴耶夫的陪同下，参观阿斯塔纳专项世博会中国国家馆。在“智慧能源的一天”展区参观时，习近平邀请纳扎尔巴耶夫体验高铁模拟驾驶。纳扎尔巴耶夫兴奋地试驾了展厅内的中国高铁体验舱。车号为G2017次的“高速列车”，从陕西西安出发，“高速行驶”，一路开到阿斯塔纳世博园。

中国高铁体验舱内欢声笑语。

作为国民眼中的“高铁代言人”，李克强总理走到哪里，“超级推销”的旋风就刮到哪里。向外方推介中国高铁，几乎成了李克强出访的必做功课。他在不同场合对中国高铁优势进行的不同阐述，形成了著名的“高铁三论”，即技术论：技术先进、安全可靠；价格论：价格低，性价比高；运营论：运营经验丰富。体现了中国政府对高铁走向国际市场的决心和信心。

早在2013年，李克强就开始了自己的“高铁外交”，分别向泰国、澳大利亚、中东欧、非洲、英国、美国等地推销过中国高铁，引发国际强烈关注和热议。

2014年6月16日，李克强抵达伦敦希思罗机场，开始对英国进行正式访问。2003年英国开通第一条跨国线路的高铁（HS1），从伦敦穿越英吉利海峡至法国巴黎，著名的“欧洲之星”就取道HS1轨道。2012年，英国首相卡梅伦宣布启动英国的第二条高铁（HS2）项目。李克强在英国访问期间，中英有关部门签署了《铁路交通领域合作谅解备忘录》。尽管没有更具体的合作文件，但外界普遍预期中国方面可能投标申请HS2的运营权，或投资于沿线外围项目如车站周围开发。

加拿大《埃得蒙顿日报》报道说，中国正在与欧洲谈判修建高速铁路网，利用英吉利海峡隧道，该铁路网最终能够把乘客从伦敦带到北京，然后再送到新加坡。该文章称“新的高速铁路网可能比空中旅行还要好”，乘客能够在伦敦登上列车，两天后便在直线距离8100公里远的北京下车，还可以继续乘坐火车向前行驶，3天后在相距10800公里远的新加坡下车。而人们坐飞机从伦敦到北京也需要10个小时。

2013年10月，李克强访问泰国期间，中泰两国在曼谷签署了《中泰关系发展远景规划》。中方有意参与廊开至帕栖高速铁路系统项目建设，同意泰国以农产品抵偿部分项目费用。这一合作方式，后来被媒体形容为“大米换高铁”。后因泰国政局变动，英拉政府下台，中泰高铁项目也被搁置。近几年来，中泰铁路合作项目波澜起伏，一直受到国际舆论的关注。

2014年12月23日上午，泰国新任总理巴育和夫人以及随行人员，在北京南站搭乘京津城际高速列车。当列车时速达到306公里时，中方陪同人员请巴育看显示屏。“丝毫没有感觉，以为还挺慢，结果已经很快了。”巴育说，“我喜欢很快的速度。”

根据公开报道的不完全统计，截至2015年底，李克强担任国务院总理后跟外国政要通过会面或通电话的形式，至少92次提到铁路合作，7次会见泰国政要，其中4次会见泰国总理巴育。

2015年11月25日上午，江南苏州阳光明媚。

苏州北站高铁站台上，一列崭新的高速列车迎候李克强总理和远道而来的贵宾。车身上，中国与中东欧16国国旗以及“16+1 > 17”的标志分外醒目。此前一天，他以“高速列车”妙喻16+1合作，并向前来苏州参加第四次中国—中东欧国家领导人会晤的客人们发出邀请：共同乘坐“既舒适又安全”的中国高铁。

这应该是李克强为中国高铁做的性价比最高的一次“代言”了：中国总理邀请中东欧16国领导人一起乘坐中国高铁。

11时整，“和谐号”高速列车从苏州北站始发，开始了一段让“16+1合作”加速前行的旅程。车厢里，李克强同各国领导人亲切交谈，共话合作。他微笑着，侃侃而谈。

李克强说，如今高铁已成为广大民众出行、旅游最为方便快捷的交通工具之一，也是中国装备制造的一张“黄金名片”。中方愿同有需求的国家分享这一成果。李克强表示：“中国高铁技术先进、安全可靠，成本具有竞争优势。”这句话，无疑成为对中国高铁竞争力优势的最凝练概括。

一路上，16国领导人频频赞赏中国高铁运行得很平稳、很舒适。他们从沿途风光中感受中国城市发展和现代化建设的勃勃生机。

11时22分，列车正点抵达上海虹桥站。百公里的高铁旅程，见证了李克强这场别开生面的“高铁外交”。

2021年3月22日，由中国公司承建的匈塞铁路塞尔维亚巴塔吉尼卡至旧帕佐瓦段左线建成通车。匈塞铁路全长350公里，设计时速200公里。全线通车后，塞尔维亚首都贝尔格莱德至匈牙利首都布达佩斯的火车车程仅需不到3小时，将大大改善当地民众的交通便利水平，缩短塞尔维亚至欧洲腹地的运行时间。

时间追溯到2013年11月25日，在罗马尼亚布加勒斯特召开的中东欧—中国国家领导人会晤时，李克强与匈牙利总理欧尔班和塞尔维亚总理达契奇共同宣布，合作改造升级匈塞铁路，造福于两国人民。

“高铁外交”是一张中国名片，同时也是一张面向世界的中国文化邀请函。通过高铁外交这张门票，中国高铁可以昂首阔步地走进世界高铁殿堂，以其科学、严谨的专业精神，安全舒适的制造工艺，推广中国高铁文化，树立中国高铁良好的品牌形象。通过修建跨境高铁，促进沿线各国民众的交通往来，扩大经济和文化交流，向世界传播中国文化。

中国高铁“走出去”

“中国高铁”品牌在世界范围的认知度飞速提升，越来越多的国家和地区开始关注中国高铁发展。专家认为，中国高铁桥隧、路基等轨下土建工程、轨道结构技术处于国际领先水平；高速动车组技术处于国际先进水平；高铁总体设计、施工、运营、快速建设技术，从安全、可靠、适用、经济、先进五大指标进行对比，总体技术处于国际领先水平。

从20世纪80年代开始，中国高铁在学习借鉴世界高铁建设经验基础上，结合中国国情和路情，选择了一个综合的、取各家之长的发展模式。建立起了从勘察设计、工程建设、设备制造、项目验收到运营维护、人员培训等系统配套的高铁安全保障体系。正是因为如此，中国高铁拥有集成优势，可在工务工程、通信信号、牵引供电、动车组制造等方面，提供一揽子出口，实现与欧洲等国家的高铁技术兼容。而这也是其他国家铁路难以实现的，因为他们的技术是分别掌握在很多家不同公司的手中。

中国高铁不仅技术可靠，建设成

本每公里只有 0.33 亿美元，相较于其他国家每公里 0.5 亿美元，相差三分之一，具有明显的价格优势。“和谐号”“复兴号”动车组的价格相当于国外同类产品的一半到四分之三之间。同时，在人工、原材料上也有价格优势，超高的性价比非常适合发展中国家。这些优势使中国高铁具备了参与国际竞争的实力。

同济大学教授孙章认为，中国高铁“走出去”宜采取稳步推进的策略，即“三个先”战略，就是先土建，后车辆；先时速 250 公里，后时速 350 公里；先中外合资企业，后国内独资企业。这样做比较稳妥，开头似乎慢一些，但从长远看，积累经验后会越来越快。

2013 年，中国高铁“走出去”真正进入全面发展阶段。这年习近平主席提出了“一带一路”倡议，为进一步开拓国际市场提供了有力的政策支持，中国高铁“走出去”步入实质推进阶段。

自 20 世纪 70 年代起，中国就开始了走出国门修建铁路。在国民经济极端困难的情况下，援助修建了坦桑尼亚—赞比亚铁路，这是中国铁路走向世界的起点。这条铁路现在已经成为中国铁路的样板工程，以其艰苦的建造过程、过硬的建造质量和深远的影响吸引了非洲乃至全世界的目光。

2014 年 7 月 25 日，土耳其安卡拉至伊斯坦布尔高铁顺利通车。这是中国高铁技术首次进入欧洲。当年丝绸之路的起点是中国长安，终点就是土耳其的伊斯坦布尔。土耳其作为进入欧洲的门户，一直采用欧洲铁路标准，安伊高铁的通车，对于中国进入欧洲市场具有积极的示范作用。时速 250 公里的安伊高铁高效运营，展示了中国高铁技术实力，印证了中国高铁标准的可靠性和适用性。

时任中国铁路总公司国际合作部主任陈觉民认为，在众多想与中国合作建设高速铁路、吸取发展高铁经验的国家中，有三个国家最有代表性。一个是铁路的“鼻祖”英国，一个是铁路的“老大”美国，一个是中国铁路发展的“老师”俄罗斯。

对于中国高铁，美国国会众议院议长佩洛西说：“不坐在京津城际的动车组上，就感觉不到中国铁路的高速度，也就感受不到中国经济的高速度。”英国交通大臣阿多尼斯勋爵说：

2015 年 8 月 13 日，“中国高速铁路展”在印度尼西亚首都雅加达举行。中国高速列车模型备受赞誉。

“在高速铁路建设领域，中国比英国先进。对英国来说，中国的经验很有借鉴意义。”至于俄罗斯，其高铁兴趣则更是浓厚。

2014年10月13日，国务院总理李克强在莫斯科同俄罗斯总理梅德韦杰夫共同主持中俄总理第十九次定期会晤，共同签署联合公报。双方表示，加强采矿、化工、农业、基础设施等领域重大投资项目合作，推进构建北京至莫斯科的欧亚高速运输走廊，优先实施莫斯科至喀山高铁项目。在两国总理的共同见证下，中国发改委与俄罗斯运输部、中国铁路总公司与俄国家铁路公司四方签署高铁合作备忘录。

在高寒地区修建高铁，中国已经做出了样版。2012年12月1日，世界第一条时速350公里哈尔滨至大连高寒高铁投入运营。根据最近30年的气象记录，东北三省全年温差达到80℃，是中国最为寒冷、也是温差最大的地区。中国高铁在这样冷的地方经受住了考验，显然为世界高寒地区修建高铁作出了示范。

莫斯科至北京的高铁全长超过7000公里，途经俄罗斯、哈萨克斯坦和中国三国。莫斯科—喀山高铁地处高寒地区，是欧亚高速运输走廊的试点项目，总长770公里，最高设计时速400公里。全线建成后，莫斯科至喀山间的列车运行时间将从现在的11小时30分压缩至3小时30分。这条高铁最终将延伸至北京，将北京至莫斯科之间的铁路运行时间由6天5夜缩短至两天一夜。并以此打造“莫斯科—北京”欧亚高速运输通道。

事实上，梳理中俄之间的历史图谱，铁路始终是一个绕不开的重要意象。1954年1月31日，北京至莫斯科的直达旅客列车正式通车。几十年来，这趟列车承载了两地之间许多时代的记忆。当年两个异国小女孩并排坐在这趟国际列车车厢里笑容可掬的黑白照片广为流传，成为这份友好睦邻记忆的见证。横贯欧亚大陆，单程9050公里，这趟中俄历史上最悠久的国际列车，为全球国际列车里程之最，被视为“中俄友谊的象征”。

2016年1月21日，印度尼西亚雅加达至万隆高速铁路开工仪式在瓦利尼车站举行，标志着中国、印尼铁路合作取得重大进展。习近平主席为项目开工致信祝贺，印度尼西亚总统佐科出席仪式并致辞。

高速列车穿越京广高铁韶关段

印尼雅万高铁是中国在海外的第一个“整体出口”高铁项目，由中国和印尼企业合作建设和运营。为争夺雅万能高铁项目，日本机关算尽，多次搅局，中日竞争趋于白热化。雅万高铁是中国高铁第一次全系统、全要素、全产业链走出国门，全面采用中国标准、中国技术、中国装备，中方参与勘察、设计、建设、运营、管理全过程。中国自主研发的设备和技术都应用到了印尼高铁建设当中，这是中国“走出去”的重要收获。

雅万高铁全长150公里，连接印度尼西亚首都雅加达和第四大城市万隆，最高设计时速350公里。预计2022年年底全线通车，届时雅加达到万隆间的旅行时间，将由现在的3个多小时缩短至40分钟。

中印合建雅万高铁，充分证明了中国的“21世纪海上丝绸之路”与印度尼西亚“全球海洋支点”愿景是兼容的。在雅万高铁建设当中，中方还向印尼转移高铁技术，进行本地化生产，帮助印尼培训高铁管理和运营人才，在推动中国高铁走出去的同时，将中国高铁技术与经验带到印尼，与印尼人民分享中国高铁的发展成就。

2015年12月19日下午，在泰国清惹克侬火车站，中泰铁路项目启动仪式正式举行。曼谷至廊开铁路设计时速180公里，预留时速250公里提速条件，将全部使用中国技术、标准和装备。标志着一波三折的中泰铁路合作，终于一锤定音。

2017年12月21日下午，泰国首条高铁——中泰铁路合作项目一期工程（曼谷—呵叻段）在泰国呵叻府巴冲县举行开工仪式。这段高铁全长253公里，最高设计时速250公里。从蓝图变成现实，意味着中国“高铁外交”棋局再落一子。

2019年10月24日下午，在泰国总理巴育的见证下，泰国东部经济走廊（EEC）连接三机场高铁项目在泰国总理府和平友谊楼举行协议签约仪式。中国企业签约的这个海外高铁投资项目，总投资折合524亿元人民币。

借助机场快轨和高铁，总里程220公里，把泰国的廊曼机场、素万那普机场和乌塔堡机场三大主要机场连接起来，最高时速250公里，建设期5年。高铁项目建成后，将直接产生约1.6万个就业岗位，极大地带动区域内城市化发展。

高速列车穿行郑州高铁干线交会处

时间和历史都会见证，中国高铁“走出去”将会为更多的国家和地区带来发展机遇，也为无数人们带去切实可得的实惠。中国“走出去”不仅仅是一张高铁名片，而是构建人类命运共同体的责任感。中国高铁“走出去”，对中国高科技产业输出起到引领作用，必将带动一大批高科技产业腾飞，用钢轨和高速动车组连接起国际间的友谊纽带，有助于“中国制造”向“中国创造”的历史性转变，提升中国企业国际影响力，促进国家间的互利共赢和共同发展。

中国高铁之所以能受到国际社会的普遍关注，源于中国高铁技术的全方位优势。我国以原始创新为主，在高铁路基、轨道、长大桥梁、长大隧道、大型客站和系统集成等方面攻克了大量世界性技术难题，系统掌握了不同气候环境、不同地质条件下建造高铁的成套技术。修建了沪苏通铁路长江大桥、五峰山长江大桥等多座主跨超千米的世界级大跨度高铁桥梁；建成了广深港高铁狮子洋隧道、西成高铁秦岭隧道群等多座10公里以上的长大高铁隧道；建成了世界上最大的高铁网，京沪高铁、兰新高铁、京广高铁、沪昆高铁，都是世界上最长的高铁，树立起了一个“中国样板”。

专家分析，中国高铁“走出去”可分为两个层次，第一个是轨道交通装备出口，属于货物贸易；第二个是铁路系统出口，即不仅仅提供动车组、信号系统等设备，而且铺设整条铁路，属于货物贸易与服务贸易的结合。在轨道交通装备出口层面，中国已积累了较长时间的成功经验。

有数据表明，在一些国家，中国轨道交通装备已占据了当地市场很大份额，建立了相当稳固的市场信誉。在油气资源丰富、社会福利保障体系完备的土库曼斯坦，在中国中信建设公司组织出口的两批车厢交货之后，该国80%的客车车厢已是中国制造。

2014年12月30日，中国南车、中国北车发布联合公告，正式宣布双方将依据“对等合并、着眼未来”等原则实现合并，合并后的新公司更名为“中国中车股份有限公司”。由此，一个世界级的高铁巨无霸——“中国中车”诞生。旗下的30多家工厂，生产的机车以及铁路装备覆盖了80%的国内市场需求，还出口至全球80多个国家和地区，覆盖了全球市场10%的需求。

合并前，不论是中国南车还是中国北车，都已经是全球营业额最高的铁路装备制造商，遥遥领先西门子、阿尔斯通、庞巴迪以及日本的一些企业。新组建的中国中车，将作为整体“中国铁路”迎战在东南亚和南美等国家和地区，与日美欧巨头进行日趋激烈的订单竞争，重塑世界高铁竞争格局，有助于推动中国铁路装备进军国际市场。

中国高铁与世界接轨，靠得是实力，拼得是技术，赢得是人心。高铁工程、商品输出与资本输出相结合，大大提升了中国在全球产业体系中的地位，有力地促进中国出口结构升级，赢得更多、更广阔的海外市场，大大提升“中国制造”的形象。它向世界打开了一扇展示中国的窗口，让世人在认知博大精深的中华文明的基础上，领略当下中国的现代工业文明；在展示多姿多彩的中国元素和文化特色的同时，促进中国文化和科技与世界的融合。

2016年3月5日，国务院总理李克强在《政府工作报告》中指出：“高铁、核电等中国装备走出去取得突破性进展。”话语虽短，含义却深，“突破性”一词显示了高铁走出去的重大成就，表明了中国高铁世界版图正在不断扩大。

中国高铁出海已经渐趋成熟，已与多个国家进行了高铁合作或合作洽谈，有些项目已经开始实施。中国高铁的版图已经扩展到了亚、欧、非、美等五大洲数十个国家和地区，其中包括土耳其、委内瑞拉、沙特阿拉伯、利比亚、伊朗、泰国、缅甸、老挝、柬埔寨、马来西亚、新加坡、美国、俄罗斯等国家。

截至2019年底，中国已经和50多个国家和地区建立起了高速铁路合作关系，中国铁路企业与约30个国家合作洽谈约近万公里的海外高铁项目。雅万高铁、中泰铁路、匈塞铁路等一系列标志性国际高铁合作项目，展示了中国力量和中国形象。

中国高铁大踏步地走向世界。受中国高铁不断取得成功的带动，目前全球都涌动着一股高铁热，世界各国纷纷拟定了高铁发展规划，世界正在进入“高铁时代”。

2

“地球村”的高铁梦

我和你，在一起，同住“地球村”。

从古至今，交通一直是经济的脉络和文明的纽带。从古丝绸之路的驼铃声声，到航海时代的七艕帆影，再到现代交通网络的四通八达，交通推动经济融通、人文交流，使整个世界紧密相连。

人类的生存与发展，在时间中延续，在空间中拓展。节省时间，就是延长生命，拓展空间，就是放大生命。高铁创造的新速度，让世界变小，模糊了地域界限，淡化了文化差异，开创了新的生活。

长期以来，欧亚大陆上那片广袤的、船舶不能到达的心脏地带，一直都是马和骆驼的天下，任凭游牧民族纵横驰骋。蒸汽机和苏伊士运河的出现，增强了海上强国的机动性，而横贯大陆的铁路则增强了欧亚心脏地带的机动性。而今天正在布满铁路的地区，正是世界政治、经济的一个枢纽区域。

2013 年 9 月和 10 月，中国国家主席习近平在访问哈萨克斯坦和印度尼西亚时提出倡议，共建“丝绸之路经济带”和“21 世纪海上丝绸之路”。这是在全球贸易格局不断变化形势下，中国连接世界的新型贸易之路。千百年来，丝绸之路和海上丝绸之路，作为古代中国与世界其他地区进行经济文化交流交往的通道，极大地推动了人类的文明进步。

“一带一路”涵盖东亚、中亚、南亚、西亚、东南亚以及中东欧、东非、北非等国家和地区，总人口约44亿，经济总量约21万亿美元，分别约占全球的63%和29%。面对如此庞大的经济总量和人口数量，要实现“一带一路”的货畅其流、人便其行，大运量、高速度的铁路交通，无疑是最现实、最经济和最可靠的选择。

遥想当年，东方向欧洲提供他们渴望的绝妙奢侈品珠宝、丝绸、美玉。沿着这条尘土飞扬的商旅路线，即著名的丝绸之路，把这些产品送往欧洲。如今，中国已经成为世界工厂，而欧洲对中国的出口产品有着远无止境的需求。随着港口变得拥挤，交货时间变得越发重要，中国及周边国家再度把目光投向贯穿亚洲的古老的陆地线路。

高铁梦是地球村最时尚的梦想。快速、畅通的交通，是通向一切梦想的基础。早在2009年，中国正式提出高铁“走出去”战略，开始设想国际高铁发展规划，倡导推动建设三条国际高铁线路：一条是欧亚高铁，从伦敦出发，经巴黎、柏林、华沙、基辅，过莫斯科后分成两支，一支入哈萨克斯坦，另一支遥指远东的哈巴罗夫斯克，之后进入中国境内的满洲里；一条是中亚高铁，从新疆乌鲁木齐出发，经由哈萨克斯坦、乌兹别克斯坦、土库曼斯坦、伊朗、土耳其等国家，最终到达德国；一条是泛亚高铁，从昆明出发，经由越南、柬埔寨等东南亚国家，绕道老挝，连接泰国，经过马来西亚，抵达新加坡。

中国高铁的示范作用，为构想中的欧亚、泛亚铁路大通道提供了样版。中国人用自己的智慧和创新精神汇聚而成的世界最高水平铁路，再次吸引了全世界的目光。世界各地对高铁的实际需求，亦为中国高铁走向世界提供了前所未有的机遇。

“世界岛”遐想

在英国地理学家哈尔福德·麦金德爵士看来，欧亚非三大洲合起来就是茫茫世界海洋中的一个岛，谓之“世界岛”，那么欧亚大陆的中部就是世界岛的心脏地带。

公元1492年8月3日，哥伦布

带领航船从西班牙的巴罗斯出发，经过80多天的海上搏击，于10月28日抵达古巴。哥伦布以为，这里应该属于大汗的领域，是中国大陆的一部分。他向当地的国王递交了依沙贝拉和菲迪南的国书。

1493年3月15日，哥伦布回到西班牙。人们都以为他找到了通往亚洲之路，哥伦布成了英雄，受到隆重欢迎。西班牙国王夫妇激动得热泪盈眶，为上帝赐给了他们无穷的财富振臂欢呼。按马可·波罗的说法，中国那个地方遍地是黄金。

这是个美丽的错误。直到1497年，伽玛绕过好望角到达印度，才到达了真正的亚洲。直到1519年至1522年，麦哲伦船队绕过南美，环绕地球一周后，人们才终于明白了地球是个圆的。从此，在人们的心目中，浩瀚无际的海洋不再令人望而生畏，而是聚集财富的蓝色坦途。

在国际政治学说中，一个重要的分支是地缘政治学说。在地缘政治学说中，最有名的论点之一就是麦金德的“世界岛”论。这位曾经的牛津大学地理系主任，提出了著名的“地缘政治学说”概念，他把欧亚大陆和非洲合称为“世界岛”，把世界岛最僻远的地方称为“腹地”。借助世界地图可以看出，这片陆地四周被大海包围，正是一片岛屿。

麦金德的这一名言集中体现了“心脏地带论”的思想，其中的“East Europe”，字面上是“东欧”，又似乎包括了“中亚”，比较多的说法是指称广阔的没有出海口的欧亚腹地。这一理论使人们联想到位于欧亚大陆两端之间、将东西方世界分开的那片广袤的人烟稀少的地区。

依据麦金德的表述，用一支红铅笔可以在世界地图上画出这样一道曲线：从俄国北部的白海开始，画到莫斯科，再穿过黑海和里海之间的高加索地区，画到伊朗腹地，然后再转向东北进入中国境内。这时要把中国的新疆、内蒙古都画进去，或许还要包括中国的西藏地区。到了大兴安岭后再顺着山脉的走向画，最后向北一直画到俄国的东西伯利亚湾。这道曲线加上俄国北部的海岸线就形成了一个封闭的地区，就是麦金德所说的欧亚大陆的“心脏地带论”。

然后，在这“心脏地带”的外围再画一条弧线，这条曲线要划进（或穿过）以下一些国家和地区：欧洲、非洲撒哈拉沙漠以北地区、土耳其、伊拉克、沙特阿拉伯、伊朗、巴基斯坦、印度、中南半岛、中国南部沿海地区、中国东部沿海地区、朝鲜半岛等。“心脏地带”的边界线和这道新线之间形成一片区域，它看起来像是一片新月，所以被麦金德称为“内新月地区”。

按照麦金德关于“世界岛”的遐想，中国实际上处于世界岛和边缘地区（即“内新月地区”），而沿边地区大多是世界岛的中心区域，地缘战略地位十分重要。在麦金德看来，海洋上的机动性，是大陆心脏地带的马和骆驼的机

高铁与这个世界（宣传画）

动性的天然敌手。

哥伦布以后的时代，现代俄国有组织地暴力取代了昔日的蒙古人，俄国通过哥萨克控制了整个欧亚内陆的大草原，蒸汽机和横贯欧亚的铁路也代替了过去马匹带来的机动性。很快，横贯大陆的铁路改变了陆上强国的状况。铁路在闭塞的欧亚心脏地带创造了更加伟大的奇迹，因为它直接代替了马和骆驼的机动性。换句话说，铁路的发展使欧亚大陆成为一个具有真正势力的统一整体，导致了国家或国家联盟的形成。

“丝绸之路经济带”从中国至西亚并通往欧洲，“21 世纪海上丝绸之路”则从中国经东南亚延伸至印度洋、阿拉伯海和海湾地区。有资料表明，欧亚从欧洲西部延伸至中国东部沿海，正迅速融合一个涵盖 60 多国、占世界 60% 人口、75% 的能源和全球 30% GDP 的宏大市场。中国的西部、北部、西南部，被认为是欧亚大陆“心脏地带”的一部分。撇开麦金德的大英帝国视角中所使用的“心脏地带”这个概念，从中国的地理空间角度来说，这一地区之所以被认为是历史的地理枢纽，原因是，中国的这一广大地域，是几大文明交汇的地带。在全球范围内，或许再也找不到一个区域能够与这个地域相比，是重要的力量源泉，能够创造出比其他地区多得多的人间奇迹来。

早在 1524 年，西班牙征服者埃尔南·科尔特斯就有一个著名论断：“谁控制了海洋之间的通路，谁就可以成为世界的主人。”熟悉西方地缘政治理论的人都知道，世界文明史就是陆上与海上的文明史，陆权的载体是铁路，海权的载体是船队，世界最主要的物流、人流、资源流，要么通过铁路，要么通过海洋来完成的。无疑，海洋之间的陆地通道，高铁是最佳选择。

于是，我们可以设想一下，在欧亚大陆建设高速铁路网，修建通往中亚、西亚、西欧、东南亚等地的高速铁路网，将来甚至要延长到北非。作为大陆支撑的海洋国家，中国要与有关国家联合建设高速铁路网，形成高铁丝绸之路，无疑是个明智的选择。从另一方面来看，面对如此庞大的经济总量和人口数量，要实现货畅其流、人便其行，大运量、高速度的铁路交通，无疑是最现实、最经济和最可靠的选择。如果修建亚欧非三块大陆的高铁，对于中国高铁走出去来说，无疑是一个巨大的“商机”，对沿线各国的发展也都具有重要的意义。

我们还可以设想，积极推进欧亚、中亚和泛亚三条高铁线路的落地，高铁的高速特性可以让资源能够在最短的时间里在各国之间快速地输入输出，加快沿线国家资源、技术的交换，从而有力带动欧亚大陆的经济整合。

2016 年 11 月 1 日，国际铁路联盟发布全球高铁发展状况报告显示：全球已建成运营的高铁里程为 35000 公里，在建的高铁里程为 15452 公里，已规划即将建设的高铁里程为 4264 公里，长期规划建设的高铁里程为 32065 公里，其中美洲的巴西、墨西哥、美国、加拿大共计 2829 公里，非洲的埃及、摩洛哥和南非合计 4080 公里。从区域来看，全球高铁市场主要集中在亚欧两地，未来约建 21760 公里。就市场发育情况而言，短期内亚洲高铁发展迅速，长期欧洲规模将接近亚洲。

瑞典欧盟研究所研究员艾莲娜·卡尔森曾撰文指出：“中国发展高铁是非常明智的选择，将在找到新的经济支撑点的同时，占据未来新能源利用制高点……”

我们有理由相信，未来世界，除了跨越海洋的洲际长途飞行非得依靠大飞机之外，一国的境内交通甚至是跨国交通中，将有很大的一部分被更安全的高铁所代替。一旦如此，高铁产业的世界市场将非常巨大。先进高铁技术的拥有者，必将赢得主动权，赢得市场，从而站在一个国际产业标准、高铁技术标准的缔造者位置。

连通欧亚大陆构想

早在 19 世纪末，就有“欧亚大陆桥”之说，原指俄罗斯的西伯利亚铁路。

沙俄政府时期，为了把相距遥远的东西部连接起来，俄方修建了西伯利亚大铁路。这条铁路东起太平洋沿岸的海参崴，西至乌拉尔山东麓的叶卡捷琳堡，全长 9288 公里。从 1891 年起，这条铁路从东西两端同时开工，于 1905 年建成通车，成为横贯欧亚大陆的交通大动脉。此后，为加快开发西伯利亚和远东地区，苏联政府决定修建第二条西伯利亚铁路（贝阿铁路）。这条新铁路西起西伯利亚大铁路的泰舍特站，直达日本海沿岸的苏维埃港，全长4275公里。在苏联铁道兵部队的努力下，1984年底贝阿铁路竣工，1985年正式通车。

“新亚欧大陆桥”是相对旧亚欧大陆桥而言。它东起太平洋西岸连云港等中国东部沿海港口，西可达大西洋东岸荷兰的鹿特丹、比利时的安特卫普等港口，横贯亚欧两大洲中部地带。它的东端直接与东亚及东南亚诸国相连，它的中国段西端，从新疆阿拉山口站换装出境进入中亚，与哈萨克斯坦德鲁日巴站接轨，西行至阿克套，进而分北中南三线接上欧洲铁路网通往欧洲。

当今世界上，已存在两个大陆桥，一是指美国大陆桥从纽约到旧金山，比经巴拿马运河的海运距离减少了一半。沟通大西洋与太平洋，连接俄、德、法、英等国的第一亚欧大陆桥早已闻名；二是东从中国连云港向西穿越阿拉山口进入欧洲抵达荷兰鹿特丹，全长1万多公里。1990年，中国西部城市乌鲁木齐至阿拉山口465公里的北疆铁路建成，与哈萨克斯坦境内的铁路接通后，形成了第二亚欧大陆桥（亦称亚欧新海大陆桥）。中国西部地区的产品通过这条通道进入欧洲，可节约时间和运费各一半。如果泛欧亚铁路形成，则构成第三座亚欧大陆桥，其意义、作用以及里程都将大于现有大陆桥。因为它可以东从中国上海、广州、香港等地，或以新加坡、越南等为起点，经昆明、大理、瑞丽入缅甸，经印度、巴基斯坦，到伊朗后分为两路，一路继续向西北到达伊斯坦布尔与欧洲路网相连；另一路则往西南经伊拉克等国到达埃及塞得港，与非洲铁路网相连，并可进入地中海。从上海出发，无论是到伊斯坦布尔，还是到塞得港，都是11000公里，里程超过第二亚欧大陆桥。

高铁问世之后，欧洲就开始梦想建立一个泛欧高铁网。于是，有一个美丽的设想，就是以高铁为代表的交通基础设施的建设，与向西开放战略紧密结合，打通经中亚、南亚通往中东、欧洲甚至非洲的陆上通道，建立从东南亚到非洲、欧洲和中南美高铁网络，推动欧亚大陆的经济整合，实现各国利益的捆绑和融合。

1981年12月，欧洲议会运输委员会首先提出发展一体化泛欧高速铁路网的设想。1989年由14个国家组成的欧洲铁路共同体提出建成总长约3万公里，时速为250～300公里的高速铁路网规划。用高速铁路将欧洲各大城市连接起来，并向乌克兰和俄罗斯延伸。欧洲议会、欧洲铁路联盟先后批准和通过欧洲高速铁路网规划。

2004年，哈萨克斯坦铁路迎来自己100岁的生日。此时，哈萨克斯坦政府也正倾力筹建一条西通欧洲各主要城市，东经中国抵达太平洋沿岸的“泛欧亚铁路干线”。

根据哈萨克斯坦的方案，“泛欧亚铁路干线”从中国东部沿海向西经新疆阿拉山口进入哈萨克斯坦境内，再横穿哈全境向西至里海的阿克套，然后转南进入土库曼斯坦。此后，“泛欧亚铁路”先后通过土库曼斯坦、伊朗和土耳其，再经过新建的14公里的博斯普鲁斯海峡铁路与欧洲铁路对接，最后抵达欧盟总部所在地布鲁塞尔，全长8000多公里。整个干线基本使用各国境内现在运行的钢轨，其中需新修的铁路有3923公里（包括哈萨克斯坦境内3083公里、土库曼斯坦境内770公里和伊朗境内70公里）。

多少年来，尽管许多欧洲国家都有自己的高铁线路，但这些铁路系统几乎都是各自独立研发，存在较大技术差异，使得开通跨国高铁面临种种困难。

2007年5月25日，从德国始发的两辆高速列车穿越德法边境，抵达法国首都巴黎。列车时速达到320公里，将法兰克福和巴黎间铁路旅行所需时间从开通之前的6个多小时缩短到3小时左右。美国《芝加哥论坛报》报道说，TGV东线全线将把法国、德国、卢森堡和瑞士四国连接起来，涉及法国20个城市和其他三国的10个车站。美联社报道说，这条跨国高速铁路标志着酝酿多年的泛欧高速铁路网梦想已经开始逐步变成现实。

2010年3月12日，全国人大代表、时任中铁隧道集团副总工程师王梦恕接受中新社记者专访表示，目前中国已拟定了穿越中亚、俄罗斯及东南亚等方向3条高铁网建设计划，铁路名字还没有拟好，但正在与相关国家进行谈判。预计2030年，两条通往欧洲的，一条通往东南亚的，一条通往台湾海峡的高铁都有望建成。

根据规划，中亚线路将从新疆维吾尔自治区首府乌鲁木齐出发，经由吉尔吉斯斯坦、哈萨克斯坦、伊朗等国，往东欧延伸；东南亚线路将从中国南部的昆明出发，经由越南、柬埔寨、泰国（或从昆明经过缅甸到泰国），抵达新加坡；另一条则计划从中国北部的黑龙江省出发，穿越西伯利亚，连接到西欧。它和中国至俄罗斯莫斯科的常规铁路方向基本一致，被称之为“第二条欧亚大陆架之路”。

英国《独立报》报道说，中国发生的巨变如梦如幻，京沪高铁成为中国崛起的最新象征。中国已经拥有了世界最大的高速铁路网。这一工程还将扩大为一条“钢铁丝绸之路”。如果一切顺利，不久的将来就可以从哈尔滨登上列车，开始史诗般的旅程，经俄罗斯进入东欧和南欧，最终抵达伦敦。

随着世界主要发达国家高速铁路正快速发展，欧洲高速铁路技术在谱系化、标准化、一体化、成熟性等方面总体上居世界前列，泛欧高铁的路线也已浮出水面。据美联社报道，根据长远规划，欧洲将打造两条高铁干线：一条途经法国首都巴黎、德国慕尼黑、奥地利首都维也纳和匈牙利首都布达佩斯；一条连接德国汉堡、法兰克福、法国里昂和西班牙巴塞罗那。

2020年7月16日，法国媒体公布了一项令人震惊的规划：为提振新冠疫情后受到严重冲击的地区经济，欧盟委员会将制定一项2万亿欧元的复苏计划。除全面整合欧洲卫生系统外，有一项颇为引人注目的计划方案，就是将在未来10年间投资1.1万亿欧元，新建近2万公里高铁网，通联欧盟各国首都，加强欧盟内各国的联系和凝聚力，以实现欧洲的统一和复兴。

这项宏伟计划的核心是新建一个总里程18250公里的高铁网，将欧盟内现有的高速铁路里程提升将近两倍。利用这个新建路网开行时速250～350公里的高速列车通达各国首都。如此项计划能顺利实施，届时柏林到巴黎的旅行时间将由现在的8个小时缩短到4个小时。

长期以来，国际高速铁路合作国之间实际上遵循的是以“自由、平等”为特征的市场权益关系；如果说中国高铁发展成就本身是得益于全球化环境的，那么同理，中国参与和建设国际高速铁路也一定是与合作国分享这种全球化的收益。

显然，从高速铁路本身所具有的技术经济外溢功能上看，中国参与和建设国际高速铁路，一定会发挥“时空压缩机”的作用，从而将中国的西部、东北部、东南部与其相接壤的周边国家连接成一个技术、经济、贸易的共同体，进而使所有参与建设的合作国共同受益，这种效应是巨大的，是值得称道的。

2021年1月26日，哈萨克斯坦总理在政府内阁会议上宣布：将修建“哈萨克斯坦的突厥斯坦至乌兹别克斯坦首都塔什干”的高速铁路，以促进经济发展及相关旅游业。这条长达344公里的高速铁路，将连接乌兹别克两大城：首都塔什干与古都萨马尔罕。

根据资料显示，目前有两条横贯欧亚大陆的高铁正在规划，其中一条是从北京到柏林的，途径乌鲁木齐、努尔苏丹、莫斯科等城市，总长度是9447公里。按照时速250～300公里，届时从北京到欧洲坐高铁只需要30多个小时。目前中国、哈萨克斯坦、俄罗斯、波兰等国家正在大力推行中欧高铁的建设。

构想是美好的。构建亚欧高铁网络，涉及欧亚大陆桥以及新丝绸之路的多条铁路线，大部分是对现存的欧亚陆桥铁路线进行改造和完善。目前部分重要路段尚未动工，各国轨距不一，巨大的资金投入，给真正实施造成障碍。

挺进“泛亚铁路”

“泛亚铁路”的概念缘于泛欧铁路的概念，最初出现在1960年。

当时几个亚洲国家对修建从新加坡到土耳其的贯通铁路进行了可行性研究，途径东南亚、孟加拉、印度、巴基斯坦和伊朗等国，全长1.4万公里，纵贯中南半岛，连接新加坡及土耳其伊斯坦布尔，并计划延伸至欧洲及非洲。然而，碍于此后的国际社会的政治和经济障碍而搁浅。

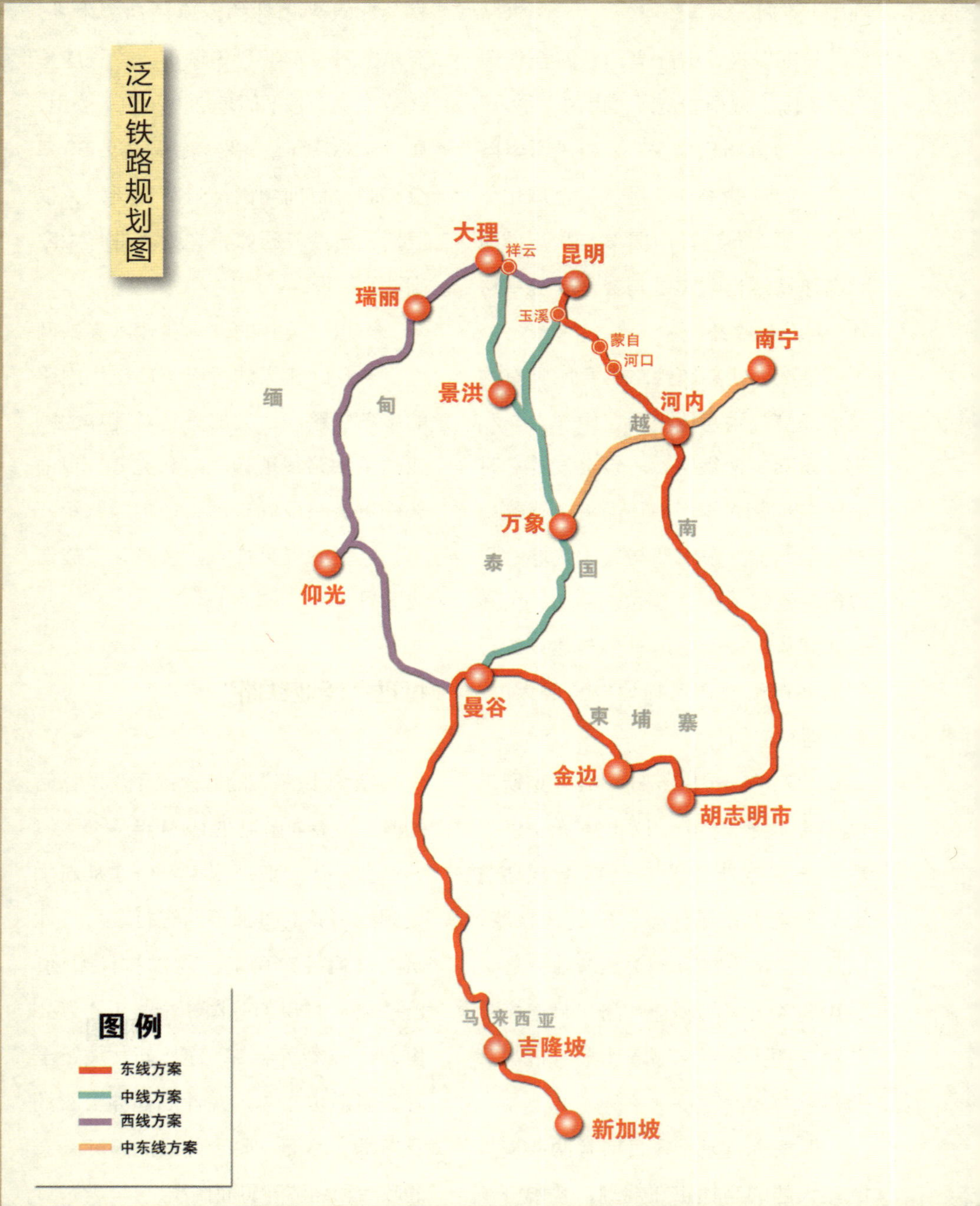
泛亚铁路规划图
大理
祥云
昆明
瑞丽
玉溪
蒙自
河口
南宁
景洪
河内
缅
甸
越
万象
南
泰
国
仰光
曼谷
柬
埔
寨
金边
胡志明市
马来西亚
吉隆坡
新加坡
图例
东线方案
中线方案
西线方案
中东线方案

泛亚铁路规划图

1976年，随着亚太经社委员会不断扩大，泛亚铁路网所覆盖的范围也拓展到整个亚洲大陆，一些连通非城市地区和港口的铁路也被纳入规划。泛亚铁路的名字被明确提出，则是在1995年。当年12月的东盟第五届首脑会议上，时任马来西亚总理马哈蒂尔提出修建一条超越湄公河流域范围，从马来半岛南端的新加坡，经马来西亚、泰国、越南、缅甸、柬埔寨到中国昆明的“泛亚铁路”倡议。这一倡议立即得到了东盟首脑和中国政府的认同。这时，欧洲因为修建了连接欧洲各国的泛欧铁路而使整个地区的经济社会得以快速发展。如果把东南亚乃至整个亚洲铁路连接起来，形成大铁路网，那么世界上第三个亚欧大陆桥就会应运而生。

2006年11月10日，包括中国、俄罗斯在内的18个亚太经社委员会成员代表在韩国釜山汇聚一堂，签署了《泛亚铁路网政府间协定》。这份政府间文件的签署，确定了泛亚铁路网的框架，为打造新的钢铁丝绸之路，促进亚洲地区的经济发展和共同繁荣打开了绿灯。

泛亚铁路是一条以高速铁路为主、普速铁路兼之的快速铁路通道。按照协定的规划，修建四条横跨亚洲的黄金走廊，把欧亚两大洲连为一体。它们分别是：连接朝鲜半岛、俄罗斯、中国、蒙古国、哈萨克斯坦等国直达欧洲的北部通道；连接中国南部、缅甸、泰国、马来西亚等国的南部通道；连接俄罗斯、中亚、波斯湾的南北通道；连接中国、东盟及中南半岛的中国—东盟通道。这四条线路将连接起28个国家和地区，总里程约8.1万公里。

泛亚铁路规划分段修建，从西南出国，北上印度、巴基斯坦等地，与“钢铁丝绸之路”在伊朗相交，形成东欧至东南亚的快速铁路网，将更加密切中国和东南亚国家的友好互助关系。

2009年6月11日，联合国亚太经济社会委员会在曼谷举行庆祝《泛亚铁路网政府间协定》正式生效仪式。意味着这条横贯28个亚洲国家和地区的“钢铁丝绸之路”建设迈出了重要一步，相关国家运输一体化的进程也由此加快。

从亚太经社委员会提供的规划图来看，四条通道中，北线通道的条件最好，借助中、俄两大国庞大和完善的铁路系统，除了韩国经朝鲜一段未能实现通车，其它路段都已衔接，可实现欧亚之间的铁路运输。而打通其它三条通道，还需要进行大量的铁路和基础设施建设。

几百年前，东方向欧洲提供他们渴望的绝妙奢侈品珠宝、丝绸、美玉。沿着那条尘土飞扬的商旅路线，即著名的丝绸之路，把这些产品送往欧洲。如今，中国已经成为世界工厂，而欧洲对中国的出口产品有着远无止境的需求。随着港口变得拥挤，交货时间变得越发重要，中国及周边国家再度把目光投向贯穿亚洲的古老的陆地线路。

2004 年 1 月，泛亚铁路被列入中国《中长期铁路网规划》。泛亚铁路拟定了三条线方案：一是东线方案，由新加坡经吉隆坡、曼谷、金边、胡志明市、河内到昆明。该方案全长 5500 公里，在中国境内北起云南玉溪，通过云南河口口岸与越南贯通；二是中线方案，由新加坡经吉隆坡、曼谷、万象、尚勇、祥云（玉溪）到昆明；三是西线方案，由新加坡经吉隆坡、曼谷、仰光、瑞丽到昆明。如果这样一个庞大的计划倘若最终落实，将极大地促进和加强中国与周边国家的互联互通，给沿线国家和人民带来丰厚的经济利益。

泛亚铁路东南亚段的东、中、西三条线，都是从中国云南昆明出发，经过越南、柬埔寨、老挝、缅甸等国，在泰国曼谷会合后经吉隆坡直达终点新加坡。其中中国境内的玉溪到河口、昆明到玉溪已经通车，玉溪到老挝万象的中老铁路也于 2021 年 12 月全线开通。

“云南 18 怪。火车没有汽车快。不通国内通国外。”去过云南的游客大抵知道这句民谣。20 世纪初通车的滇越铁路是米轨铁路，火车盘山而行，时速仅三四十公里左右。

2018 年 7 月 1 日，随着昆楚大城际铁路的开通运营，昆明与大理间实现了时速 200 公里的动车直达，以大理为中心的滇西地区接入全国高铁网。

眼下，作为中缅印国际铁路通道

的重要干线，大理至瑞丽铁路正在紧张施工。在大瑞铁路节点上延伸的芒市至腾冲猴桥口岸的铁路已列入《中长期铁路网规划》。

2020年6月28日，大瑞铁路澜沧江特大桥连续梁完成混凝土浇筑实现桥面合龙，标志大桥竣工在望。澜沧江特大桥一端位于云南省大理州永平县，另一端位于保山市隆阳区，一桥连两地，飞跨澜沧江天堑，是大瑞铁路重难点控制性工程。大瑞铁路全线有望2022年底通车。

磨丁（Boten），是老挝境内靠近中国边境的一个偏远小镇。

在世人眼里，磨丁的过去、现在与未来都有着点魔幻色彩。当年，一家香港公司与老挝政府签订了30年的可续租契约，在这个小镇打造了占地1640公顷的经济特区，开起了赌场，曾红火一时。每到夜晚，闪烁的霓虹灯穿透草木丛生的山丘，装点出一座不夜城。后来由于治安不佳、黑帮横行、暴力索债等问题，磨丁一蹶不振。在这里开商店、餐厅的老板们，纷纷收拾行囊回家。不夜城迅速衰落。

采访得知，当初前往磨丁淘金的中国人，并不是全都随着衰落而离开。小镇有一对来自中国安徽的夫妇。磨丁红火时，他们来到这里开了一家小商店，售卖啤酒、肥皂、零食等杂货。“赌场关了，一切都冷冷清清的，但我们还是选择留下。”51岁的老张一边说着一边把烟灰弹进哈尔滨啤酒的空罐子里。这对夫妻还是对磨丁始终抱有希望。他们期盼着中老铁路的修建，还有随之而来的商贸。

中老铁路全长1035公里，是泛亚铁路中线和“中老经济走廊”的重要组成部分。2015年12月2日，中老铁路老挝境内段（磨丁至万象）举行开工奠基仪式，标志着中老铁路正式进入实施阶段。中老铁路北起两国边境磨憨／磨丁口岸进入老挝境内后，向南延伸经老挝北部的南塔省、乌多姆塞省、琅勃拉邦省、万象省后，到达老挝人民民主共和国首都万象市。磨万段全长422公里，设计时速为160公里。以中方为主投资建设并运营，全线采用中国技术标准，使用中国设备。

得知中老铁路在磨丁设站的喜讯

后，在通往小镇的高速公路两旁，一幢幢高楼拔地而起，上面悬挂着中老两国领导人握手的巨幅广告牌。据老挝媒体的报道，中国投资方目前投资了 15 亿美元打造磨憨－磨丁经济特区。中国企业就纷纷赴磨丁投资办厂，投资领域涉及水电、矿产开发、服务贸易、建材等等。一夜间，中国在老挝的投资超过越南和泰国，成为老挝的第一大投资国和贸易伙伴。老挝人学习汉语的热情迅速升温。

高速列车在云贵高原上的山峰间穿越

2016年4月19日，中老铁路中国境内玉磨段全线开工。同年6月22日，中老国际铁路通道重要组成部分——玉磨铁路，连接中国与老挝的友谊隧道正式开工建设，标志着泛亚铁路网中线中老国际铁路全线建设进入实质性阶段。

昆明至玉溪段长106公里，为设计时速200公里的双线电气化铁路；玉溪至磨憨段长507公里，为设计时速160公里、双线单线相结合的电气化铁路；磨丁至万象段长422

中老铁路老挝境内的琅勃拉邦湄公河特大桥

公里，为客运时速160公里、货运时速120公里的客货共线的单线电气化铁路。昆磨铁路是泛亚铁路中线昆明至曼谷的重要组成部分，是云南省乃至中国通往老挝缅甸、泰国、马来西亚、新加坡的重要国际铁路大通道的连接线。

2021年12月3日，在中老两国元首的共同见证下，中老铁路全线开通。这条承载着友谊、科技、绿色和开放的国际铁路，与山川共美，将中国昆明与老挝首都万象一线牵，密切了两国人民交往，火爆了沿线乃至周边经济，大幅度降低中国至老挝乃至东南亚国家的物流成本。如今中国游客可以乘坐火车赴老挝旅游，不久的将来，还可以乘火车去泰国、马来西亚、新加坡等中南半岛国家旅游度假。

无论是从泛亚铁路的角度还是从第三亚欧大陆桥来看，昆明都处在节点、中心枢纽的位置。这意味着处于全国铁路末梢的云南铁路，将有望重新布局和定位，成为“一带一路”的新枢纽。同时，有了这一发现，对泛亚铁路的理解才能更加深刻。

由此，新的“丝绸之路”或“茶马古道”将成为中国西部的门户。中国所需的油气等资源将不再需要全都用船来运输，可以大大节约运输时间。这条“钢铁丝绸之路”对中国西部的发展有很大的促进作用，也可以快速扩大沟通东欧各国的文化、科技、物资的运输方式。据悉，“钢铁丝绸之路”所经过的国家也在开始计划，包括融资模式等问题的研究。

从整个东南亚格局和中国的战略格局来看，与中国利益最相关的国家往西就是文莱、菲律宾、马来西亚等国。对于中国，通过泰国陆路贯通南北，水路可达东西。因此，在地理上泰国对中国而言具有十分重要的战略意义。

中泰铁路是泛亚铁路网的重要组成部分。对于泰国而言，泛亚铁路将会极大地缩短泰国前往各地的旅程。泰国虽然不乏良港，但当前泰国的出口量其实已经超出其港口的承受能力。因此，许多物资需要转运至马来西亚槟城港进行海运。泛亚铁路能够为将来的物资运输做准备，能够极大提升泰马两国间的物流效率。

依据《泛亚铁路网政府间协定》，泛亚铁路规划的中线方案是从老挝万象进入泰国，是走廊开一线。如果中国要接入泰国的铁路系统，有两种选择：一是从清迈接轨，二是从廊开府接轨。

泰国处于泛亚铁路中线，是贯穿中南半岛的关键一段。根据中泰两国签署的谅解备忘录，中国将在泰国修建两段铁路。一段将从泰国北部廊开府抵达罗勇府的马普达普深海港，其间将通过呵叻府和沙拉武里府的景溪县，这条铁路长度为734公里。另一段将连接景溪县和曼谷，全长133公里。

经中泰双方商定，中泰铁路合作项目全长近900公里。呈人字形的铁路线分为曼谷—坎桂—呵叻段、玛塔卜—罗勇段和呵叻—廊开段，共经过泰国10个府。在泰国东北部的廊开与已经奠基开工的中老铁路对接，连通为泛亚铁路的中线，经老挝磨丁和中国磨憨抵达昆明。这条泰国首条标准轨铁路，将全部使用中国的技术、标准和装备建设。

据《印度时报》报道，印度铁路部门正在研究一项建设高铁的提议，高铁在将来最终将会把印度同中国连接起来。中国对修建一条穿过印度曼尼普尔邦、将中国同印度连接起来的铁路表示出强烈兴趣。印度铁路委员会一名官员说，铁路部门已经从曼尼普尔西南地区的吉里巴姆铺设到缅甸边境莫雷的宽轨铁路，这条铁路将会同拟在印缅边境地区修建的铁路连接起来，方便这两个国家将更多商品运到中国。

该报道称，中国想建造一条连接西南地区大多数城市的高速铁路线，包括新德里。最近，中国已经同几个中亚国家达成协议，使这项雄心勃勃的跨亚洲铁路工程得以推进，直接将印度、巴基斯坦、伊拉克、新加坡、俄罗斯和其他国家连起来。然而，中国最重要的建议是修建一条从昆明出发到达新德里的铁路线。

中国政府设想，首先建设昆明至新加坡的高速铁路，全程行驶时间为10小时。这条高速铁路北起中国昆明，途经中老边境磨憨、著名旅游城市万荣、老挝首都万象等地。

缅甸境内路段的勘测工作早已结束。由于地形复杂，中国通往缅甸的铁路只能达到每小时 170 公里的速度，虽然比一般铁路快，但距离高铁的速度还有一定距离。从马来西亚首都吉隆坡通往新加坡的高铁，作为泛亚铁路网最南端的路线，也已经被提上议事日程。

2015 年 3 月 28 日，中国政府发布《愿景与行动》，明确提出基础设施互联互通是“一带一路”建设的优先领域。中国愿意帮助沿线国家加强基础设施建设规划、技术标准体系的对接，共同推进国际骨干通道建设，逐步形成连接亚洲各次区域以及亚欧非之间的基础设施网络。这给已生效 10 年的《泛亚铁路网政府间协定》，注入了强大推动力，一批国际铁路建设项目正在不断提速。

亿赞普大数据显示：“一带一路”沿线地区，对铁路等基础设施建设关注度排在前三位的区域分别是东南亚、中亚和南亚地区，数据显示，越靠近中国，互联互通的愿望越强烈。在中国的陆上邻国中，已经有俄罗斯、蒙古国、哈萨克斯坦、朝鲜和越南等国与中国开行了直通列车。老挝、缅甸、尼泊尔、印度、吉尔吉斯斯坦和巴基斯坦等国正在或即将建设直通中国的铁路。

泛亚铁路建成后，中南半岛东边的越柬可和西边的泰缅连成一气。中国大陆与湄公河流域 3 亿人口的政治、经济关系将更为紧密，使之成为具“全球意义的通道”。泛亚铁路为物资与人员流动所带来的方便，势必将提高经济活动效益，也能营造更加和平稳定的地缘政治环境。

3

曾经的铁路王国

美国铁路营业里程居世界第一位，现有铁路28.3万公里。然而，美国是当今世界上唯一没有高速铁路的发达国家。

2014年2月3日，中国农历大年初四，美国纽约时代广场纳斯达克大屏上，一列中国造CRH高铁列车精彩亮相。在这个享有“世界十字路口”之誉的地方，展示中国高端装备的最新形象，也是中国高铁向美国展示的一个宣传亮点。

19世纪40年代，美国野心勃勃地不断向西部拓展自己的领土，企图占据整个北美大陆，成为一个东到大西洋、西到太平洋的国家。1830年5月24日，美国第一条铁路建成通车，全长21公里，从巴尔的摩至埃利科特。随后，筑路规模不断扩大，很快形成高潮。到1916年，美国铁路营业里程达到历史上的最高峰，共计40.87万公里。

自从铁路问世以来，世界上的交通运输“主角”经历了一个“螺旋式”的上升过程，即“铁路——公路——高速铁路”。1825年，铁路在英国诞生以后，经历了百年铁路时代。到1930年，美国铁路承担了全国60%以上的客运量和80%的货运任务。但此后公路逐渐取代铁路成为主要的运输方式，世界进入了汽车时代。由于州际公路的大发展，20世纪40年代，美国开始拆毁铁路，铁路曾一度减至27.3万公里。自此，铁路一度被称为“夕阳产业”。

美国的旅客运输结构是典型的“汽车＋飞机”。据美国运输部统计，2001年在出行80公里以上的美国人当中，56%的人采用私人汽车，41%的人选择飞机，2%的人乘长途汽车，1%的人选择火车。专家认为，美国以占世界5%的人口，消耗了全球26%的能源，很大程度上就是由于其交通运输结构不合理所致。

被CNN戏称为“游乐场里的小火车”的阿西乐特快列车，运行在由美国铁路客运公司经营的华盛顿特区和波士顿之间的“东北走廊”一线，全线平均时速109公里，最高时速240公里。这是美国现在唯一勉强称得上“高铁”的一条铁路。

美国《时代》周刊刊文称，中国人已经有了大批像子弹一样飞速的列车，而美国的铁路平均时速116公里，美国的铁路系统要向中国学学了。

华工与太平洋铁路

公元1784年，美国商船“中国皇后”号驶入中国，揭开了近代中美交往的序幕。

此后，零星的华人船员和教会学校的幼童抵达美国，但人数有限。

1820年，广东大批农民被“猪仔馆”应征当劳工，远渡重洋到美国谋生，最初是参与开采金矿。

1840年，中英鸦片战争爆发。封闭的中国大门被英帝国的舰船和炮弹击穿，中国人在饱受奴役的同时，也看到了外面的世界。华人开始成批来到美国闯天下。

太平洋彼岸的加利福尼亚金矿，产生了巨大的诱惑力。淘金潮把中国广东无地可耕的农民卷到了一片完全陌生的土地。仅1852年一年，就有3万华工抵达旧金山。到了19世纪中叶，在美华工已有10万之众。

1863年，正值美国内战的关键时刻，总统林肯为了打通东西部，决定建造一条连接太平洋和大西洋的铁路。在此之前，林肯批准通过了第一个建设太平洋铁路法案。太平洋铁路分东部铁路和西部铁路。东部铁路由联合太平洋铁路公司承建，西部铁路则由中央太平洋铁路公司承建。

1863年1月8日，西段铁路在加州首府萨克拉门托两条街道的相交处破土动工。然而，在其后的两年中，却只修了不到50英里。由于那些白种劳工吃不消“野性西部”的种种艰苦，工程进展极为缓慢。

这时，移民到美国加州的中国人已经有将近5万人，其中90%是青年男子。而且，这时的西部金矿面临枯竭，数万华工陷入生活无着的困境。1865年2月的一天，走投无路的中央太平洋铁路公司的管理层试用了50名来自中国的华工，以求解决缺乏劳动力的问题。开始时，工地负责人和白人工人都对华工投以敌视的目光，他们认为，华工的身子骨单薄，矮小，根本没能力参加这么艰苦的工作。可铁路总承包人克罗科却说：“能修建万里长城的民族，当然也能修铁路。”

果然，这50名华工个个能吃苦耐劳，神勇无比。他们遵守纪律，头脑灵活，很多技术活是一学就会。他们在工地上一天干12个小时，工资比白种劳工低很多不说，还得伙食自理。很快，喜出望外的建筑公司决定大规模招募华工。从此，中央太平洋铁路公司才开始真正起步。尝到甜头的铁路承包商，开始全力支持中国人移民美国。他们甚至派人专门到中国广东省雇佣劳工来参加铁路建设，并与轮船公司协商好以优惠的船票把中国劳工运到美国来。

同时，公司上层还游说中美双方的外交人员，争取为华工移民美国创造便利的条件。1868年7月28日，清朝全权特使蒲安臣和美国国务卿西华德分别代表中美两国政府签订了《蒲安臣条约》。中美交叉承认两国公民有自愿移民到对方国家去的权力，为美国在中国招募华工提供了法律依据，同时也为中国劳工移民美国敞开了大门。

美国西部，是一片人迹罕至的不毛之地。不是崇山峻岭，就是浩瀚的沙漠和盐湖，尤其是西拉内华达山地势险峻，沿着菲莎河谷陡崖的这一段线路特别艰难，为了从笔直的山崖上劈出一条双轨宽的路基，华工把自己拴在吊篮里，从山顶上用绳索吊下去，在半空中凿壁填塞火药，点火后再往上拉，那里的岩石之硬，常使得火药从炮眼里直接迸出，伤及华工。还要通过海拔两三千米的高山峻岭，冬夏两季，温差很大，冬天常有暴风雪袭击。由于火药性能不稳，或因绳索磨断而葬身崖底的华工，更不计其数。

这段全长615公里的路段，用了1.5万名劳工，其中9000人是华工，花了7年时间才修通。

有资料表明，从1865年到1869年四年间，约有1.6

美国太平洋铁路小站（纽约大都会博物馆馆藏油画）

万多名华工参加了美国太平洋铁路的筑路工程，占劳工总数的90%，他们大多来自广东和福建两省。

1869年5月10日，美国太平洋东部铁路、西部铁路接通。全长3000多公里，穿越了整个北美大陆，是横贯北美大陆的世界第一条跨州铁路，被称作“19世纪世界最伟大的建筑”。由此，带来了狂热的铁路投资潮。后来，酿成了一

华工与其他国家的工友在美国太平洋铁路工地上

波席卷全球的金融危机。这是始料未及的。1873年，马克·吐温以此为背景，写下了他的第一部长篇小说《镀金时代》。

太平洋铁路把美国经济区域连成一片，标志着美国经济发展开始进入狂飙时期。从此，美国才从一个只在名义上存在的国家，变成了一个真正完整的国家。无数来自中国和爱尔兰的新移民为了美国的钢铁车轮葬身北美荒原。美国的良心作家梭罗批评道：每一根枕木都是一个中国人的冤魂。

1964年，美国内华达州在建州百年时，把10月24日定为“向华人先驱致敬日”。该州第29号纪念碑主题是“中国人在内华达”，并用英文铭刻道：“这是为表彰在内华达历史上担当重要角色的成千上万中国人的英雄气概和刚毅作风。”

太平洋铁路改变了美国，让美国在 100 多年时间中迅速崛起，成为世界上最强大的国家。

一部美国铁路史，也是一部华工长篇血泪史。太平洋铁路大约每一英里就埋葬着一个华人的尸骨，是华工的累累白骨铸造了美国太平洋铁路。当年，华工们不仅酬金极其微薄，而且还遭受种族歧视和排华浪潮等不公正待遇。尽管如此，铁路华工先驱们忍辱负重、不屈不挠，用自己的血汗书写可歌可泣的历史篇章。

然而，华工的廉价劳力居然成了排华的主要依据。1882 年美国国会正式通过了排华法案，这是美国历史上唯一针对一个国家人民的排斥法律，从而成了美国经济和社会发展史、移民史、政治史和人权记录史上最可悲的章节。

这种现象，引起了国际社会包括一些有良知的美国人的不平。随着时代的前进，这段历史愈加清晰地呈现在世人面前。那些建设北美铁路的无名华工，已经受到了越来越客观公正的评价。

自尼克松以来的美国历届总统，都对华人建设美国的贡献加以赞颂。中国领导人也一再给予建设北美铁路的华工以充分评价。江泽民同志曾说：“中国移民早就来到美国，并为开发西部作出了巨大的贡献。”胡锦涛同志指出：“19 世纪中叶，数以万计的中国工人和美国人民一起，逢山开路，遇水架桥，共同铺设了横贯美国东西的铁路大动脉。”

1991 年，美国伊利诺伊州政府向中国上海捐赠了一座用 3000 多枚道钉塑造的纪念碑，以表彰华工建设美国铁路的功绩。碑文写着：“中国建筑工人所作的贡献是连接美国东西部海岸并促成其国家统一的重要因素。”

也许这碑文能告慰于那些曾献身于太平洋铁路的“沉默的道钉”。

奥巴马的高铁姿态

京沪高铁开通的第一天，我从北京南站登上首发上海虹桥站的 G1 次列车采访。

开车后，车厢里有许多旅客围着列车长。我好奇地挤过去，发现原来是旅客请列车长在车票上签名留念。列车长是位漂亮的姑娘，她微笑地一一签名。这时，一位黄头发外国小伙子也拿着车票挤了过来。得知小伙

美国太平洋铁路工程建设施工现场

儿来自美国后，列车长随口问道："美国有高铁吗？"小伙儿摇了摇头，用蹩脚的中文说："基本没有。"

"美国没有高铁？"列车长露出了一个内容丰富的微笑。

这位美国小伙子原来是《华尔街日报》的记者。事后，他在报道中这样写道：对于一个二三十年前仍用蒸汽机车输送旅客的国家来说，高铁值得骄傲。这种骄傲不经意地表现在女列车长的身上。她那含意多样的笑容分明在问：中国的高速列车能开进美国吗？

一位中国铁路官员说："就中国高铁打入国际市场而言，如果拿俄罗斯和美国相比，我们更希望占领美国市场。想当年，中国人也曾参与美国太平洋铁路建设，可那时输出的是劳工，是人拉肩扛的苦力。如今，我们输出的是世界最新的高铁技术。”

美国的高铁梦想其实在1991年就开始了，但一直没有获得足够的支持。

从华盛顿到波士顿的东北走廊，人口密集，经济发达，是美国全国铁路客运公司最重要的一条主干线，客流量比较大，但列车运行时速只有96公里至112公里。很多乘客表示，如果这条线路能开通高铁，肯定会有更多人乘坐。

2007年春天，迫于世界能源资源紧缺和环境恶化的现实矛盾，美国国会在考虑发展高速铁路时，曾经向中国铁道部发出邀请，请中国与法国、德国、日本的铁路部门一起，参加美国国会召开的美国高速铁路发展听证会。

金融危机加速了美国铁路的提速。2009年5月，奥巴马为了使他的高铁振兴计划能够在国会得到认同，特意让佩洛西议长来中国访问时考察了中国高铁。这位曾经的反华女议长坐在京津城际“和谐号”动车组上，一反常态，笑眯眯地对中国高铁赞不绝口。

2009年11月，美国总统奥巴马来到中国。

在奥巴马访华期间，中美双方发布的《中美联合声明》表示，“双方欢迎两国公共和私营机构在高速铁路基础设施建设方面进行合作。”就此，中国铁道部与美国GE公司签署了战略合作谅解备忘录。

就在来华访问之前，2009年4月16日，奥巴马重新点燃了美国人对高铁的热情。他宣布启动自艾森豪威尔政府以来最大规模的交通投资，在美国构建高速铁路网的计划。奥巴马政府认为，高铁项目不仅能产生直接的就业和经济效益，而且将为全国新的基础设施扩张计划奠定基础，促进社区发展，提供更快捷、节能的交通方式，并在美国建立一个新的产业。据悉，为启动建设速度更快的客运铁路，美国联邦政府拨付了近110亿美元，其中80亿美元来自2009年通过的经济刺激计划，随后5年每年追加10亿美元。

美国联邦运输部部长拉胡德指出，未来数年会出现民间资金大举投资高速铁路的局面，包括来自欧洲及亚洲的公司将深度参与到美国的高速铁路建设。因此，这意味着届时110亿美元能撬动至少上千亿美元的投资。

在美国，不仅政策制定者对高铁有热情，不少普通百姓也有“高铁梦”。一位美国律师曾向《人民日报》记者表示，他到中国出差，第一次乘坐高铁，就被深深震撼了，中国的发展太快了。回美国后，他成了“中国迷”，开始学习中文。

19世纪，因为修筑铁路，美国得以繁荣发展。如今美国的铁路运输早已被汽车和航空所取代。在高速铁路方面，美国远远落后于其他发达国家。而高速铁路长途运输更加安全、便捷和节能，更具优势。

2010年1月27日，美国总统奥巴马发表了任期内的第一份《国情咨文》。他重温了美国梦，并催促美国人奋起直追。奥巴马说：“从第一条跨州铁路的诞生，到州际高速公路系统的建成，我们的国家向来走在世界前列。我们没有理由让欧洲和中国拥有最快的铁路。”

第二天，美国佛罗里达州坦帕至奥兰多的城际高速铁路率先破土动工。奥巴马在佛罗里达宣布，联邦政府将拨款80亿美元启动美国的高速铁路计划……公开资料显示，按照奥巴马政府的规划，共有13条“铁路走廊”成为专款的受益者，涉及全美31个州，加利福尼亚和佛罗里达等州是最大赢家。

显然，这笔资金只是杯水车薪。美国政府也意识到了这一点。美国联邦铁路署在接受媒体采访时说，美国政府清楚无法指望初期80亿美元的投资，可以建立起一个国家高速铁路系统。该署认为通过战略性的公有和私有投资相结合，其中包括外商的潜在投资机会，才可能长期完善国家快捷客运铁路网络。

外电评价道，中国的一个产业出现在美国总统的《国情咨文》里，是前所未有的事情，它表明中国的高铁产业，获得了尊重。即使是中国的飞船上天、反导技术突破，都没有得到这样的“待遇”。这是因为中国的突破，打开了一个全新的产业概念：地面的高速行驶，在很大程度上可以大规模地替代高空高速飞行，而且它更环保、更安全，价格更低廉。

事实上，中国已经拥有了世界上最快、系统最复杂的高速铁路体系。高速铁路技术虽然在日本和欧洲率先兴起，但是在中国引进并改造这一技术后，高铁成为中国产业最耀眼的一颗明星。这就如同火药是在中国发明，但却是在欧洲被大规模应用，让世界由冷兵器时代进入热兵器时代一样。

据韩国《朝鲜日报》报道：中美首脑会谈于2010年1月21日落幕后，韩国航空业备受冲击。因为，美国通用电气公司同中方达成协议，决定向中国转让飞机发动机制造技术，作为获得高速铁路技术的代价。通用电气已同中国航空工业集团公司（AVIC，以下简称中航工业）达成建立航空电子合资公司的框架协议，双方各占50%股份，合资公司的总部将落户上海。

就在中美首脑会谈的前半个月，1月6日，西班牙《起义报》发表了一位美国作家的文章，题目是《美国与中国：一个输家，一个赢家》。文章写道，中国在铁路运输服务方面的优势已经超过了美国。中国的高铁在武汉与广州两个重要城市之间穿梭，运行1068公里的路程只需3个小时左右，而在波士顿和纽约之间往返的美国快速列车，300公里的路程还经常晚点3个多小时。就在美国客运铁路系统由于缺乏投资和维护变得破旧落后之时，中国耗资170亿美元修建这条高速铁路，而美国则将用几乎相同数目的军费来进行阿富汗和巴基斯坦战争以及在也门开辟新的战线。

2010年12月7日，美国通用电气公司在北京宣布，将与中国南车股份有限公司签订合作框架协议，在美国建立合资公司来共同促进高速铁路及其他轨道交通技术在美国市场的推广发展。

新华网报道说，这一合作框架协议的签署，标志着中美两国企业将在美国本土制造高速列车，并用于未来美国高铁，中国高铁正式走进美国市场。

美国通用电气旗下的GE运输系统集团拥有超过100年历史，是全球领先的铁路、船用动力、钻井电机等的供应商，总部设在美国宾夕法尼亚州伊利，在全球范围内拥有8000多名员工。中国南车是中国最大的轨道交通制造商，也是全球最大的轨道交通装备企业之一，在高、中速动车组和城市轨道交通车辆的设计、制造、测试、维修与维护方面具有丰富的经验和先进技术，其研制的CRH动车组创下世界铁路运营最高时速。在中国铁道线上奔驰的机车、客车、货车，有半数出自中国南车。备受国人关注的高速动车组，50%是中国南车制造。

“这次双方强强联手，有望使GE运输系统集团与中国南车建立的合资公司成为首家为美国佛罗里达州和加利福尼亚州两个高速铁路项目提供高铁技术的美国制造商。此份协议还将通过制造中速动车组和城市轨道交通车辆，支持美国客运交通运输系统的发展。”GE公司副董事长约翰·赖斯表示。

时任中国南车股份有限公司董事

长赵小刚表示，中国南车在高、中速动车组以及城市轨道交通装备领域，有着丰富的开发及运用经验。结合GE在泛美地区先进的制造和供应链管理能力，以及对美国铁路市场的深入了解，双方将共同合作，在美国建立一家技术领先的轨道交通装备企业。

中国《上海证券报》报道说，中国铁道部与美国通用电气公司（GE公司）双方达成一致，支持中国南车与GE公司在美成立合资公司，将中国的高速铁路技术带到美国。合资公司的产品范围不仅包括高速电动车组，还包括中速电动车组、地铁、轻轨车辆及内燃动车组。

2010年1月，以铁道部总工程师何华武为团长的中国高铁推介团赴美国，开展为期一周的宣传活动，立即在美国掀起了中国高铁浪潮。

2011年1月19日，中国国家主席胡锦涛与美国总统奥巴马在华盛顿举行首脑会谈。随后，两国发表了“技术合作”协议。

美国白宫公开表示，中国国务院铁道部同意向美国提供高铁技术。根据协议，美国将向中国提供航空技术，中国则将向美国提供高速列车技术。随着两国签署技术合作协议，在美国和中国当地将分别成立传授各自技术的合作公司。

然而，自我感觉良好的奥巴马在高铁计划的推行过程中却处处碰壁。美国媒体指出，在和平时期，任何大型项目的兴建都会引发争议，高铁也不例外。美国布鲁金斯学会高级研究员、城市基础设施研究主管罗伯特·普恩茨对记者表示，在通向高铁网络的道路上，美国面临严峻的政治、经济障碍，以及社区在土地使用、环保等议题上的反对，因此进展会非常缓慢。他认为，政府应战略性地选择建设一两条高铁干线，做聪明的投资。

就在中美两国发表“技术合作”协议之后，一项总额530亿美元的美国高铁计划，被由共和党人占多数的国会众议院否决，冲在反对阵营最前线的是共和党众议员保罗·瑞恩和参议员杰夫·塞申斯。佛罗里达、俄亥俄和威斯康星三州干脆把联邦政府的高铁拨款退了回去，而这3个州的州长均来自共和党。佛罗里达州州长里克·斯科特断然拒绝了政府提供的23亿美元高铁补助款。因为在他看来，州政府在后续过程中难以承担这个项目的潜在超支或补贴资金。

众所周知，共和党代表着美国资产阶级和保守的工业企业家的利益，高铁一旦兴建，传统交通产业中的汽车行业、石油（原油）行业、船运、航空等相关行业都会受到一定冲击。而这些行业企业的背后不乏支持共和党的大企业家。况且，高铁作为国家基础设施涉及到国家安全问题，共和党在这类问题上向来敏感多疑。中铁作为一个成规模的中国国企，只经过短时间的接触和磋商很难取得美国共和党的信任。

2014 年 8 月 18 日，《纽约时报》撰文指出，高铁本应是奥巴马任内的标志性运输项目，但直到他第二个任期快过半时，仍无多大进展。有专家认为，奥巴马曾经的高铁雄心不过是幻想，毕竟在一个“分裂的政府”时代，他也是心有余而力不足。

遥想当初，2008 年奥巴马在竞选总统时花费了很大的精力并且动用了他政治资本中很优质的一部分来宣扬高速铁路的优点，好似其是治愈美国经济问题的灵丹妙药。随着 2011 年共和党夺得美国众议院多数席位，他寻求让高速铁路列车穿行于东西海岸之间目标逐渐成为泡影。显然，原因是多方面的，但奥巴马一直没有放弃美国高铁梦，这是事实。

2015 年 9 月 17 日，就在中国国家主席习近平赴美与奥巴马会面的前夕，备受关注的中美经济合作率先亮出三项重要成果。这天，中央财经领导小组办公室副主任舒国增在北京举行的新闻通气会上说，目前中美双方已在美国西部快线高铁项目、中美共同开发非洲清洁能源项目以及中美建筑节能基金项目上取得实质性进展。

据悉，由 6 家中国企业组成的中方联合体，已在美国注册成立了中国铁路国际（美国）有限公司。于 9 月 13 日在美国拉斯维加斯，已与美国西部快线公司组建合资公司签署协议，共同建设美国首条真正意义上的高铁“西部快线”。美国西部快线高速铁路全长 370 公里，启动资金 1 亿美元，该高铁从美国内华达州拉斯维加斯到加州胜利谷和帕姆代尔，最终到洛杉矶。

时任中国铁路总公司副总工程师杨忠民认为，“这是中国在美国首个系统性合作的高铁项目，是中美经贸合作的重大基建项目之一，对中国铁路‘走出去’具有特殊意义。”

美国西部快线高速铁路全长 370

公里，将内华达州的南部与加利福尼亚州的南部连接起来。来自美国西部快线公司的消息说，该项目初始投资1亿美元，双方已经紧锣密鼓开展包括确定融资计划在内的相关工作，工程定于2016年9月底开工建设。

施瓦辛格的中国情结

2003年10月7日晚上8点，美国加利福尼州沉醉于一片欢呼声中。现任州长戴维斯被罢免，好莱坞影星阿诺·施瓦辛格轻松地击败了134名对手，当选为加利福尼亚州第38任州长。

从奥地利的偏僻山村，到美利坚的领土，他成功了。从一个不会英语的瘦弱男孩，到拥有强壮身材的健美先生，再到征服世界影迷的好莱坞明星，他成功了。他拥有过人的毅力，坚信没有办不到的事。他是美国梦的代言人。

施瓦辛格与中国有缘。他在就任加州州长期间，曾两次来中国访问。

2005年11月14日，施瓦辛格开始了他为期一周的中国之行。他访问了北京、上海、香港等地，目的是促进加州的对华贸易。

2010年9月10日，施瓦辛格又一次从美国启程，率商贸代表团开始亚洲之行。

他的这次“亚洲行程”包括中国、日本和韩国，他要考察这三个国家的高铁运营情况，并招商引资鼓励各国为加州高铁建设投资。

2008年，加州政府决定修建加州高速铁路，全长约800英里，工程耗资约450亿美元。施瓦辛格称，希望中国能成为加州高铁投资、建设的一分子，这对于加强中国和加州的经贸往来将是一个“巨大的商机”。

美国政府刺激计划为高铁项目准备了80亿美元的资金，加州在今年早些时候获得其中的22.5亿美元。计划中的加州高速铁路南起加州第二大城市圣地亚哥，途经洛杉矶，最终抵达旧金山，全长约800英里，工程耗资约450亿美元，预计2020年建成。加州高铁设计时速为200英里，建成后从洛杉矶到旧金山只需2小时40分钟，而目前驱车从高速公路往来两地需耗时7个小时。

加州高铁的建设资金主要来自州政府、地方和私募资金以及政府债券等。2009年11月，加州选民投票批准了州政府发行99.5亿美元债券用于高铁建设。但是面对190亿美元的预算赤字，施瓦辛格希望能够从亚洲吸引到资金，同时通过降低成本，来加速推进加州高铁建设。

9月12日，施瓦辛格来到上海虹桥交通枢纽站，乘坐“和谐号”动车组，考察了上海至南京的高速铁路。即使对于在《终结者》系列电影中“见惯”未来大场面的施瓦辛格来说，中国高铁也给这位如今的美国加州州长留下了深刻印象。他由衷地感叹中国高铁的魅力，盛赞中国领导人眼光非凡，并邀请中国政府或企业投资建设加州高铁项目。他还特地站在中国制造的“和谐号”动车组前留影。

这一场面的历史象征意义可不一般。这位“终结者州长”当时正在亚洲进行“购物游”，为升级加州铁路网、建设高铁的计划物色列车、技术和资金。

13日，上海杨浦区和美国加州湾区全面战略合作推进会在五角场创智天地举行。施瓦辛格在会上表示，希望能与中国加大合作与贸易往来，他还特意提到了加州的高铁项目。施瓦辛格说：“我们希望中国能到加州来投资高铁，为其高速铁路系统提供融资，也希望中国公司竞标高铁项目，帮我们建造高铁。”

施瓦辛格表示：“加州公司将与中国公司进行更紧密的合作，在一些包括技术交流、投资等领域扩大合作。”当天，美国加州与中国有关部门及企业领导人签订了一系列协议。

施瓦辛格说：“这些备忘录的签署标志着上海和加州之间跨越太平洋的合作已展开，并将会在技术推广和风险资本投资方面拓展新的合作领域。”

施瓦辛格此行，让他深深感受到中国领导人的高瞻远瞩。

“作为领导人，作为设计者，你不能只考虑1年、2年、3年后如何，你应该考虑10年、20年、50年后如何。中国的领导人就有这样的远大目光。我所看到的中国的高铁是从百年发展的角度出发的。”施瓦辛格表示，中国高铁的“世界性”特点也让他印象深刻，“这里面不仅仅是中国头脑，它是世界头脑，吸取了各国的经验与意见，这也是我希望加州建设时能够看到的特点。”

时隔5年再度访华，中国的发展与变化让施瓦辛格惊奇。他说：“就拿上海这座城市来说，这里的高楼让人惊讶，而且这个城市很干净，给人留下了很美好的印象。”

施瓦辛格的亚洲行持续了6天，离开上海后，他于13日晚到达日本，与日本首相菅直人举行会见。15日，施瓦辛格又与韩国总统李明博举行会见，还特地试坐了韩国的高铁。

早在2010年4月，中国铁道部已与加州政府及通用电气公司就加州建造高铁而签订了初步的合作协议。就该协议与中国有关部门官员进行商谈正是施瓦辛格访问中国的重要议题之一。

2011年1月3日，63岁的施瓦辛格正式卸任加利福尼亚州州长一职，扔下了280亿美元的财政赤字给继任者收拾。施瓦辛格在接受《华尔街日报》采访时坦然表示，对于他六年前的高铁约定，他的确没能做到，只好说："比我

2014年5月10日，美国犹他州华人社团举行活动，纪念华工修建的太平洋铁路建成145周年。

想象中的要难得多。”

2012 年 7 月 6 日，美国各大媒体纷纷推出报道：备受瞩目的美国第一条高速铁路将在加州兴建。当天下午，加州参议院以 21 对 16 票通过高铁首期工程启动的资金提案，为总造价 680 亿美元第一期高铁项目预算清除最后障碍。

总长为 800 英里（1287 公里）的加州高速铁路从南至北经中部农业区贯穿加州，连接洛杉矶、圣荷西和旧金山等大都市，后期将延伸南至圣地亚哥，北至加州州政府萨克拉门托，共设 24 站。从洛杉矶到旧金山，时速 220 英里的高速子弹头列车将两地单程车距由原来的 9 小时缩短为 2 小时 40 分钟。

2015年1月，加州高铁举行了动工仪式。包括中国在内的35个投标方提交了参与高铁建设的意向书。

据悉，加州高铁局和美国西部快线公司已达成谅解备忘录，确保两项工程合作进行。

加州高铁局估计，随着每一年工程推进，高铁项目将创造多达10万个工作岗位，未来25年内将创造至少45万个永久岗位。这不过是美国宏大的高铁计划的冰上之一角。在“绝不能让中国比美国跑得快”的奥巴马的支持下，美国已经制定了一项投资350亿美元的全美高铁网计划，目标是在25年内让80%的美国人乘高铁出行。

报道说，美国联邦运输部部长拉胡德在科罗拉多州表示，美国的基础建设曾经世界第一，而现在远远落后，中国的高铁等重大交通基础建设已超越美国。他批评共和党人阻挠高铁进程，并担忧如果没有高铁，不能像前辈那样造福后代。

美国高铁依旧是梦

然而，美国人的高铁梦依旧是一场空欢喜。2015年开始施工的加利福尼亚州高铁项目，刚刚推进四年，2019年2月12日，美国加利福尼亚州长加文·纽森宣布缩减高铁计划，将建设里程由826.8公里缩短至191公里。

过去十二年中，加州已从联邦政府获得高铁项目估计费用的约三分之一。该项目的成本预算从开始的330亿元，到目前超过1000亿。多位南加州议员批评加州高铁项目失败，称其为“坑钱项目”，并联合立法防止更多联邦资金用于该失败项目。原计划该高铁线列车在2020年之前完全投入运营，但迄今为止遥遥无期。

原定于2016年9月动工的“拉斯维加斯—洛杉矶”高铁线路，中美签订共建合同短短9个月后，就从媒体盛赞的“国际合作的样板和楷模”走到了尴尬的处境。2016年6月9日晚，美国西部快线公司在其官网发布公告称，正式终止与中国铁路国际（美国）有限公司为建造美国高速客运铁路而组建合资公司的一切活动。其理由是“美国政府规定高速列车必须在美国生产制造”。这个理由其实很牵强，“西部快线”是一家私人公司，无论是当时选择与中国高铁合作，还是现在放弃与中国合作，与中美关系牵涉都不大。背后是美国共和党与民主党之间的政治博弈。

中国铁路总公司声明称，美国西部快线公司违反与中铁国际美国公司签订的有关协议，单方发布终止项目合作的消息，这一行为是错误的、不负责任的，中国铁路总公司表示反对，并已依法进行交涉。双方在合作框架协议中约定，任何一方对外发布有关信息，必须经对方同意。

外媒评论，这次中国高铁在美国的受挫，很可能也是美国政党之间出现利益分歧的结果。美国人其实也想坐高铁，但政治纷争阻碍了美国高铁发展，影响中国品牌移植。

尽管奥巴马总统在2009年上任之际曾承诺大力推动高铁在全美范围内的普及，提出建设横贯美国高铁干线的美好愿望。此后两年，奥巴马也分别在两次国情咨文中表示将大规模修建高铁。但八年过去了，美国高铁的建设在时速上和规模上都远远不及中国、日本、法国。

2017年6月5日，正在中国访问的加州州长布朗，从南京乘坐高铁到北京，这是他第二次在中国体验高铁。

面对加州举步维艰的高铁项目，布朗无不羡慕中国高铁的快速发展，他高兴地说：“我很喜欢坐火车，可以阅读，与人交谈，还可以站起来四处走动，而且现在高铁速度很快，也非常方便。”

他还很幽默地说道：“这列高铁看起来很不错，车很棒，很高兴能乘坐。我更希望能从加州乘坐高铁来中国，但火车无法跨越水域。”

布朗对于高铁一直是情有独钟，也是美国坚定的高铁倡导者。在2013年4月第一次访问中国的时候，他就选择从北京乘坐高铁到上海，在高铁上，他兴奋地来回走动，还不时与中国乘客握手，口中对中国高铁列车的速度、服务等称赞有加。

虽然美国有高速列车“阿西乐特快”，但最高时速仅240公里，平均时速110公里，远低于中国高铁350公里的时速。此外，美国铁路的准点率最高仅到75%，导致多数美国人不考虑乘坐火车出行。

4

中日高铁的纠结

日本作为世界上第一个建成高速铁路系统的国家，凭借丰富的运营经验、较高的行驶速度和先进的车辆系统而笑傲全球铁道圈。

要知道，日本50多年来一直把新干线当做国家的形象符号，一夜之间被中国超过，难免有些恩怨情仇。日本对中国发展高铁，一直怀有一种矛盾心态和纠结心理。之初，日本一直虎视眈眈中国的高铁市场。随后，又视中国为高铁领域的竞争对手，不惜一切与中国争夺“高铁外交”舞台。

特别是近几年，随着中国高铁大踏步地走向世界，在群雄争霸的格局中，日本新干线与中国高铁总是如影随形。面对印度、美国、泰国、越南等潜在的高铁市场，日本和中国的竞争日益激烈。

得知中国要搞高铁，日本人心情很复杂，既高兴，又忧虑。高兴的是，他们有机会将新干线推销到中国，拿下数十亿美元的合同。忧虑的是，未来日本高铁将又多了一个竞争对手。日本川崎重工总裁大桥忠晴劝告中方技术人员，不要操之过急，新干线从时速210公里提升至300公里，日本人用了近30年的时间。

几年之后，日本人的担忧得到了印证。中国成为了它们强有力的竞争对手，而且这种竞争是按照中国企业设定的游戏规则进行的。

2013年10月，李克强总理出访东南亚，欲与泰国、越南等国建立“高铁外交”。而日本首相安倍晋三也意欲如此，希望向东南亚推销日本的技术与产品，包括向越南、印度等国推销日本高铁计划。特别是印度，2013年5月，李克强访问印度时，推销中国的城际高铁技术，并许诺提供技术与资金帮助。随之，日本也开始了抢夺印度市场。而在越南市场争夺中，日本高铁被越南方面指出造价太高不予采用后，日本方面就在加大公关的同时，要日本媒体别有用心地宣传中国高铁仿冒日本技术，使得有意购买中国高铁技术的潜在客户受到阻吓，企图为日本的高铁技术上位铺平道路。

我以为，客观地进行中日高铁技术比较，日本发展在先，中国后来居上，这应该是不争的事实。

日本谋求高铁霸主地位

日本财团一直在布局中国。

二战前，日本财团被称为财阀，是明治维新后因政府的扶植而逐步发展成的具有垄断性质的大型控股公司。日本财团既是日本经济的支柱，也是日本社会的幕后政府，对日本政府的决策尤其是经济决策，具有举足轻重的影响力。由于财团占有经济社会与信息资源的绝对优势，日本政府的很多情报、决策都依赖于这些智囊机构。

许多资料表明，日本财团代表的财界势力对整个东亚经济早在20多年前就做好了设想。

1994年，日本政府出台了《东亚新干线铁路网》的建设计划书。该计划书透露，日本希望在不远的将来，能够构筑起一个东亚高速铁路网。以东京为起点，通过对马海峡的海底隧道连接韩国，然后穿过朝鲜半岛连接中国，然后从中国一路南下，终点站为中国香港。

从计划书可见，中国铁路是东亚新干线铁路网的重要组成部分。

然而，日本推进计划书的路径并不通畅。

20世纪90年代初，日韩两国领导人互访时，都曾商讨过共建日韩海底铁路隧道问题。后因花费太大未能实现。此前，日本已参与了韩国高铁项目。早在1970年，日本国家铁路公司的工程勘查团队，就参与了“汉城（现在的首尔）—宝山”走廊地区建造增强型的铁路系统的勘查。尔后，日本在竞标韩国高铁时，却败给法国阿尔斯通公司。

2004年，韩国高铁开通，宣称其列车主要是自己的技术，只有核心零件由阿尔斯通公司与韩国的现代重工业公司联合制造。

由于韩国的抵制，以及中国大陆的不积极，日本财团选择中国台湾作为其新干线铁路计划的实验田。从1996年开始，三井物产凭借在台湾的事业基础，积极推动台湾高速铁路项目的进程，并在日本成立了“台湾新干线日本企业联合”（TSC）。

1997年9月，欧铁联盟（主要厂商为德国的西门子和法国的阿尔斯通）击败了台湾新干线日本企业联合体。1998年6月3日，德国高铁发生事故，导致101位乘客在短短的180秒中丧生。德国高铁声誉受损，日本有了可乘之机。2003年元月，在台湾新干线建设工程（台北—高雄）的招标中，日本三菱重工、三井物产等日本7家企业组成的联合体再次获得了两个工区的轨道铺装工程订单。这样，全线5个工区日本企业联合体获得了4个工区的建设订单，包括新干线的车厢和信号等运行系统在内，承包项目总金额高达5370亿日元。台湾高铁尽管以日本新干线技术为主，但仍然采用了不少欧洲电器产品。

日本财团在对亚洲高速铁路的布局中，中国台湾高铁和大陆京沪高铁项目是其中一部分。日本财团是两岸通吃，哪里有钱赚就去哪里。既然在台湾的高铁项目已经拿到了，那么中国大陆是否决定采用日本的新干线技术，直接关系到东亚新干线铁路网计划的成败。

为争夺京沪高速铁路项目，向中国大陆推销新干线，1997年，日方组建了“中国高速铁路日本企业联合”，其人员基本上是“台湾新干线日本企业联合”的老面孔。所不同的是，在中国大陆出面领头的是三菱商事。

三菱商事隶属三菱财团。三菱财团成立于1954年，共由28家大企业组成，是日本数一数二的巨大企业集团。该集团主要以汽车、成套设备、军火、电子、石油化学、飞机、铁路、造船、核能等产业为重点。1977年后积极开展与中国的经济交往。

不久，由三菱商事、川崎重工等14个企业团体发起成立了“日中铁道友好推进协议会”，聘请前首相竹下登担任会长，总共有70家厂商会员，其中44个成员组成“中国高速铁路日本企业联合”。川崎重工等6家日本公司与中国四方公司合作，参加铁道部组织的车辆招标，并向中国提供客车技术。

中国领导人每次访日，双方必定谈到新干线，日方必定安排乘坐和参观新干线。1978年邓小平访日时乘坐了新干线，之后的中国领导人江泽民、李鹏、朱镕基等访问日本时，也都乘坐过新干线。新干线固然是日本安全便捷的交通工具，但日方如此安排既有展示新干线的先进技术的目的，更有向中国推销的意图。

1998年4月和11月，国家副主席胡锦涛、国家主席江泽民先后访问日本。日本运输省都特地安排两位中国领导人乘坐最新型500与700系列的新干线列车，让中国领导人眼见为实。在日本高速列车上，小渊惠三首相对江泽民说：“对中国的高速铁路项目，日本将官民并举，倾力协作。”

1999年7月，日本首相小渊惠三访问中国，向江泽民主席递交了一份《日本援建中国高速铁路意见书》，明确表示日本愿意提供最先进的新干线技术和建设资金。2000年4月，日本运输省官员曾表示，中国建设北京至上海高速铁路项目时，日本不仅可以向中国出口车辆，而且要向中国转让新干线系统的最新技术。

2000年10月14日，朱镕基总理访日，当时的日本经济团体联合会会长今井敬在欢迎宴会上郑重地表示：“日本没有美国的波音客机，也没有法国的空中巴士，只有一条新干线，希望中国能够在建设北京至上海的高速铁路问题上，认真考虑采用日本技术。”朱镕基总理只是回答了一句外交辞令：“欢迎投标参与国际竞争。”

2001年3月1日，上海磁悬浮列车示范运营线工程在上海开工建设。同年4月，日本提出中国的毛巾采取临时进口限制，后来由于农产品问题造成中日之间经贸关系的紧张，导致日本对中国援助逐年锐减。

同年8月13日，日本首相小泉纯一郎执意参拜靖国神社。次日，发生了在日中国人冯锦华在靖国神社南门石犬喷写了日语“该死”的字样事件，中国政府和中国人民同仇敌忾，中日关系走向低谷。

此时，中国要求采用德国磁悬浮技术的呼声高涨，日方十分郁闷。事实上，对于向中国推销新干线技术，日本国内的声音一直很嘈杂。

一方面，日本政界和产业界锲而不舍，不遗余力地向中国推荐新干线技术，还由此形成一个渗入中国高铁计划的战略，包括政治层面与技术层面的双重考虑。围绕着怎样将新干线技术出口到中国，日本不同的政治势力甚至拉帮结派，开始了激烈的角逐。

另一方面，日本国内也有强烈反对向中国出口新干线技术的声音。他们既害怕技术外泄，又担心中国成为日本强大的竞争对手。掌握了新干线核心技术的日本 JR 东海公司就认为，如果中国提出不购买全部设备而只是部分技术引进的话，他们将不与中国合作。

2003 年 7 月，JR 东海公司会长葛西敬之公开与日本国土交通省唱反调，明言不支持中国的高速铁路计划。2005 年 3 月，葛西敬之在《读卖新闻》上发表文章《中国的目标是割断日美》，以新干线问题为由头，极力煽动“中国威胁论”。日本国内也有不少右翼人士持相同看法，认为新干线是日本独一无二的东西，不该把先进的技术让给“对手国家”。

2002 年 9 月，中国国务委员宋健访问日本，日本媒体纷纷报道说，中国政府在京沪高铁计划中对日本新干线重新表示兴趣。由此，日本各界又掀起一波出口新干线的热潮。2003 年 8 月，日本国土交通大臣扇千景带着大礼——低利日元借款，来到北京拜访中国国家领导人和铁道部负责人。然而，中国政府方面的表态依然是一贯的:“采用哪种技术，正由中国专家做论证。”无论日方如何“利诱”，中方都没有偏向日本的表示。

2003 年 4 月，《日本经济新闻》报道说，中国高层曾向日本铁路业者表示“中国选定新干线的可能性为 95%”。同年 11 月 23 日，以日本经济团体联合会会长奥田硕为首的日本代表团开始了中国之行。被日本媒体称作是“对华民间经济外交的‘处女行’”。出发前，奥田硕曾反驳日本国内不赞成新干线出口给中国的人士说，这是一个绝对应该争取的事业，“中国的高速铁路计划不单是京沪之间，是涉及将来全中国多条建设路线的计划，况且日本透过展示先进技术，可促进企业向中国出口。”

诚然，高铁外交也是战场，日本谋求高铁霸主的企图一目了然。

多年来，日方对中国高铁市场的追求一直表现得十分迫切，而中方则是“任凭风浪起，稳坐钓鱼台”，不急不躁，不温不火，使得日本方面始终无法摸清中国的态度和底牌，最终赢得了国家利益的最大化。这是一种韬略，也是一种战略。中国高铁最终技术来源的引进，出乎了所有人的预料。

在中国高铁的争夺战中，为了谋求高铁霸主地位，最终赢得中国高铁市场，日方可谓不惜一切，绞尽脑汁，包括高铁外交方面的软硬兼施。诚然，在日、法、德三国的角力中，日本拔得头筹，原因是多方面的。

专家认为，日本政治和经济界的整体配合，日本财团整合力量的竞争优势，都是高铁外交中不可低估的力量，从而为他们的财团企业的技术投入带来巨大收益，并推动日本装备制造业的不断升级。

当前，中国高铁正在大踏步地走向世界。在群雄争霸的格局中，日本新干线与中国总是如影随形。在印度总理莫迪提出“钻石四边形”高铁规划之后，日本人的竞争更是积极活跃。印度是今后亚洲地区最重要的铁道交通建设市场，预计要修建7条连接印度主要城市的高铁线路，总长度达到4600公里。日本正通过各种途径积极运作，力争多拿订单。

美国也是当今最有吸引力的高铁市场，计划新建11条线路，总长度达到13700公里。日本极力建议华盛顿至巴尔的摩的高铁采用磁悬浮技术。实际上，面对越来越多的竞争压力，日本并未放弃“进步”。2015年4月21日，日本最新的L0系超导磁悬浮列车在富士山附近的一次载客试运行中创下时速603公里的世界纪录。

此外，马来西亚首都吉隆坡至新加坡全长350公里的高铁项目将进行国际招标，日本企业正全力以赴积极参与竞争。对于泰国铁路项目，日本也是四处游说，表示可提供优惠的政府开发援助贷款助其进行铁道建设，与中国展开争夺战。

跑不快的日本高铁

就目前世界高速列车的运营速度来看，日本最高速度为时速320公里，而中国京沪高铁“复兴号”时速350公里。而在高铁的平均行驶速度方面，日本高铁也逊色于中国高铁。

那么作为曾经的世界高铁领头羊，日本高铁为何没有中国高铁跑得快呢？

早在1964年日本东京奥运会开幕前夕，日本向全世界展示了一种最高运营时速达200公里的铁路运输系统，这便是东京到大阪间的东海道新干线，它同时也是世界上第一个成功运营的高速铁路系统。东海道新干线连接日本东京与大阪两大经济中心，相当于日本的京沪线。

日本是一个人口密集但又多山的国家，超过70%的日本人居住在本州岛太平洋侧和九州岛北部的平原。京滨工业区、名古屋工业区、阪神工业区和北九州工业区等工业中心也都分布在太平洋和濑户内海沿岸。传统的海运和公路运输在运输效率方面已难以满足日本飞速发展的经济增长需要。日本东京、大阪和名古屋三大都市圈，日益成为带动整个日本经济发展的火车头，而这些地区原有的铁路里程仅占日本铁路总长的3%，却承担着日本1/4的客货运量，运输能力早已饱和。特别是东京首都圈，聚集了日本三分之一的人口，有着极高的人口和经济活动密度。

东海道新干线的建成，大幅度压缩了日本三大都市圈的时空距离，东京至大阪最快2小时22分可达。由此，极大地促进了日本冶金机械制造、土木电子等相关服务行业的发展，对日本经济产生了巨大的影响。此后，日本又陆续建成了东北新干线、山阳新干线、九州新干线、北海道新干线、上越新干线和北陆新干线等高速铁路。

但是，先天不足制约了日本新干线的时速。这便是日本地形和人口分布等给线路规划施工带来的限制。由于国土面积小，导致高铁规划设计线间距小、曲线半径小和隧道横截面积小，高速列车想跑快，线路条件也不许可。

线间距是双线铁路左右两条轨道中心线的距离。在其他条件不变时，线间距越大，会车时产生的影响就越小，因此能接受更高的速度；最小曲线半径越大，弯道越平缓，也越能接受更高的速度。日本东海道新干线线间距为 4.2 米，其他各新干线（不含迷你新干线）4.3 米，最小曲线半径为 4000 米。而我国的京沪、京广、沪杭、宁杭等高铁线间距为 5.0 米，最小曲线半径为 7000 米。

日本高铁沿途也修了大量的隧道来缩短距离，受限于地理环境和当时的掘进技术，隧道净空断面积较小，双线隧道仅有 64 平方米，只能容忍高速列车减速通过。特别是在隧道会车时，车内会产生很大的动力波动，同时洞口会有明显的爆破声。为提高乘客舒适度和降低洞孔微气压波，日本新干线隧道采取了提高列车密封性能和洞口设置缓冲结构的措施，但是没能从根本上解决问题。列车通过隧道时，乘客仍有耳鸣等不适现象。多年来，日本高铁线路也在尽可能扩大曲线半径、扩宽线间距，但受地理条件限制，收效甚微。

东海道新干线为了绕开富士山、赤石山脉、木增山脉，满足静冈、滋贺等县沿线乘客的出行需要，线路出现了一个拐向北，一个拐向南的大弯，这使得东海道新干线比东京到大阪间的直线距离多了 100 多公里。而日本其他新干线线路亦有这样的规划建设局限。

此外，全长 515.4 公里的东海道新干线，沿线设站达 17 个之多。相比之下，我国长达 1318 公里的京沪高铁，沿线只设了 24 个站。较大的站间距能给列车带来更好的正线行驶条件，而过密的站间距只能导致列车刚刚加速到最高时速不久，就得减速进站。即便是一站直达的列车，其运能空间也会被线路上停站较多的列车所挤压。

日本铁路的私有化，虽然创造了各大铁路集团的市场化竞争氛围，却也限制了铁路建设企业和运营企业资金实力和建设运营能力。日本的铁路运营模式比较复杂，不同地区的新干线，是由不同运营商管理的。有国有铁道运营企业，还有名古屋铁道、西日本铁道等众多私营铁路企业；有自建铁路线运营的，有接受第三方铁路企业转让运营的，还有以出租赁形式运营铁路的企业。可谓大小企业众多，且相互独立。这样的多元化运营方式，虽然灵活性强，但大多互不统属，无法统筹一致，也无法形成大路网格局。

而中国的高铁建设始终保持“一盘局”的总体规划建设进程，铁路与地方共同出资，铁路建设资金得到充分保障，由于地方政府参与热情高，使得高铁线路在勘探、选址和拆迁等方面具有优势，这为铁路规划设计中实现更大曲线半径和线路的平直，创造了现实可能。

中国地域广阔，巨大的空间和人口规模，人均分摊的成本小，土地选择的余地很大。中国众多的铁路建设单位，均为国有企业，积极参与高铁桥隧、线路和地产开发等项目，积累了丰富的桥隧建设经验，并不断创新出了领先世界的建筑工程技术，使得近年来我国的高速铁路建设频现“世界之最”。先进的桥隧工程，为高铁线路缩短里程提供了可能，让中国高铁跑出了令世界瞩目的“中国速度”。

中外高铁比较

自2008年8月，中国第一条时速350公里高速铁路京津城际铁路开通后，不到两年时间，武汉—广州、郑州—西安、上海—南京、上海—杭州、石家庄—太原等多条高铁线路相继建成投产。中国高铁成就，举世瞩目，在国际社会引起了强烈反响。

日本东海旅客铁道株式会社社长葛西敬之在接受英国《金融时报》采访时表示，中国不断发展的高速铁路行业“窃取”外国技术，并且在安全上打折扣。

显然，日本对中国高铁如此反应强烈，主要是国际竞争的需要。

众所周知，中国引进技术是支付了转让费的。然而，在20世纪50年代，日本经济高速发展的时代，也曾借鉴过欧洲技术，那时连技术转让费都不支付的。拿把尺子就仿冒，那才是真正的“窃取”。

近几年来，不断有日本铁路高管跳出来指责中国高铁，不是说安全没有保证，就是说技术剽窃了他们的，再就是说中国高铁故障多等等。

中国高铁与国外高铁相比具有哪些优势？不妨归纳如下：

——运营速度高于原创。高速铁路技术的原创者是日本、德国、法国。日本的代表作是新干线，运营最高时速是320公里。法国的代表作是地中海线，运营时速最高也是320公里。德国高铁的运营最高时速是300公里。就这三个国家而言，日本除了道岔区以外，都是无砟轨道，法国是用的有砟轨道，德国新线部分是用的无砟轨道。而中国高铁大部分线路是无砟轨道，设计时速是350公里，接近最大安全速度。中国高铁在世界上率先攻克了时速350公里条件下空气动力学、轮轨关系、车体气密强度、减震降噪、大断面车体等一系列重大技术难题，从而使列车速度保持在一定的稳定范围内，保证了一定的安全余量，使其控制在30%到35%。中国的技术比日、德、法复杂，其品质和水平高于原创。

——线路稳定性高于国外。贯穿辽阔国土面积的中国高铁，横跨多个不同的气候和地质区域，在线路设计上自然有更多的实际经验，技术上也比日本具有更多的优势。京津城际是软土路基，武广高铁是岩溶路基，郑西高铁是黄土湿陷性路基，还有哈大高铁高寒季节性冻土，在这样复杂的地质条件和气候条件下建铁路，尤其是建高速铁路，需要攻克地基以及路基填入难题，而日本、法国、德国都没有这样的地质问题。桥梁、隧道等包括铺轨的无缝线路技术全是中国自己的。京广高铁从南到北2298公里，跨越温带亚热带、多种地形地质区域和众多水系，钢轨热胀冷缩问题处理得非常好，足见中国技术是国际领先的。中国的动车组列车为什么能跑那么快？一个很重要的原因，就是线路等级的平稳性等是最好的，还有良好的系统匹配，比较适合更高的速度。因为线路条件好，中国高铁的脱轨系数、减载量等，都是很低的。

目前，中国既有经过零下40摄氏度高寒地带的哈大高铁，也有穿越台风频发环境的海南环岛高铁；既有经过大风区和戈壁沙漠的兰新高铁，也有隧道长度超过总长度一半、有“超级高速地铁”之称的贵广高铁。这些覆盖各种地质和气候条件的高铁，为世界高铁建设积累了丰富的经验。

——隧道交会时速高于国外。中国攻克了黄土地区隧道的技术难题，实现了高速列车以350公里的运行时速在隧道里交会，旅客没有丝毫不适。

日本新干线隧道断面积为64平方米，而中国高铁隧道断面积达到了110～140平方米，比日本翻了一倍。普速铁路隧道，由于速度底，可以不考虑列车在隧道内引起的空气动力学问题。而高速列车通过隧道时，所受空气动力学作用力，是普速铁路隧道的17.34倍。因此隧道断面大小的标准确定很重要。武广高铁穿越南岭的大瑶山隧道群、穿越长沙城区和浏阳河的隧道，开挖断面达到160平方米，几乎相当半个篮球场的面积。

日本新干线由于隧道横断面积小，空气阻力大，制约了列车的通过速度。与新干线隧道的乘客耳鸣感觉相比，中国动车组高速通过隧道时，旅客没有感到不适。中国的高铁线路品质精良，桥隧设计标准高，建造精度高，效果自然好。

那么，相比之下日本高铁的优势在哪里？中国工程院院士、时任中国铁路总公司总工程师何华武认为："要说中国与日本高铁的差距，主要表现在地震的预报与处置上。日本是一个地震的多发国，目前日本地震处置技术十分先进，能够做到在地震横波距高铁100公里时，自动切断高铁的电源，确保高铁运行安全。中国差距的原因，除了技术原因外，再就是中国国土面积大、高铁线路多，像日本那样设置密集的地震观测点，显然还做不到。"

另外，日本的高铁和既有线不兼容，德国、法国高铁和既有线是采取高速列车下线覆盖既有线，中国高铁可以与既有线跨线运行，保持了一张完整的客运铁路网，效益获得最大化。

中日知识产权之争

京沪高铁开通时，新闻媒体使用了三个定语：中国线路最长、速度最快、质量最高的高铁。首日上座率达到98%。高铁股飙升至历史高位，海外市场前景看好。

由此，时任铁道部总工程师何华武向世人宣称，中国已掌握时速300公里及以上高速铁路的核心技术，尤其是高速电气化铁路牵引供电系统的主体设备接触网，已经开始实现关键零部件的国产化。

有消息称，中国将在美国、欧洲、日本、俄罗斯、巴西申请京沪高铁的21项专利。中国铁路部门也多次表示，中国高铁核心技术和外国没有知识产权纷争。

对此，日本显得异常紧张，反应强烈。

京沪高铁成功运行后，“中国版新干线”是日本媒体最常用的指代中国高铁的词汇。日本朝日电视台新闻节目主持人在报道中国高铁时，称中国在这个问题上“脸皮太厚了”。

2011年6月28日，日本国土交通省宣布，于7月1日新设国际统括官，负责新干线等基础设备的海外出口。他们认为：“中国在海外承包的铁路项目进展速度快，车辆价格比其他国家低两成。如果取得高铁的海外专利，中国高铁的竞争力将更强。”

早在6月9日至19日京沪高铁全线成功试运行后，6月29日，日本《读卖新闻》以“日本警惕‘中国复制版铁路’”为题，称日本对“在日本新干线技术基础上发展起来的中国版新干线”的海外出口充满警戒。报道称，十多年前，中国开始对日本的新干线技术感兴趣，但日本方面对于提供该尖端技术给中国一直持消极态度。2004至2005年，川崎重工等6家日本企业联合体与中国制造厂商合作，向中国提供了以日本的新干线“疾风号”为原型的120辆车，共计960节车厢。“中国高铁和日本的新干线外表一模一样，这本是象征着中日友好的技术支援。”文章还引述日本国土交通省人员的话：“大家都不高兴，中国只是复制引进的车辆的技术，却说成是自己的技术。”日本新干线制造商川崎重工表示：“不知道中国要对什么样的高铁技术申请专利。”

7月1日，日本电视台称，“中国新干线仅凭时速与日本新干线不同就想申请国际专利”，并引述国际律师的话分析称，只凭速度差就申请国际专利“很难”。该电视台还断言，美国和俄罗斯“不会承认中国的高铁专利”。

日本新干线运营商JR东海公司的社长山田佳臣“明显地不高兴”，他称新干线技术是“日本汗水和眼泪的结晶”，并呼吁检讨中国高铁的“专利侵权”。日本媒体称，当时日本、德国、法国、加拿大4国向中国出售高速铁路技术时，规定技术只能用于中国境内，“中国高铁申请海外专利，可能引发多方对抗。”

7月4日，日本新干线技术开发者——川崎重工的总裁大桥忠晴对《朝日新闻》记者发表谈话:“如果中国高铁在海外申请专利的内容与中国和川崎重工关于新干线技术出口的契约相抵触，将考虑对中国高铁‘侵权’提起诉讼。”他还声称，希望“中国采取作为大国应有的行动”。这番话被日本媒体解读为该企业“暗示将起诉中国高铁”。次日，日本新干线运营商JR东海公司总经理清野智也称，对中国新干线申请国际专利表示“重大关切”，今后将“静观事态发展”。

7月5日,《读卖新闻》报道称，日本外相松本刚明昨天和中国外长会谈时，表达了对中国高铁“侵犯日本知识产权”的关心。在此之前，日本外务省国际报道官接受中国《环球时报》记者采访时说，如果确认中国在日本申请了技术专利，且有证据证明并非中国独创而是模仿了日本的技术，外务省会通过外交渠道向中国提出抗议。

更有趣的是，日本担心对抗中国高铁的力量不够，企图联合德国一同抗击中国。日本“中国商业热线”网站刊文说，中国高铁申请国际专利问题在日本引起的骚动有点过头了，日本应摆脱“受害者”意识，联合同样向中国出口过高速铁路技术的德国共同“维权”。文章称，中国根本不把日本放在眼里，日本应该“堂堂正正和德国组成共同战线”对抗中国。该文还分析称，如果此事拿到国际法院，依照法律裁决的可能性很大，这样的方式对日本有利。日本只要静等法院裁决就行了，这也是借机把知识产权观念彻底打入中国的良好机会。

然而，德国并没有入日本的圈套。高铁技术原创者西门子公司没有表现出和中国高铁“掐上”的意愿。和日本媒体相比，德国媒体的表现也理性得多。7月5日,《环球时报》记者搜索了一个月来德国主流媒体有关京沪高铁的报道，没有发现一篇指责中国抄袭德国高铁的报道。欧洲发行量最大的报纸德国《图片报》说，京沪高铁打破了世界上的所有纪录，展现了中国列车的最高级水平。虽然有德国技术的帮助，但列车90%为中国制造。

面对日本企业表现出的纠结心态和日本媒体不负责任的报道，中国铁路部门底气很足。

按照国际惯例，衡量是否具有自主知识产权有这么三个基本要素。一是创新性。即与别人不同，而且这个不同是有价值的。二是自主性。创新成果是以自己为主创造出来的。三是专利性。也就是说要取得专利。

2011年7月7日，时任铁道部政治部副主任兼宣传部长、新闻发言人王勇平做客新华网，专题与广大网友讨论“中国高铁知识产权与技术创新”问题。

王勇平说，7月4日，中日外长举行会谈。在日本松本刚明外相提及此事的时候，杨洁篪外长当即指出，中国申请的技术已经经过了自主创新。杨外长已经言简意赅、立场鲜明地表明了中国政府的态度。王勇平强调指出，中国人不会做“把别人的东西硬说成是自己的东西”的事情，也绝不会因别人说三道四就对自己用心血和智慧换来的创新成果放弃申请专利的权利。

王勇平很赞赏日本人的学习精神，他说，日本是个善于学习的民族，对外来文化消化吸收能力很强，有着开放的学习态度。日本在明治维新时期，就曾举国学习西方科学技术，还曾依据英国模式建设铁路。就高铁技术而言，也是这样。20世纪50年代，日本开始研究“动力分散型”新型电气列车技术，就是受到了欧洲列车技术的启发。领军人物是岛秀雄。可以说，是善于学习的民族习惯大大推进了日本国文明的进程，也为今天日本的发展开辟了道路。所以说，科学技术是全人类的共同财富，只有善于学习，又能在此基础上不断创新的民族，才会在各个时期都不断进步，不断发展。

王勇平反驳道，什么叫“盗版日本新干线”？这有点大言不惭了。可以说，京沪高铁与新干线相比，无论速度还是舒适度，无论是线上部分技术还是线下部分技术，都上了新台阶。例如，中国创新制造的CRH380A型车与从日本川崎重工引进技术、合作生产的CRH2型车相比，功率由原来的4800千瓦增加到9600千瓦；持续时速由原来的200至250公里提高到380公里；脱轨系数由0.73降低为0.13；头车气动阻力降低15.4%，尾车升力接近于0，气动噪声降低了7%；转向架轮对实现了“踏面接触应力”比欧洲标准降低10%至12%的新突破；车体的气密强度提升了50%，保证了列车在时速350公里隧道内交会的结构安全可靠性等等。王勇平认为，打“嘴上官司”毫无意义，一切靠事实说话，靠数据说话。

这次访谈，网友们给予了热情的支持和认可。认为王勇平言辞严谨，有理有度、不卑不亢地维护了祖国的尊严，准确地表达了中国铁路部门的立场和观点。

就在王勇平做客新华网发表谈话的第二天，日本国土交通大臣大 章宏在记者会上表示，就中国开始办理高铁国际专利申请手续一事称，“双方有必要冷静商谈，(因为) 即便相互指责也无法找到解决的途径。”他强调说，日方完全无意针锋相对，“重要的是根据协议内容，相互遵守国际规则。”

紧接着，日本电视台报道说，在一个技术基础上产生新技术，在技术界是理所当然的事。报道借用了一位国际律师的话，“现在搞清楚新干线出口时日中之间的契约内容非常重要。”

很快，日本媒体透露出了中日高速铁路交易协约内容。

2004 年，中日签署协议，中方从阿尔斯通和川崎重工购买高速列车。其中，川崎重工与中国铁道部签署的协议价值相当于 7.6 亿美元，包括将时速 250 公里“疾风号”的全部技术和知识产权转让给中国青岛四方公司。

西门子和川崎重工的高管都说他们当时很希望拿到合同，如果不跟中国做生意，恐怕竞争对手也会做。这些高管说，他们当时预计很多年内，或许是数十年之内，中国公司都不会构成竞争威胁。

然而，日本没有想到，中国人这么快就研制出时速 350 公里的列车，并迅速成为国际市场中日本新干线的竞争对手。由此，日本人难免有“吃不到葡萄说葡萄酸”的情绪。一向自诩技术一流，并且自认为是比中国人高等的日本人，在国际高铁市场竞争中败给中国，心里显然不是滋味。包括川崎重工公司在内，他们都在后悔。

事后，川崎重工总裁大桥忠晴向中国铁道部发来了一封致歉信，并声明《朝日新闻》曲解了他的原意。王勇平读到这封致歉信，感慨多多。客观地讲，大桥忠晴先生在推进日中高铁技术交流合作中还是发挥了积极作用的。然而，他低估了中国人民坚韧不拔的毅力和源源不断的创造力。他曾经劝告中方技术人员不要操之过急，先用 8 年时间掌握时速 200 公里技术，再用 8 年时间掌握时速 350 公里技术。也许正是中国高铁的飞速发展大大超出了包括大桥忠晴先生在内的日本人士的预期，导致其强烈的心理失衡。

按理说，日本从中国得到了市场，中国从日本得到了技术，各得其所，两全其美，这本来就是很公平的事。诚然，中国铁路对日本技术不是简单的借鉴，而是进行了大量的调整和改进，而且许多重大技术改造是在日本有限的国土面积上无法实现的，使高铁技术更加先进，从而使快速列车的运行速度更快，乘坐更舒适。

2011 年 11 月 22 日，国家知识产权局局长田力普发表谈话指出，中国高铁技术在原有技术的基础上有大量创新，是拥有自主知识产权的高铁技术，不存在所谓“抄袭”。田力普认为，其实任何技术创新都可以分为两个部分，其一是现有的技术，其二是在现有技术基础上的创新部分。“只要你使用现有的技术时，给它（知识产权）的所有人支付了费用，合法地使用，就不存在抄袭的问题。”田力普说，中国引进这些现有技术时，也支付了大量的专利费，发达国家的创新也是这么来的。

众所周知，中国高铁技术是中国引进、消化吸收再创新的结果。引进外国技术是根据与外国公司签订的技术转让协议合法获得，不是偷来的。到目前为止，中国铁路没有和任何一家国外公司产生知识产权纠纷，并且中国高铁已经申请了 946 项专利。从 2005 年开始，中国在铁路技术领域的专利申请量开始逐渐超越了铁路技术领域的专利第一大国日本，位列世界第一。中国高铁的发展在知识产权方面是经得住考验的。

事实上，国际社会已经认可了中国高铁的知识产权。中国四方公司开发的 CRH380A 型动车组已经通过美国的知识产权评估。在四方公司跟踪美国加州高铁市场的过程中，由四方公司提供自己的技术条件和设计方案，美方检索出来所有相关技术专利 900 多项，再找专业人士评估是否侵权。最后美方评估的结论是四方的产品没有侵权，说明 CRH380A 的技术完全是自主产权，且已经超过日本新干线技术。

不可否认，日本、法国和德国是高铁技术的原创者，在应用上有较长的历史，但是这并不意味着日本在高铁方面永远是最先进、最成功的。不能因为中国在较短的时间内取得显著的成绩而污蔑中国的技术不成熟，是偷窃的。诚然，中国高铁技术进步得益于与发达国家进行技术交流，日本也在高铁技术交流中给予了中国不少帮助，但这种帮助是建立在互惠互利基础上的。

中国人民大学经济学院教授杨志在接受《中国产经新闻》记者采访时表示，无论作为各国包括中国的技术、经济、贸易发展的环境，还是作为中国高铁科学发展和国际化发展的背景，都是世界各国在近四五十年来致力于国际化、全球化发展的产物。中国高铁发展现状本身，是中国自2004年起通过世界技术贸易和产品贸易的市场，先后与加拿大、日本、法国、德国等外国企业进行等价贸易交换，并以重点购买国外先进技术的方式、由中国列车企业集团进行列车生产，并在达到一定程度的国产化后，再以此为基础进行自主创新研发的产物。

北京邮电大学经济管理学院经济学博士马晓飞认为，任何科学技术的发展都是在既有的基础上不断进步，都是在科学技术的大厦上不断“添砖加瓦”，这样才铸就了世界科技的日新月异。不可能事事从头再来，也没有必要。看看后来居上的日本、韩国、新加坡等发展道路就能明显看出这些国家也是走的引进、消化、吸收和集成创新的道路，日本尤其明显，欧美也不例外。

有趣的是，自从中国高铁问世并且迅速发展后，日本高官和媒体一直说中国高铁技术来自日本。然而，温州动车事故以后，日本高官和媒体却来了一个180度的大转弯，赶紧与中国高铁划清界线，指责中国高铁技术不过关。《读卖新闻》称，中国高铁事故接连不断，与日本新干线技术无关。《东京新闻》引述日本国土交通省官员的话说：“技术上杂七杂八的中国高铁，存在安全隐患很多。我个人是不想乘坐的。”他还表示，日本愿意提供技术、人才支持，帮助中国查明原因。

日本媒体如此前言不搭后语，是何等的滑稽可笑。

当得知中国准备申请高铁技术专利的消息后，日本媒体又坐不住了。其实，解决问题的路径很简单，如果中国高铁是日本技术，中国未经同意使用，日本方面完全可以提交国际仲裁法庭，但是日本却没有这么做，只是造舆论说中国剽窃日本技术，谁是谁非，日本人心里最清楚。

尽管日本高铁企业和日本媒体对中国高铁发展十分纠结，仍然有不少日本新闻从业人员很客观公正地评价和报道京沪高铁的成功开通运营。日本东京广播公司记者真下淳先生在体验京沪高铁接受采访时说：“京沪高铁科技水平很高，内部设施很豪华，日本的新干线是没有的。”“日本新干线经常弯曲前行，很难像中国高铁那样保持高速运行。”

日本FNN电视台报道说，考虑到综合效率和安全因素，中国新开通的京沪高铁降低了最高时速，但即使如此，列车运行“也是相当快”，而且运行稳定。

高速列车乘务员从北京南站出乘

第5章

高铁理性回归

盛光祖认为，一切从实际出发，坚持科学发展、全面发展，铁路必须把安全放在首位。要客观冷静地分析中国高铁发展存在的问题，并科学有效地加以解决，这是当前的首要任务。

这注定是中国铁路史上的悲剧。

2011年7月23日20时30分，北京南站开往福州站的D301次动车组列车运行至甬温线上海铁路局管内的永嘉站至温州南站间双屿路段，与前行的杭州站开往福州南站的D3115次动车组列车发生追尾事故，导致D301次1、2、3节车厢侧翻，从高架桥上坠落，毁坏严重，4车厢悬挂桥上，D3115次15、16车厢损毁严重。这次事故造成40人（包括3名外籍人士）死亡，172人受伤。中断行车32小时35分，直接经济损失19371.65万元。

一时间，境内外舆论群起而攻之，对中国高铁谴责声一片。应该承认，那场事故和随后出现的舆论运动沉重地打击了中国高铁发展，高铁计划重新审定，各条高铁线路车速下降。舆论对高铁的口诛笔伐还直接影响了国际市场对中国高铁的信心，造成部分订单流失。然而，也正是这次高铁事故，让中国高铁开始认真反思，回归理性的脚步。

2011年8月10日，国务院总理温家宝主持召开国务院常务会议，对高铁运营速度、铁道部债务增长速度踩下了刹车踏板。会议决定，开展高速铁路及其在建项目安全大检查，适当降低新建高速铁路运营初期的速度，对已经批准但尚未开工的铁路建设项目，要重新组织系统的安全评估。暂停审批新的铁路建设项目，并对已受理的项目进行深入论证，合理确定项目的技术标准、建设方案。

当天，铁道部部长在接受新华社记者采访时表示，为增加中国高铁安全冗余，积累安全管理经验，在高铁运营初期，中国将全面下调高铁运行时速。

由此，中国高铁发展趋于理性，走上了稳健的发展之路。

1

高铁全面调速

“7 · 23”温州动车事故导致的直接结果是，中国高铁全面调速。

除了运行速度，还有哪些配套内容也需要“调速”，中国高铁保持怎样的发展速度才算合理，中国高铁应该朝着什么方向发展，这些都到了应该从根本上反思的时候。有专家质疑：“7 · 23”温州动车事故跟速度有关系吗？是速度问题还是管理问题？有学者提出，“大跃进”式的高铁建设，造成了非常严重的问题，这个后遗症不可低估，需要很长时间来消化。

铁道部新一届领导班子认为，一切从实际出发，坚持科学发展、全面发展，铁路必须把安全放在首位。要客观冷静地分析中国高铁发展存在的问题，并科学有效地加以解决，这是当前的首要任务。

给高铁“补课”

甬温线特大铁路交通事故 18 天之后，铁道部采取了果断措施：调速。这是中国铁路在之前的几年连续 6 次大提速以及多次向高铁最高时速冲击后的首次调速，也是在“7 · 23”甬温线特别重大铁路事故后，铁路系统对中国高铁的一次“补课”。

2011 年 7 月 28 日，温家宝在温州事故现场向中外记者明确表示，要

北京铁路局供电职工检修高铁接触网

给公众“一个真诚负责任的交代”。谈到中国高铁发展，温家宝说：“高铁建设应该从设计、设备、技术、建设和管理综合衡量。在这当中，安全是第一位的。失掉了安全，就失掉了高铁的可信度。这些年来高铁事业有了很大的发展，但这起事故提醒我们，要更加重视高铁建设中的安全问题，实现速度、质量、效益和安全的统一，把安全放在第一位。相信有关部门会认真汲取这起事故的教训，从多方面改进工作，特别是要突破关键技术，加强管理，使中国的高铁真正安全起来，这样才能在世界站得住、有信誉。”

8 月 11 日，铁道部部长在接受新华社记者采访时表示，事故发生后，铁路部门迅速行动，采取一系列措施，全面加强和改进铁路安全工作。一是迅速开展安全隐患排查及整改工作。从 7 月 25 日起至 9 月底，采取集中排查的方式，

对行车设备、职工作业、规章制度、非正常情况下行车、应急处置、工程建设等重点内容，进行全面排查整改。二是组织各级干部对安全进行包保。铁道部机关抽调180名专业干部，分系统组成47个安全检查组，到运输一线对安全重点部位进行全面检查。三是加强铁路职工安全思想教育。引导广大干部职工认清面临的严峻形势，深刻吸取事故教训，坚定信心，振奋精神，切实抓好安全生产。四是做好事故善后和维护稳定工作。积极会同地方政府，尽最大努力妥善做好受伤人员救治和善后处理工作。

经过慎重考虑和认真研究，铁道部决定对高铁运营初期运行速度和列车开行方案进行调整：在运行速度方面，设计最高时速350公里的高铁，按时速300公里开行；设计最高时速250公里的高铁，按时速200公里开行；既有线提速到时速200公里的线路按时速160公里开行。速度下调的列车，票价也做适当下浮。在列车密度方面，高铁运营初期采取“列车运行图一次编制、分阶段实施”的办法，逐步提高列车开行密度，以利于新设备更好的磨合。

与此同时，铁道部对在建的高铁项目进行全面检查。重点是科学合理地安排施工组织，严格禁止建设项目赶工期，加强质量安全监督管理，严格工程验收。对已经批准但尚未开工的铁路建设项目，重新组织系统的安全评估，暂停审批新的铁路建设项目；对已受理的项目进行深入论证，合理确定项目的技术标准、建设方案。多

东北地区高速铁路网枢纽站——沈阳南站，施工整修现场

条已获批文但未开工的高速铁路项目，也因这次事故而变得命运难料。

此前，包括京津城际、京沪高铁、沪杭高铁设计的初始速度都是每小时350公里，虽然京沪高铁之后调整为300公里、250公里两种时速并行运行，但京津城际、沪杭高铁仍然执行350公里的时速。按照铁道部统一安排，设计最高时速350公里的高铁将按时速300公里开行。这次全面降速，标志着350公里时速列车将消失。这两条高铁线路在调整列车运行图后时速也将降为300公里。受此影响，原本预计于当年年底通车的宁杭高铁，通车日期亦延迟，同时运行时速最大可能也只是300公里。

同步调整的还有设计最高时速250公里的高铁，将按时速200公里开行。如合武、福厦、甬台温等高铁线路都将在调图后按时速200公里运营，市民出行的旅程时间会相应延长。其他如石太、长吉、海南东环、广珠城际等高铁线路也将全面限速200公里。

时任铁道部副部长胡亚东表示，经测算，时速350公里和250公里混跑运行模式，其效率要比300公里和250公里混跑运行模式低20%。选择较小速度差有利于运行安排。

专家认为，所谓高铁“补课”，就新建高铁线而言就是补强。一是补强新线过渡期，使之沉降稳定；二是补强最初运营期，使之新设备磨合适应。

《中长期铁路网规划》表明，“四纵四横”的客运专线“客车速度目标值达到每小时200公里及以上”。正是这一模糊描述，为日后建设中的高铁提升速度标准埋下了伏笔。事实上，2008年之后，“四纵四横”客运专线网中已建成运营的和在建的路线，大都按照时速300公里甚至更高时速运营和建设。京沪高铁设计时速为350公里，其中全长220公里的枣庄至蚌埠段则是按时速380公里建造的，创下全球高铁建设的最高标准。

速度目标值的上调，必然要求增加工程投资。

2006年国务院批复京沪高铁立项时，预算金额为1700亿元左右。到了2007年，京沪高铁部分区段的速度目标值从300公里提升至380公里，以及线路设施的增加，铁道部也将预算金额上调至2200亿元，并获国家发改委批复同意。这一投资总额突破了三峡工程的预算金额。

随着速度目标值调高，京津、武广等高铁线路的最终投资额均突破了最初的预算金额。

对新一届铁道部领导班子来说，眼下一个迫切的任务就是要控制负债的规模。这就会涉及到对原有高铁线路规划的调整，根据经济社会发展的实际需要，调整确定新建高铁线路以及线路的速度目标值。这也属于高铁“补课”的范畴。

早在2011年4月12日，铁道部部长在接受《人民日报》记者专访中强调：“铁路建设规模要适度超前，而不能过度超前。今后在具体项目安排上，要保在建、上必需、重配套。”保在建，就是对已开工的项目必须确保，特别要抓好当年竣工的建设工程项目，保证如期建成开通；上必需，就是对完善路网主骨架、煤运大通道和经济社会发展亟需的项目，争取尽早开工建设；重配套，就是搞好已建成项目的综合配套，以提高点线通过能力、固定设备和移动设备配套能力为重点，提高路网综合运输能力。

当时，国内在建的京沪、哈大、京石、石武、广深、津秦、宁杭等高铁的建设标准尚无大调整。受“保在建、上必需、重配套”政策冲击最大的，还是那些计划上马、但未开工的项目。连接武汉到宜昌的汉宜城际铁路，是“四纵四横”高速客运专线中沪汉蓉通道的一部分。很快，该线路的施工单位接到通知，要求把建设时速标准从250公里下调至200公里。

国家发改委综合运输研究所研究员罗仁坚认为，中国铁路发展开始步入稳妥推进阶段，充分利用高铁大投资为市场服务，不再一味追求高速度。调速、安全、去豪华等思路变得更加明朗。

王梦恕对《中国经济周刊》记者表示：我们高铁的最高设计时速是350公里，实际上应按80%设计速度运行。这方面有宣传上的失误，汽车最高时速200公里，哪有人会一直真开这么快？

北京交通大学经济管理学院教授赵坚认为，火车在跑的时候，受到的阻力和速度平方成正比，从200公里增加到300公里，能源消耗增加1倍。再提速度的话，能耗要急剧上升，经济上也不合算。

至此，中国高铁在突飞猛进8年后，终于放慢了脚步，回归于稳步前行。

调速与套跑思路

铁道部想调整高铁速度的“底牌”，最早已在2011年“两会”上就透了底。

很长一段时间，铁道部总结工作成绩时，有两个很重要的关键词：里程与速度。特别是速度，往往能更直观地体现一个国家的铁路技术水准。从1997年起，铁道部相继实施了六次全国铁路大提速，到2010年，中国火车的最高运营时速从140公里提高了350公里，翻了一番还多。

速度，无疑成为中国铁路发展和进步的最有力见证。但随着2010年中国高铁通车里程以几何式增长后，安全压力也与日俱增。铁道部领导有着一种如履薄冰、如临深渊的感觉，内部大大小小会议对于安全的强调，日益多了起来。

2011 年 3 月 5 日，铁道部部长在列席全国人大宁夏代表团审议时发言谈道："宁夏把拟建铁路速度预定时速设定为 200 公里是合理的，安全把握较大，票价不太高，老百姓能接受，乘坐也比较舒适。此前，一些中西部省份也曾希望修建时速350公里的高铁，要求与东部地区享受等同旅行速度。我认为，还是一切从实际情况出发好。"

鉴于日本、德国等世界上高铁技术强国其高铁运营最高时速不超过 300 公里。日本在 20 世纪 80 年代开建的 1000 多公里的新干线，分为七段建设，历时 10 年完工，运行最高时速也分别经过了 210 公里、240 公里、260 公里、275 公

不同时速等级的高铁列车在余杭站会车

里四个阶段，到1997年才提升至300公里的水平。在“安全第一”的强化教育中，铁道部领导和广大干部职工开始意识到，让速度慢下来，或许能换取更大的安全冗余。由此，调速渐渐成为铁路人的共识。

最终，在2011年3月底的一次铁道部的高层会上，铁道部作出了高铁运营速度调整的决定，将中国高铁的最高运营速度从380公里下调到300公里。同年4月，铁道部部长在接受《人民日报》记者专访时，宣布了高铁调整速度的消息。即将开通运营的京沪高铁，为了适应旅客的不同需求，安排开行时速300公里和250公里两个速度等级的列车，实行两种票价。这就是后来媒体所称颂的“套跑”思路。

这年4月23日，在全国铁路电视电话会议上，铁道部党组向全路干部职工讲解了调速与套跑思路，内容与《人

民日报》上刊登的那篇专访文章的口径基本一致。尽管全篇讲话中没有直接提到降速二字，但铁路干部职工正是通过这一方式，接受了中国高铁将要“慢下来”的事实。

在这次全路电视电话会议上，铁道部还提出了一个新概念：快速铁路网。铁道部主要负责人在谈到“十二五”的铁路建设安排时说，“我们考虑，以高速铁路为主骨架的快速铁路网按三个速度等级来建设：一是‘四纵四横’主通道的部分高铁，按时速300公里的标准建设；二是高铁延伸线、连接线及城际铁路，按时速200公里到250公里的标准建设；三是客货并重的快速铁路以及中西部大部分铁路，按时速200公里以下的标准建设。”

在这一最新表述中，4.5万公里的快速铁路中包括高铁。“高速铁路”将作为“快速铁路”网的一个骨架，高铁运营速度被划分多个档次，最高运营速度从380公里降低到300公里。

国家发改委研究员罗仁坚认为，铁道部日前正式公布不同时速等级的高铁列车在余杭站会车的套跑思路，“让高铁线上同时可以跑300公里或者250公里或者200公里时速的动车组列车。这种套跑方式，一方面节约成本资源，另一方面更加满足大众市场的需求，这一思路必然会带来高铁技术发展以及运营组织模式的转变。”

相对于高速列车调速而言，优惠票价可能是出行民众眼里的好消息。铁道部表示，速度下调，列车票价也会适当下浮。同时，豪华座椅更换为普通座椅，两项举措促使调价后的高铁票价更加平民化。

2011年6月1日，铁道部官方网站推出的《全国铁路新的列车运行图》显示，自2011年7月1日起，武广、郑西和沪宁城际高铁由时速350公里单一模式调整为时速300公里和250公里两种速度模式，均分别安排动车组列车80对、22对和110对，较目前的开行对次增加了一半以上。

6月13日，铁道部副部长胡亚东在京沪高铁开通运营新闻发布会上透露，京沪高铁已通过初步验收和安全评估，完全具备开通运营条件，将于6月底正式开通运营。基于调速与套跑思路，在90对动车组列车中，有时速300公里动车组列车63对、时速250公里动车组列车27对。考虑到运营时速从350公里调整为300公里，武广高铁、郑西高铁和沪宁城际高铁等相关高铁公司将适当下调时速 300 公里动车组票价，下调幅度在 5% 左右。

2011 年 7 月 1 日，上海铁路局调度台的大屏幕显示，上海局管内的沪杭、合宁、合武、杭深线宁波至厦门段等高铁线路都实行了降速，其中沪杭高铁运行时速将从 350 公里降至 300 公里，其他几条线路则从 250 公里降至 200 公里。

自此，中国高速列车的运行速度慢了下来。有资料显示，经过这次调整后，包括高铁在内的全国铁路客运能力增长了 9.6%。

专家分析认为，动车能耗与速度的平方成正比。这就意味着，随着速度的提高，高铁的能源消耗急剧增加。对于设计速度且停站较多的列车，由于加速和制动距离较长，列车一旦冲抵最高时速后，便不得不降低速度。其结果是，瞬间时速虽高，但对减少全程运行的时间的贡献并不突出，由此而产生的能耗却相当可观。

北京动车段相关人员接受记者采访时谈道：“高铁降速后，动车的部件损耗明显降了下来，车辆段领导和技术人员的心也安稳了许多。”有资料表明，当高铁时速超过 270 公里时，牵引力的 90% 以上都用于克服空气阻力，当高铁时速超过 300 公里时，则 95% 以上的牵引力需用于克服空气阻力。而当车速超过 300 公里时，会出现车轮空转、功率空耗、加快磨损等一系列问题。举例而言，京津城际高铁的速度由过去时速 330 公里降为 300 公里，全程运行时间只增加了 3 分钟，部件磨损率却大幅降低。降速前，列车闸瓦片 5 个月换一只，降速后，延长到了 8 个月换一次。机车受电弓的平衡翼的损伤程度也大大缓解。

让“中国速度”更纯洁

严格地讲，高铁调速与甬温线事故无关。

早在“7 · 23”甬温线事故之前，铁道部就已经接连释放高铁调速的声音，而且 7 月 1 日已经正式实施高铁调速后的新运行图。但是，随着甬温线事故的发生，而且时间差很小，加之国务院常务会议提出“适当降低新建高速铁路运营初期的速度”，人们自然将两者联系到了一起，形成了一个逻辑结论，即甬温线事故导致了高铁全面降速。一时间，社会上众说纷纭。

同年8月28日，中国高铁实施第二阶段降速运行图。这次高铁持续调速，显然是铁道部为落实国务院常务会议要求、吸取甬温线事故教训，而采取的积极措举。

这次高铁调速的内容是，一是将京津城际、沪杭两条高铁的时速由350公里调整到300公里；二是将合宁、合武、石太、昌九、海南东环、杭深线宁波至厦门段、长吉、秦沈高铁时速由250公里调整到200公里；三是将客货混跑的既有线动车组列车时速由200公里调整到160公里。

自此，中国高铁取消了时速350公里运营速度，时速300公里为最高运营速度。

有媒体分析认为，中国铁路经历了近10年的“跨越式大发展”，高速度一直是追求的目标，现在提出下调速度，自然备受社会关注。

《中国新闻周刊》报道认为，中国高铁时速达到350公里，打破世界高铁运营最高时速纪录，曾经是京沪高铁被赋予的一项主要使命。现在实施降速，显示铁道部已经决意启动高铁“正常化”，一些曾经被附加在高铁上的非交通使命，将渐次剥离。中国高铁正重新向普通交通工具的回归，以求达到安全与速度平衡。

有学者说，如果说过去中国铁路在一路飞奔中犯过错，错就错在患上了“技术第一”“速度第一”“规模第一”的强迫症，“萝卜快了不洗泥”，忽视了安全性和经济性，那么，现在牺牲一些效率去换取更多安全冗余、为提升管理水平争取时间，正是一个纠错的过程。

北京交通大学经济管理系教授、博士生导师欧国立认为，调速是中国高铁建设的一个理性回归，符合高铁发展的内在规律。中国高铁起步晚，发展时间短，和国外一些发达国家的水平还有一段距离。中国的高铁还有很大的经验积累空间，需要时间去探索。这次调速就是一个很好的契机，能够冷静下来，客观地对待高速铁路的发展。

当然，也有对高铁速度下调表示出的消极声音和反对者。

全国政协委员赵广发在参加“两会”发言时说，中国高铁的规划、设计、建设基本都是350公里的时速，高铁的规划时速都是经国务院研究、人民代表大会通过的，不应该随意降速，造成人为的浪费。

……

一些专家认为，高铁适当调速并非什么坏事，降速不等于退步，更不意味着要开倒车，为了充分保证安全，这是值得的。中国大力发展现代化铁路的方向不会因此改变。相反，放下面子和虚荣，坦承“管理薄弱”“施工中存在赶工期、违章蛮干”等问题，这是一种直面矛盾、知错改错的勇气和责任担当。高铁为安全升格而调速，从一定意义上讲，是一种“刮骨疗伤”，不但不会带累“中国速度”，只会让“中国速度”更加令人信服。

一些专家表示，高铁的发展要循序渐进，与经济、社会发展相适应。事实上，国外高铁的速度并没有我们想象中那么快，日本东海道高铁的时速也只有270公里。虽然有人说高铁速度快并不意味着安全性就一定低，但是低速一定会比高速在安全性上更有保证。

一些媒体纷纷发表文章认为，发展高铁是中国国情的选择、市场的选择。中国高铁让世界的目光在通过鞋子、袜子、玩具了解中国之外，又提供了一个新的认识中国的角度，这不仅仅因为高铁对中国经济的巨大拉动作用，更是因为高铁真实地改变了普通中国人的生活。无论是大城市圈观念的形成，还是在京沪等“黄金线路”上“朝夕往返”的便利，这些都是前所未有的。也正因为如此，我们才可以肯定地说：痛定思痛，更多地从高铁运营管理方面去找原因、找差距，就是为了更加完善高铁系统管理，尽可能地提高高铁的安全性能。无论是批评还是抱怨，公众对高铁的高度关注，恰恰是中国铁路扎实的社会基础，是其加速改革、不断改进的动力所在。

曾记得，中国高铁坚定的挺轮派、两院院士、西南交大沈志云教授，当年面对舆论攻陷中国高铁时，提出了“退一步进两步”的观点。以一位科学家的科学精神和求实品质来讲，沈志云是坚决反对高铁降速的，但是在那个历史关口，作为一个学者，他所能做到的只能是反复强调中国高铁技术没问题，350公里的时速完全可以实现安全运营。

几年过去了，应该怎样看待当年中国高铁调速？从积极的意义上讲，这是一次“刮骨疗伤”，是一种安全防范和补强，目的是为了中国速度更健康、更纯洁、更安全。从科学态度来看，一味地全面降速，是否存在“过度治疗”的问题？我们可以理解

为，这是中国高铁发展过程中的阵痛和反思。

高速列车行驶在鲜花盛开的青海高原上

事实上，随着中国高铁的技术进步，关于高铁恢复设计时速的呼声一直很强烈，每年全国“两会”都有全国人大代表、政协委员呼吁中国高铁要逐步恢复到350公里的设计时速运营。随着中国标准动车组的问世，“复兴号”动车组终于再次树立起了中国高铁时速350公里的标杆。

2017年9月21日零时起，全国铁路实行新的列车运行图，7对“复兴号”动车组列车在京沪高铁率先实现350公里时速运营。紧接着，京沪高铁本线车全部更换为“复兴号”动车组，京津城际、京广高铁也大批量换为“复兴号”动车组，按照时速350公里运营。

毫无疑问，“复兴号”动车组按时速 350 公里运营，是我国高铁建设运营长期经验积累、创新驱动发展取得的标志性成果，具有重要示范意义。向世界充分展示我国高铁的先进性和安全运营能力，继续保持世界领先地位，增强中国高铁国际竞争力和话语权，加快中国铁路特别是高铁“走出去”步伐。

眨眼间，十年过去了，现在回过头来看，甬温线事故本身是个沉痛教训，那一段时间中国舆论对高铁的冷酷态度同样是一个教训。前一个教训属于高铁研发和运营部门，后一个则属于全社会。应该承认，境外一些势力借甬温线事故极力抹黑中国高铁，特别是因此而引发的打压中国高铁的舆论运动，让中国高铁在国内外遭遇了极大的信任危机，严重影响和耽误了中国高铁发展进程。

2

调速与高铁票价

速度下调了，票价也要下调吗?

曾一度，社会上抱怨高铁票价太贵，说是“被高铁”了。

当时有人说，高铁越来越成为富人的专列，普通工薪阶层根本坐不起。随着一条条高铁的开通运行，票价低廉的普速列车不断减少，意味着很多旅客将只能选择高铁出行。许多网友发问：富人有飞机和高铁可以选择，普通工薪阶层未来将以什么样的交通工具出行？高铁本应是服务于大众，让大多数人享受高效便捷的服务。国家一直提出要让每一个人享受经济发展的成果，高铁就是经济发展的硕果，只是这个“果子”太贵，人们享受不起。

中国高铁票价到底贵不贵?

高铁与“富人列车”

2012年12月26日，北京西站站台上几个年轻人异常活跃，摆出各种姿势与停靠在站台旁的“和谐号”动车组列车合影。

他们都是“铁路813协会”的会员，专程来体验首发京广高铁的。别看他们年轻，他们“走过的路”却很长，这几年，他们体验过各种高铁动车组类型，分别乘坐武广、京沪、哈大等高铁，走过大江南北1万多公里的路程。

协会成员小张说，他关注京广高铁已经一个多月了，提前几天买好了票，今天前来体验世界上运营里程最长的高铁线。他告诉记者：“时速300

公里的二等座，从北京到广州865元，还能接受。”在乘坐过程中，他也没闲着，穿行在各个车厢内拍照，并发了7条微博，跟朋友分享他的感受。

京广高铁乃全球运营里程最长的高速铁路。全长2298公里的京广高铁，是国家《中长期铁路网规划》中“四纵四横”高速铁路的重要“一纵”，北起北京，经石家庄、郑州、武汉、长沙等地，南至广州，全线设计时速350公里，初期运营时速300公里。

从北京西站到广州南站，乘坐时速300公里的G字头高速列车，最贵的商务座2927元；而时速250公里的D字头高速列车，北京至广州最便宜的二等座票价为712元。与老京广线票价相比，北京到广州，普速列车的硬座票价只要253元、硬卧中铺也只要443元，分别只有高铁票价的30%和50%。

京广高铁开通的当天，在一片欢欣鼓舞声中，网络上也出现了“望票兴叹”的郁闷声。很多网友连称“太贵”，并指责高铁定价并未考虑到国内主流人群的实际收入水平。春运临近，铁路部门本就是各方舆论的焦点。民众除了对数字庞大的铁路客流担心外，对于列车票价问题也是格外关注。

京广高铁票价一出，着实让寄希望于乘坐高铁回家过年的人们寒了一把心。有网友“心底个凉”发帖说：看来人们对于高铁的定义错了，高铁，不是高速铁路，而是高贵的铁路，绝非普通人可以承受的高贵。远远看上一眼，感受一番国家发展的成果就行了，至于坐上去体验，摸摸干瘪的钱包后只能一声叹息。

《广州日报》调查表明：2012年12月26日，广州至北京的航班经济舱票价，全价为1700元，当天大部分经济舱的预订票价为7.5折和8折，分别为1275元和1360元，最低可买到4.4折的机票，票价为748元。

网民说，时间比飞机长，票价比飞机贵，是高铁的真实写照。不光京广高铁是如此，其他高铁也是如此。有时也许机票的折扣还会更低。而且全程也就三个来小时吧？而时速300公里的G字头列车，广州到北京全程最快需要7小时59分。

有位民工算了一笔账：他老家在湖北黄陂，打工的月薪1500元，一家3口一年来回坐一次高铁，一个人最低单程票价是400元，加上其他路费

150元，单程需要550元左右，3人来回就是1650元，这已经超过一个月的收入了。

当然，机票打折是平时的事，遇到春运高峰，机票基本不打折；而且，在广袤的中国大地上，飞机的直达性较差，无法像铁路一样深入全国各地。但也要看到，民航和机场赚钱，并非全靠春运，尤其是越远的旅程，飞机的打折往往越高，包括国际航班。

对于一些低收入群体来说，高铁是高高在上的消费，865元的二等座坐不起，宁可坐20多小时的慢车；但对于高收入人群和商务人士而言，快捷与舒适度是考虑的重要因素，票价反而在其次，在这些乘客的眼中，2727元的商务座自然是其首选。

铁路客服中心的系统显示，开放售票当日，首发车G801次在二等座车票大量空余的同时，一等座和商务座均已销售一空；其他日期也是高级座先卖光。

北京交通大学经济学教授赵坚说，2006年，中国铁路旅客中，只有1%的旅客乘软卧出行，超过80%的旅客选择乘硬座出行。对于中国为数众多的普通旅客来说，相当于软卧价格的高铁票价，会让老百姓望而却步。从定价的角度看，能负担起高铁票价的旅客，基本上就是1%乘软卧出行的高收入阶层。

赵坚举例说明，就北京至天津的票价而言，空调硬卧车的票价是19元，在既有线上，就是原有的铁路线上，开行动车组，一个小时可以到达，是多少钱呢？42元。现在在高铁线上，就是京津城际铁路线上，它的价格是多少呢？二等软座是58元，一等软座是69元。就是说它相当于硬卧票价的三倍。

铁道部在回应网民质疑时表示，现行的高铁票价是试行价，有些方面会与时俱进。

每一次高铁新线开通，几乎都会听到高铁票价太贵的呼声。尤其是CRH动车组列车的豪华包间、商务舱，格外显得奢侈和富贵：座椅前后距离约有2米宽。座椅左侧的扶手内隐藏着一部微型液晶电视，右侧扶手内侧有靠背、脚垫调节按钮，共有“端坐”“半躺”和“全躺”三个触摸按键，可通过按键调至最舒适的坐态。

这些，无疑给人以高铁是“富人列车”的感觉。

中国高铁票价高吗?

中国高铁的票价到底贵不贵？当时铁道部专家的说法是：目前的高铁票价并不贵。

众所周知，中国的普速旅客列车是经济实惠的。自1995年以来，18年没有涨价，在铁路财政困难的情况下，满足了亿万普通劳动者乘坐火车出行的需要。

据报道，法国高铁TGV巴黎到马赛780公里，票面价格约100欧元，按当时欧元与人民币汇率1:8计算，折合成人民币每公里票价1元；日本新干线东京到大阪平均每公里折合人民币1.6元；德国柏林到法兰克福500多公里，单程票价104欧元，折合成人民币每公里1.9元。而中国现有高铁线路，平均每公里票价0.4到0.5元人民币之间。

有了高铁以后，以北京南站到上海虹桥站为例，这两站的距离为1318公里，二等座的全程票价为555元，每公里票价0.42元。中国民航京沪线的经济舱全价票为1130元，此外还要加上50元的机场建设费和140元的燃油附加费。这就是说，在不考虑“两费”的情况下，京沪高铁二等座票价相当于机票价格的4.9折。

如此进行比较，中国高铁票价确实不贵。北京交通大学经济管理学院博士生导师欧国立认为：“从经济学角度来讲，高铁定价的依据一是成本，二是市场需求。”2012年3月，时任铁道部总经济师余邦利在接受媒体采访时也表示，高铁票价比传统的普速铁路客运票价高主要有三个原因：第一，从成本来说，高铁的成本要高于普速铁路。这里有由于速度高、安全可靠性高、舒适度高等产生的建设成本，还有在铁路建设过程中，为了降低社会成本而增加的建设成本；第二，高铁无论在速度还是舒适度方面，与其他运输方式以及普速铁路相比，都有非常大的提高；第三，普速铁路的客运票价一直处于偏低的状态。

殊不知，中国铁路兼具商业和公益双重属性，公益性多了，必然造成亏损。当然，经营不善也可以造成亏损。类似于抢险救灾、支农、学生半价票和军用物资运输这些铁路公益任务，应该与高铁这样的商业经营划分开来，独立核算。在弄清真实成本的基础上，铁路的定价才有依据。

据悉，中国高铁的票价是以运营成本为主要依据。运营成本包括“电费，车的折旧、维护费用，建设期的利息，线路的折旧等”。而从一定意义上讲，亏损的程度则要根据客流的多少来决定，客流多就亏损得少，客流少自然亏损得就多，运营成本如果无法覆盖，那么利息就无法偿还，也必定不能实现营收平衡。

有专家分析，高铁车票定价之所以屡被指责，原因有二：一是因为垄断。铁路部门开通高铁之后，为腾出既有线的能力跑货车，往往会大幅压缩既有线普速列车的数量，这就在事实上形成了高铁的垄断，民众自然感觉是“被高铁”“被高价”。二是因为定价机制僵化，给人的感觉是票价完全由铁道部说了算，缺乏市场弹性。其实，中国高铁票价的定价权并不在铁道部，而是需要得到国家发改委的批准。当然，铁道部有建议权。法国高铁也施行政府定价，但是，在制定价格时，政府制定一个基本价格，这个价格每年随着价格指数的变化，相应进行上下调整。铁路部门在执行价格时，在不突破基本价格的前提下，可以依据市场供求状况，采取灵活的方式，制定具体的优惠价格。而德国和日本都是由高铁运营

京沪高铁南京南站步履匆匆的旅客们

公司自己制定，根据运营情况自己决定票价和优惠方案。

同济大学教授孙章说，国外高铁定价并不便宜，但通过灵活的促销方式比如周末票、月票，老人票、学生票等，尽力争取客源。而国内的高铁有时候宁愿拉着空车跑，也不愿意将商务座、一等座打折或改为二等座。由此看来，真要具备竞争力，高铁票价显然不能是铁板一块。世界银行2019年研究报告称：虽然中国高铁线路中高架桥梁和隧道占比很高，但高铁网络平均建设成本仅为其他国家的三分之二，而中国高铁平均票价率约为其他国家的三分之一至四分之一。高铁网络经济回报率为正，有理由对中国高铁干线线路的长期经济可行性保持乐观。

除了劳动力成本较低外，高层规划和规模效应也是中国高铁如此廉价的重要原因。世界银行分析称，具体而言，中国高铁的加权平均单位成本为：时速350公里的项目为1.29亿元人民币／公里；时速250公里的项目为0.87亿元人民币／公里。

降价也要挨骂

速度与安全，是一对矛盾；速度与票价，也是一对矛盾。

中国高铁实施第二阶段降速运行图后，北京、上海、杭州、武汉、福州等地高铁线的动车组列车速度普遍下调，运行时间有所延长，票价也下浮了5%左右。对此，一些旅客、网友表示不理解：他们认为，沪杭高铁时速由350公里降速为300公里，速度降幅为14%；一些动车组列车时速从250公里降至200公里，速度降幅更是达到20%，票价降幅为何只有5%左右呢？

有网民甚至比喻道："好比在长江里打了个鸡蛋，就敢说请全国人民喝蛋汤？"

对此，中国社会科学院经济研究所研究员徐逢贤表示赞同。他以京沪高铁为例：250公里时速的二等座席票价为410元，300公里时速则为555元，相比之下，两者速度相差15%，票价相差26%，而降速后的高铁，最小速度降幅在15%，最大为20%，但票价却统一只有5%的降幅，实在不算合理。

针对质疑，业内人士认为，降低的时速为运营最高时速，不能简单地以此来计算真正降速比例。高铁降速只是最高运营速度降低，实际对旅客的时间成本影响，不能简单计算，因为一条高铁不可能全程按照最高时速运行。如沪宁高铁7月1日降速时，最高时速从350公里降至300公里，而上海站至南京站最短全程耗时只是增加了4分钟，结合时间成本来综合计算，可以看出，实际的降速幅度远不到14%。

铁路经济学者认为，高铁的运营速度和运营成本不呈线形比例，并不是速度变化多少，票价就变化多少。但是，旅客希望铁路部门能够向社会公布高铁运营速度与运营成本之间的关系，明明白白告诉旅客为什么票价要降5%。而且降速后，往往停站多的列车增加的运行时间要比一站直达多，票价降幅能否不要"一刀切"？

《财识网》有学者分析道，2011年春运时，高速动车组运送旅客的运量已占全国铁路客运量的近20%。假设动车组收入占全国客运收入的四成，按2010年数据计算，"5%左右"的票价下调，将使得铁道部一年减少约26亿元收入。

北京交通大学副教授李红昌认为，

"降价也挨骂"说明旅客对铁路的票价构成很不熟悉，没有充分的知情权，自然难有合理预期。《光明日报》载文指出，票价的制定以及调整，要保证在旅客的经济承受能力范围之内。并随着人们经济收入的增加，合理地调整高铁票价。尤其是中国目前经济总体水平还不是很高，因此高铁的票价要保持在中等收入者的经济承受能力以内。

新华网刊文强调，中国铁路有一定的社会公益性质，因此，高速铁路的票价也要体现出社会公益性的属性。在中国的一些特殊时间段内，适当的调整价格，保证旅客的出行。例如在春节期间，旅客出行较为集中且客流量较大，有时候会出现由于高速铁路票价过高，而造成既有线客流量非常大，而高速铁路还有大量空座的现象。此时可以适当调低高速铁路的票价，优先保证旅客的出行。公益性亏损，应由国家予以补贴。

高铁票价与价格听证

2012 年 3 月 11 日，是北京中银律师事务所律师董正伟又一个值得记忆的日子。

这天，他向国家发改委、国家工商总局发出反垄断举报信，认为高铁票价应以 0.25 元／公里为限进行定价，建议对武广高铁、郑西高铁等高速铁路限制发车数量班次和垄断导致高价等行为开展反垄断执法。

董正伟因多次炮轰国内垄断行业而闻名于世。

2008 年 10 月，"微软黑屏"事件发生后，董正伟向国家质检总局投诉，要求对微软操作系统实施缺陷产品召回，被拒绝。《信息公开条例》实施以来，真正进入法院司法程序的案件几乎没有，尤其是省部级行政机关信息公开侵权案件。有关微软的民事诉讼，一直以来法院不愿受理，而这次董正伟针对黑屏计划提出的微软操作系统软件产品缺陷召回，经过投诉举报程序、信息公开程序和行政复议程序后，终于走进法院。

董正伟针对微软正版验证计划的曲折维权历程，在暴露出现有法律制度和司法程序瑕疵的同时，也让董正伟的名声大振，而由此获得了《亚洲法律杂志》(ALB) 2008 年度 25 位热门律师的殊荣。他曾呼吁官员财产网上彻底公示、致函工信部申请政府信息、批评国家统计局让老百姓一直生活在官方编织的幸福中等，被网民赞誉为“反垄断专业户”。

董正伟在他的反垄断举报信中这样测算道：如果以0.25元／公里为限，现有的高铁票价是其两倍，也就是说高铁票价至少有五成的降价空间。即“半票价”理论。以京津城际为例，每天可发送320班次，即160对。高铁列车的设计载客量是每列1400人，考虑到初期需求不足，在前五年内，将以上两个数字分别打折扣，平均到每天运输的旅客数量也可以达到30万人次。如果按照当前京津城际票价的一半即29元计算，每年的营业额可以达到32亿元。按照京津城际215亿元的修建成本计算，该铁路仅需7年就可以收回基建成本。

也就是说，即使半价运行，收回成本的时间也比铁道部预计的时间少一半。但是，铁道部安排发送的班次京津城际高铁才四成多，而武广高铁和郑西高铁才十分之一的运力。根据此前铁道部公布的数据，预计京津城际高铁收回成本的时间为16年。

然而，铁道部和发改委并不认可董正伟的计算方式。发改委价格司在对外媒体公布的信息中表示，2008年8月京津城际轨道交通运营以来，旅客运量快速增长。2007年京津两地间铁路旅客运量共830万人次，2008年8月至2009年7月，两地间铁路旅客运量累计达1870万人次，比开通前增长了126%，其中高速动车组运送旅客1585万人次。

“铁路运输成本中线路折旧等固定成本占比较高，和运量关系不大。”发改委价格司的负责人认为，在运量仍保持快速增长的时期测算运输成本、核定运价，可能带来平均每位旅客分摊的固定成本偏高问题，推动票价水平上升，不利于保护消费者权益。只在运量相对稳定后，定价会更好些。

2012年5月18日，董正伟收到了国家发改委价格司的信函。发改委表示由于京津城际高铁客流正处于快速增长阶段，客流量不稳定，暂时无法正确核算其折旧、运营等成本。如果现在急于测算成本、核定运价，反而可能会增加每位旅客的分摊成本，难以科学反映京津城际高铁的真实情况。而武广、郑西等高铁刚刚试运行，成本也无法准确测算，因而听证会暂时无法进行。但是待到条件成熟时，将按照各项法定程序，核定正式运价。

董正伟认为，发改委对“价格听证”的表述为“按照法定程序制定正式运价，条件成熟时，履行各项法定程序、核定正式运价”。也就是说，将来不仅仅是听证程序，还有其他论证等法律规定的政府定价程序。

5月19日，即董正伟收到回函的第二天，国家发改委价格司明确表态称，2011年上半年以来，国家价格主管部门一直密切关注高速铁路的运营状况，收集和分析有关数据，今后将继续关注全国高铁运营和车票试行运价实施情况，适时通过法定程序，正式制定高速铁路票价。

与对律师个人的单向回应相比，此次面对媒体以及公众的正式表态被认为更具有现实意义。专家认为，无论是对于定价机制还是铁路运营体制，这一次表态都传达出了积极的信号。

国家发改委制定的《政府制定价格听证办法》第三条规定：制定关系群众切身利益的公用事业价格、公益性服务价格和自然垄断经营的商品价格等政府指导价、政府定价，应当实行定价听证。

早在中国第一条时速350公里高速铁路京津城际开通运营时，公众就质疑高铁票价过高，当时铁道部承诺时机成熟时将通过听证程序定价。武广高铁开通之时，公众再次质疑，铁道部也曾表示，今后将会依市场情况、出行情况进行重新核定。可见，铁道部面对公众对高铁票价的质疑，态度是积极的，一直在等待条件成熟。

由于中国高铁网络尚在建设中，已开通的高铁还在运营初期，高铁客流也一直处于变动期，运营成本说法不一，正式定价的条件还不成熟，以致高铁票价听证会一直拖了下来。有关部门多次表示，条件成熟时，国家有关部门将按照有关法律法规规定，启动政府正式定价程序。

2015年初，据新华社报道，高铁建设之初，曾有许多人担心客流量不够，没有人坐怎么办。高铁建设的几年当中，以其方便、快捷、舒适征服了人心。在京津、京沪、武广等高铁线路，有时也出现“一票难求”的现象。2014年，有8亿多人次选择高铁出行，其中最繁忙的是京沪高铁，一条线就有过亿人次乘坐。

3

高铁投资与债务

关于高铁投资与债务问题，伴随着高铁建设全过程，一直是争论不休的话题。

2011年“7·23”动车事故后，国务院采取了高铁建设的“暂停”和“缓建”措施，铁路建设项目审批亦暂停。这无疑有效地控制甚至削减了高铁债务规模，为当时的高铁膨胀投资画上了句号。同时，受银行调高铁道部债券利率至基准利率水平以及宏观信贷紧缩政策的影响，当年第四季度，铁路建设资金骤然收紧，全国性的铁路建设急速减慢。

随后，铁道部对在建的高铁项目进行全面检查，重点是督促科学合理地安排施工组织，严格禁止建设项目赶工期，加强质量安全监督管理，严格工程验收。对已经批准但尚未开工的铁路建设项目，重新组织系统的安全评估，暂停审批新的铁路建设项目；对已受理的项目进行深入论证，合理确定项目的技术标准、建设方案。

按照新的思路，铁道部决定重新确定建设标准，规范推进高铁建设。即按300公里时速建设“四纵四横”主通道高速铁路；按200至250公里时速建设高速铁路延伸线、连接线及城际铁路；按200公里以下时速建设客货并重铁路以及中西部大部分铁路。

2004年·高铁投资启航

谈及高铁投资，2004年是个由头。这一年元月，国务院批准了《中长期铁路网规划》。要落实这个《规划》，铁路投资是一个天文数字。这些资金从何而来？

据了解，中国铁路建设资金主要通过五个渠道解决：一是铁路建设基金；二是地方政府和企业投资；三是发行铁路建设债券；四是银行贷款；五是通过其他形式积极吸引社会资金。中国高铁建设的资金筹措渠道也是如此。

1993年和1996年，当时的国家计委和铁道部曾先后出台《合资铁路建设意见》和《合资铁路建设管理办法（试行）》，对铁路建设基金的提取再次进行了明确。所谓铁路建设基金，是指经国务院批准征收的专门用于铁路建设的政府性基金，从运费中提取，当时的提取标准为3.3分/吨公里。

以2010年为例，铁路建设基金为616.92亿元，随着铁路运力的增长和收入的增加，这笔基金也在逐年增长。

中国投资协会会长张汉亚表示，高铁建设启动之前，铁道部投资一直趋于保守，主要依赖财政计划拨铁路建设基金。所谓保守，即铁道部长期坚持铁路建设项目资本金不少于50%，在挤压民资进入的同时，让国家财政负担加重，进而造成供给资金短缺。

规划不等于建设，要建设，资金筹集、征地拆迁都是头等问题。要解决这些问题，离不开地方政府的参与和支持。铁路与地方合资修建铁路，是近几年探索出的成功之道。

在部省协议中，铁道部所占股权，至少为51%。尽管地方政府起初在控股权上有不同看法，但最终还是同意了，“主要原因是地方政府对修建铁路表示出了极大的积极性”“要想富，先修路”的口号深入人心，到处传诵。

就这样，有《中长期铁路网规划》作后盾，高铁投资如期启动。

两个投资“黄金期”

2008年8月，当中国人沉浸于成功举办北京奥运会的喜悦之中时，美国“次贷危机”最终引发了世界范围的金融危机。这一危机直接导致全球经济下滑，其影响之广、程度之深、冲击之强、发展之快、持续时间之长，均为1929年经济大萧条以来所罕见。

哈齐高铁松花江滨州大桥工地

中铁二十二局集团公司

由美国次贷危机引发的全球金融风暴，严重地挫伤了中国出口贸易，沿海制造业出口凋敝，GDP保8变得越来越困难。此时，数量众多的北京奥运会配套设施工程已大部分完工。遵循经济规律，必须寻找具有一定体量的超级工程，来抵御北京奥运会之后随时会到来的经济寒冬。

面对经济寒流，中国政府开始考虑经济刺激方案，包括启动4万亿经济刺激计划。这个计划的三分之一投入到了交通基础建设，其中，近1万亿元的资金投向了高铁发展。包括铁道部上报的《中长期铁路网规划》调整方案，其中，2020年全国铁路里程从10万公里调高到12万公里以上，客运专线则增至1.6万公里。如果算上计划中的地方支线项目，铁路里程数完全可以轻松突破14万公里。

在金融危机的当口，不少学者反复强调，强调铁路建设对于提振经济的巨大作用。中国工程院院士王梦恕在接受《时代周报》记者采访时表示："以京沪高铁为例，其建设期间每天投资达到1.9亿元，按照铁路投资与相关产业配套投资1:10的比例，平均每天要消耗1万吨钢筋、3.5万吨水泥、11万立方米混凝土。"

铁道部是经济刺激计划的最大受益者之一。2008年，铁道部公布的全国铁路基本建设投资总额达到近3375亿元，比2007年增长了近一倍。2009年，铁路基建投资6000亿元，到2010年，这一数字突破7000亿元，超过"十五"期间铁路基本建设投资总额。在此基础之上，铁道部总资产如雪球越滚越大，2011年一季度达到34058亿元，二季度达到35718亿元。铁道部总资产在2006年的基础上增加了2万多亿元。五年翻了2.4倍，平均每年增长28%。

对铁路建设过程而言，铁路产业链涵盖基建、铺轨、车辆购置和运营四大阶段。按照行业受益顺序，大规模铁路建设将首先惠及铁路基建相关领域的企业以及钢轨生产企业，铁路机车设备的采购在工程完工后进行，铁路运营企业则最后获益。据铁道部测算，在高速铁路总造价结构中，铁路固定设施投资（包括轨道采购与铺设，桥梁、隧道、车站的建设，信息系统、仪器设备安装，电气配套等）约占50%；基建约占35%，车辆购置（包括铁路机车、车辆的整车和配件）占15%左右。

对于整个高铁产业链而言，从原

料、零部件、装备、基建、机械、配套设施、运营与物流到后续服务，都将迎来历史性的发展机遇。分析人士表示，高铁经济“无微不至”：基建环节中的工程机械、桥梁及隧道专用钢铁、水泥、电力、建筑材料；在轨道环节中的轨道专用钢铁、轨道加工生产、机床、轨道辅助设备；在车辆采购环节中的机车及车厢、钢铁、车轴、轴承、座椅信息信号设备、计算机控制系统；在营运维护环节，养护耗材、零部件、相关易损设备等。

大规模的高铁投资极大地拉动和促进了经济社会发展。据测算，中国高铁每投资1亿元，对建筑、冶金、制造等上下游关联产业拉动产值在10亿元以上，可创造就业岗位600多个。时任铁道部发展计划司司长杨忠民曾在接受记者采访时，详解过一个初步测算：以2009年为例，铁路基建投资6000亿元，可以拉动1.5%的GDP增长，为银行带来6%的利息，同时还能解决600万农民工的就业问题，还要消耗钢材2000万吨、水泥1.2亿吨。2009年安排机车车辆购置投资1000亿元，可提供80万人的就业岗位，消耗钢材500万吨。同时，加快高速铁路客运专线项目建设，还将带动新材料和信息产业的研发，拉动机械、冶金、建筑、橡胶、合成材料、电力、信息、计算机、精密仪器等产业的需求。有专家分析说，仅京广高铁京郑段2030年前对全社会经济的拉动作用就将达到2758.44亿元。建一条高铁，拉动一方经济，此言不虚。

对此，银行对放款给铁道部十分乐意，且几乎所有贷款均为无抵押的信用贷款。铁道部“统贷统还”的体制，也让银行等金融机构省去管理各个分账户的麻烦。

得益于部、省、银行三方合作，中国高铁的运营里程数开始从几乎为零一路攀升。截至2010年底，中国铁路营业里程已经达到9.1万公里。其中，投入运营的高速铁路达到8358公里，位居世界第一。

2011年夏天，始料不及的“7·23”甬温线动车事故，让铁路建设踩上了“刹车板”……

党的十八大以后，铁路再次迎来了投资和发展的黄金期。党中央、国务院审时度势，坚定不移地发展高铁，加大投资力度，继续保持加快铁路尤其是高铁建设势头。

按照“十二五”发展规划，到2015年，全国铁路营业里程达12万公里左右，其中西部地区铁路5万公里左右，复线率和电气化率分别达到50%和60%左右，投资额为3.3万亿元人民币。根据“十二五”规划，覆盖全国的便捷、高效铁路运输网络将初步形成，目标任重道远。

2013年3月，国务院决定撤销铁道部，成立中国铁路总公司，实现了政企分开与职能转换的重大变革，为加快铁路发展创造了有利条件。

2013年7月24日，李克强总理主持召开国务院常务会，研究部署铁路投融资体制改革和进一步加快中西部铁路建设。与此前的投资不同，这次的铁路投资呈现出许多新的亮点。其资金投向、投资主体、投资机制都有重大的创新和改革。譬如更多地投向中西部地区、投资主体更加多元化、设立铁路发展基金，创新铁路债券发行品种和方式，向地方和社会资本开放城际铁路、市域（郊）铁路、资源开发性铁路等的所有权和经营权。

铁路投融资改革将使铁路建设提速提质，有助于长期建设发展。过去20年中国铁路运营里程复合增长率仅为2.5%，到2012年底达到9.8万公里，仅为美国的38%左右，高铁为9356公里，初步建成了高铁运营网路。不过与发达国家相比，2012年底中国人均拥有量、路网密度仅为6.9公里／百万人和17公里／万平方公里，远低于欧洲、日本等发达国家的15公里至30公里／百万人和30公里至70公里／万平方公里的水平，对比来看，中国铁路和高铁发展远未达饱和状态，不存在产能过剩，但仅仅依靠中国铁路总公司负重爬坡，是难以实现快速发展的。

“火车一响，黄金万两。”流传甚广的民谣，在表明人们对铁路运输重要性高度认可的同时，也道明了铁路投资对经济的巨大拉动作用。国务院关于铁路投融资体制改革的战略部署，迎来铁路建设新一轮投资高潮，迎来了铁路大发展的春天。

事实上，自从铁路正式拉开“政企分离”大幕后，铁路建设投资逐渐恢复增长。2013年6月，中国铁路总公司固定资产投资为583.21亿元，环比（比上月）增长24.87%，基建投资为546.88亿元，环比增长18.12%。和此前数据相比，已经大为提速。

2013年，宁杭、杭甬、津秦、厦

深、西宝高铁等重点项目建成投产，渝黔、呼张、九景衢铁路等49个项目全面开工建设；完成固定资产投资6638亿元，投产新线5586公里。

2014年夏天，李克强总理考察中国铁路总公司时，专程来到总公司计划统计部长期规划处办公室，详细了解铁路发展规划情况。

李克强指出，要立足构建大交通体系，统筹谋划铁路建设特别是中西部铁路建设，这既有助于促进新型城镇化，也有助于完善公共交通体系、推行节能环保出行方式，对补上发展短板、促进结构调整有“一石多鸟”之效。他要求，要把加强铁路等公共基础设施建设作为定向调控的重要举措，抓住当前施工“黄金季节”，坚持质量第一，加快形成在建工程实物工作量，及时跟进后续项目，增加有效供给，促进经济发展和民生改善。

随着铁路投融资体制改革深入推进，国务院相关部门、各省市自治区认真贯彻落实《国务院关于改革铁路投融资体制加强推进铁路建设的意见》，中国铁路总公司积极吸引社会资本投资铁路建设，深入推进经营管理创新，全方位开拓经营领域、盘活企业内部资金，增强了铁路企业自身“造血”功能，提升了自我发展能力。

2014年，国家继续加大对铁路发展的投资。全年铁路完成建设投资8088亿元，投产新线8427公里，创历史最高纪录。中国铁路营业线路达到11.2万公里，其中高铁1.6万公里；2015年国务院提出了铁路建设“两个8000以上”的目标，铁路重点向中西部地区倾斜，使巨大的内需得到更多释放。到年底，全国铁路完成固定资产投资8238亿元，投产新线9531公里，其中高铁3306公里。

“十二五”期间，铁路固定资产投资完成3.58万亿元、新线投产3.05万公里，较“十一五”分别增长47.3%、109%，是历史上投资完成和投产新线最多的五年。到“十二五”末，全国铁路营业里程达到12.1万公里。特别是高铁建设取得巨大成就，京沪高铁、京广高铁、哈大高铁、兰新高铁等一批举世瞩目的重大项目建成通车，全国高铁运营里程超过1.9万公里，稳居世界第一。基本形成以“四纵四横”为主骨架的高铁网，高铁与普铁共同构成的快速客运网已超过4万公里以上，基本覆盖中国省会及50万以上人口城市。

“十三五”时期，铁路建设固定资产投资连续保持在每年8000亿元以上，全国铁路营业里程增加到14.63万公里，增长20.9%，高铁增加到3.79万公里，翻了近一番。随着“八纵八横”高铁网加密成型，更多的中小城市相继圆了高铁梦，铁路总体技术水平迈入世界先进行列。可以说，中国铁路在“十三五”期间按下了发展“加速键”。

铁路建设的持续快速推进，不仅显著提升了路网规模、质量和运输能力，而且为拉动经济增长、促进经济结构调整、服务改善民生发挥了重要作用。中国高铁发展所释放出的“红利”，正在惠及广大民众。

高铁负债困局

中国高铁的规模及巨额投资引发的债务困局，一直饱受争议，被世人诟病、责难。

巨额投资带来沉重的债务压力，在高铁网络尚未建成的情况下已经反映出来。初期投入运行的郑西高铁、京广高铁、哈大高铁等新建高铁都面临着亏损的局面。这种情况是预料之中的。由于高铁具有技术密集型、资本密集型的产业特征，一次性投资巨大，回收周期漫长，国民收入水平还很低，这就决定了高铁不可能按建造成本来定价。

高铁造价受多种因素的影响，比如地形地质条件、征地拆迁成本、设计时速等。根据世界银行2019年研究报告，虽然中国高铁线路中高架桥梁和隧道占比很高，但高铁网络平均建设成本仅为其他国家的2/3。

同时，由于新技术的研发、运用，必然加大建造成本，运行维护成本也比一般铁路要高得多，即使按成本定价，老百姓也是无法接受。由于经济条件的制约，一些人宁愿挤在绿皮车里受罪也不愿乘坐高铁，这一现象的必然结果是亏损，不可能赢利。

在中国铁路建设全面提速的大背景下，当时的中国铁路总公司负债不断扩大。据中国债券信息网2014年11月3日发布的《中国铁路总公司2014年三季度审计报告》透露：截至2014年9月底，铁路总公司负债合计3.53万亿元，较2013年同期3.06万亿元的负债总额扩大，较上半年3.43万亿元的负债总额也有所增加。

“十一五”铁路建设资金的来源主要是债务性资金。资产负债率的大幅提

高速列车行驶在海南东环高铁线上

高和大量新线的投产，大大压缩了铁路持续融资的空间，也使铁路企业的折旧、财务费用大量增加，经营压力明显加大。

2005年，国务院曾发布《关于鼓励支持和引导个体私营等非公有制经济发展的若干意见》。2010年，国务院再次发布《关于鼓励和引导民间投资健康发展的若干意见》，试图打破民资进入垄断领域的“玻璃门”“天花板”，铁道部亦公开表态欢迎民资入股，但市场积极性不高。2013年8月9日，国务院又印发了《关于改革铁路投融资加快推进铁路改革的意见》，进一步优化了吸引铁路投资的措施和办法。

铁路建设投资大、回报期长、收益率低，即使有民间资本小股注入，对运营毫无发言权，尤其是短期内回报几乎为零。事实上，如果没有合理的投资回报机制，不但民资对铁路建设望而却步、表现“看上去很美、实际上很远”的幽怨，就连巨额国资也想“避而远之”。铁路建设唯有举债一途。现实是铁路建设国内借款主要依赖银行等金融机构，中国铁路总公司筹集建设资金的方式主要是通过银行贷款。其数额在铁路融资中的占比连年走高。

以京广高铁为例，如果按照当时高速铁路建设最高标准每公里1.5亿元来计算，全长2298公里的京广高铁，建设成本大约在3447亿元，这一数字比京广高铁三个项目段的整体相加下来的预算资金2755.6亿元，高出了将近四分之一。

这些资金的来源，90%的资金是铁道部贷款，地方只能筹措10%。一年的利息差不多得几十亿元。

有专家认为，巨额债务的形成，除了与大幅扩大建设里程相关外，还与当时铁道部不断提升在建高铁速度目标值有直接关系。但王梦恕则认为，“200公里是基本速度，长期一定要有300公里，在建设过程中不能把标准降低。低标准不能跑快，但是高标准建起来后可以跑慢，也可以跑快。低标准建好后，想跑快都跑不起来，一定要做长远打算。”为减少土地使用、缩短建设工期，高铁线路大面积采用的高架桥＋隧道高铁模式，也极大地推高了建设成本。根据公开资料，中国高铁建设五成以上采用高架桥设计，京沪、京津高铁更是比重高达80%。专家分析，高架桥和隧道模式的建设成本比平地铺轨至少翻出一番。

对于高铁的高投资问题，有专家将铁路与航空投资取向、内容进行了一番比较，其结论是：中国高铁投资值得。包括高铁在内的铁路总投资中，铁路的基建占大头，占比高达80%；铁路设备大多国产；民航总投资的一半以上，要用于购买、租赁波音和空客等跨国公司的飞机。

2022年4月29日，国铁集团披露了2021年度和2022年一季度财务决算信息。2021年，国铁集团实现收入11313亿元，同比增加646亿元，增长6.1%；净利润亏损498.5亿元，同比减亏56亿元。2022年一季度，实现收入2301亿元，同比增长1.4%。截至2021年9月30日，国铁集团负债5.84万亿元，较上年同期的5.57万亿元增加4.85%，负债率由去年同期的65.84%增加至66.14%。

赵坚在接受有关媒体采访时表示，从1964年世界出现第一条高铁到2006年，40多年来，全球建设高铁线路不到4000公里，而中国在10年之内建设的高铁线路，超过了全球40年建造的高铁线路总和。他认为，高铁作为一种消费较高的交通模式当前在中国建设的速度过于激进，超出了普通民众的接受能力，这是造成高铁亏损的深层次原因。

面对如此之说，铁路部门认为，高铁的作用不能简单以自身的盈亏作为唯一的判断标准。许多专家认为，虽然高铁投资亏损，但铁道部作为一个行业主管部门，考虑更多的应该是居民生活水平的提高和城市的发展。无可否认，高铁对经济社会的拉动作用是巨大的，是管长远发展的。

如何解决高铁建设的债务困局。国务院总理李克强在中国铁路总公司考察时强调指出，加快铁路建设不能只靠国家投资“单打独斗”，要拿出市场前景好的项目和竞争性业务吸引民间资本共同参与，通过创新融资方式、丰富多元投资主体，为铁路发展注入新动力。

作为我国首条民营资本控股的高速铁路，杭绍台高铁连接浙江省杭州、绍兴、台州三大经济支柱城市，于2017年底开工建设，全长266.9公里，设计时速为350公里，总投资超过400亿元，其中民营联合体占股51%。2022年1月8日，杭绍台高铁全线开通运营。由此，杭州与台州间形成一条铁路快速客运通道，两地最快63分钟可达。

杭绍台高铁开创了中国民营资本控股高铁的先河，发挥了社会资本参与高铁建设的榜样作用。民营资本进入高铁建设、运营领域，将进一步提高铁路的融资能力、建设管理水平、铁路安全运营及服务水平，同时减少各项成本及亏损补贴。中国高铁实践表明，单靠政府和国家的力量是远远不够的，借助社会资本促进高铁建设无疑是一条创新的道路。

高铁投资值不值?

中国高铁一直处于负债运营，却一直还在继续建造高铁，这到底是为什么？中国高铁投资欠下巨额债务，到底值不值？许多人都在疑惑、都在发问。

诚然，高铁作为一项关系国计民生的重大基础设施，不能仅从当前的经济效益去简单衡量其得失，而应综合其客货运输价值、提振区域经济和国家战略安全等因素算大账。

采访中，一位原铁道部老领导对我说，铁路的最大优势在于成网，只有形成了四通八达的高铁网，高铁效应才能实现最大化。这也是国家宁可负债经营，也要持续发展高铁的原因所在。

高铁承载着孩子们的梦想

虽然当下的中国高铁处于一个负债运营的状态，然而作为一个百年大计，甚至是千年大计，如果仅仅依靠着短期的收益来评判当下的中国高铁，显然是不太现实的。

平心而论，当今能够让中国在世界科技舞台上占有一席之地的，一个是航天，再一个就是高铁了。高铁从聚人到聚财，在改变人们出行方式和生活方式的同时，也引发了经济社会的新变革，助推中国大发展。

中国不失时机抓住了高铁发展潮流，在普速铁路还很不完善的情况下，直接跨越式发展高速铁路，不仅仅只是应对当下的需求，更多的是为了国家未来的大发展奠定基础。

许多专家认为，尽管经济效益的评估都是有一定的计算公式的，但是高铁对经济社会的“价值几何”账却很难算。一些对中国高铁的质疑声，偏偏没有谈高铁对中国经济的总促进和总贡献，高铁对全社会运行承担的总成本。

毫无疑问，除了高铁建设的投资和维护运营成本以及高铁本身的运营收益比率，还应该算一下高铁建成后拉动的沿线商贸、旅游、餐饮、文化市场的大发展价值。高铁节约的社会时间成本，带来了巨大社会时间效益。譬如说，京广高铁、京沪高铁开通带动和促进的，环渤海经济圈、大武汉经济圈、长株潭经济圈、长三角经济圈、珠三角经济圈大流通、大发展的价值。

京广高铁武广段开通后，武汉到广州的列车运行时间由 11 小时缩短至 4 小时。依据现阶段运量和单位时间劳动力成本测算，这条线路每年节约的社会时间成本价值数十亿元。据专家测算，京沪高铁列车运行时间压缩半小时，每年就可以节省人流成本 3.2 亿美元。

高速铁路开通之后，既有铁路运输线路释放出数亿吨货运能力价值；高铁建设带动的中国制造业将具有由低端向高端的产业升级价值；通往内陆腹地的高铁建成后会吸引沿海地区产业转移、促进区域经济平衡发展和共同富裕等等。

中国大力发展高速铁路，既节能又减排，对推进生态文明建设，实现可持续发展，具有重要战略意义。近年来，中国铁路（含高铁）每年完成的客货运输换算周转量占全社会完成量的 25% 左右，能源消耗仅占交通运输业总耗能的 6%。

高铁似公交，车次多、间隔短，且高速无拥堵，使铁路旅行时间至少减少一半，使“同城效应”更明显。高铁创造了城市发展新的增长点，推动中心城市与卫星城镇形成合理布局，增强中心城市对周边城市的辐射带动作用。京津城际高铁，公交化的运行模式让旅客可随到随走，旅客发送量年均增幅超过 20%。“北京上班、天津置业”成为一种新时尚，而这种“异地如同城”的生活方式正在沪宁、广珠、长吉、昌九、沪杭、宁杭、杭甬、郑焦等高铁沿线悄然流行。

高铁不仅将成为拉动沿线区域经济发展的新引擎，还将对航空运输业、快递物流业产生重要影响。高铁如鲶鱼，迫使民航降价、公路调线，使运输结构更优化、百姓得实惠。高铁的开通对 1000 公里以下航线造成了颠覆性的冲击。以合武、合宁客专为例，从武汉到上海乘坐高铁二等座相当于 3.5 折机票。相对较低的价格与大幅缩短的旅行时间，将大量消费者从空中分流到轨道，促使该航线的机票常年提供半价优惠。高铁对于中长途公路客运的冲击也相当严重，一些定位高端商务客流的班线遭遇了客流流失严重、运营成本过高等问题。不得不调转车头，调整班线，为亟待发展的农村客运市场补充了大量运力。

高铁像磁石，“聚客效应”强大，直接拉动了沿线城市旅游、餐饮、商贸等第三产业的迅猛发展，刺激消费大幅增长。催生出“星期天工程师”“假日专家”等新职业，异地养老也正在变为现实。郑西高铁开通以来，沿线郑州、洛阳、三门峡、华山、渭南、西安等设高铁车站的城市旅游增长都在20%以上。京沪高铁开通的第一年，沿线铁路旅客发送量就同比增长了62.8%。昆山是位于江苏省东南部的一个县级市，京沪高铁使它与上海这座大都市的时间距离只有16分钟。昆山已成为上海的“后花园”，越来越多的上海人在昆山居住。

高铁让中国人民异地养老正在变为现实。廊坊、昆山、德州等地新建的养老院，正吸引着北京、上海的老年人，以更低的成本享受更舒适的养老生活。

高铁是杠杆，连接区域、覆盖城乡，撬动了沿线产业结构调整和城镇宜居建设的新活力，加快了区域融合的新步伐。一方面，快速的人员流动必将增加各类经济活动。京沪、京广高铁贯通后使得每一个城市周边都会形成一个大的城市圈，和其他城市之间的经济交往也会加快。另一方面，高铁大贯通大大加速了经济活跃地区产业的转型升级和产业转移。独具特色的“3小时经济圈”，吸引新的投资并成为国内产业迁移的受益者，加速了沿海产业向内地转移。

铁路单位运输能耗远低于公路和民航，通过对其他运输方式的有效替代，能够大幅降低交通运输的整体能耗。中国人口众多，不可能像欧美那样主要靠飞机解决中长距离的快速运输问题，必须依靠运量大、速度快、安全系数高的高铁。特别值得一提的是，中国包括高铁在内的铁路运输，已经实现了绝大部分的电气化。这与主要依赖石化燃料的民航和公路运输业来说，更具有可持续性和环保的价值。

此外，按照设计能力比较，要完成同等旅客周转量，高速公路用地约为铁路的2.5倍，实际运营中的差距更大，以2009年为例，公路用地是铁路的16.33倍。这对于要养活14亿多人口、需要保护18亿亩耕地，从而保证粮食安全的中国来说，就更具有重要意义。

国家发改委宏观经济研究院综合运输研究所研究员罗仁坚表示，高铁技术是中国最近几年来，通过吸纳创新国外技术，最终成功实现超越、达到国际领先水平的最成功案例。单纯就技术方面，中国的高铁技术是没有问题的，而且还有着进一步提升的潜力。当然，更好应用技术的前提是高铁运营管理水平要跟上来。

作为铁路主要装备制造企业的中国中车，以及以铁路工程承包为主营业务的中国中铁、中国铁建等施工企业，均进入世界企业500强排行榜。高铁发展还对资本市场发展产生了积极影响，目前国内上市公司中涉及高铁概念的公司有40多家，市值1.1万亿元以上。“十三五”期间，铁路建设累计发行债券1.01万亿元、银行贷款1.92万亿元，对我国股市、债市平稳健康发展起到了积极作用。

事实已经证明，高铁已经是中国成功实现进口替代的战略性产业，是正面临转化为出口导向产业，可以带动中国高端重型战略产业发展几十年。对于制造业、建筑施工业发展来说，中国高铁还有着巨大的示范引领效应。因此，值得国家给予更大的重视和更多的支持，推动其健康发展。

作为世界上一次建成运营里程最长、标准最高的高速铁路，京沪高铁自诞生之日起，到2014年开通三周年之时，仅用了3年时间就实现盈利，创造了长大距离高速铁路经营的奇迹。2015年，京沪高铁运送旅客1.22亿人次，客流高峰日运送旅客48.9万人次，上座率94%。客运量从通车当年日均发送旅客13.2万人次，上升到日均发送旅客33.5万人次。京沪高铁市场需求强劲，客流逐年大幅度攀升，资本市场表现稳中向好，经营效益持续稳步增长。在新冠肺炎疫情对全球交通行业造成严重冲击下，京沪高铁仍然保持盈利韧性，2020年、2021年分别实现净利润45.86亿元和48.16亿元。

“十三五”期间，中国高铁累计实现票价收入11044.7亿元，占铁路客运收入的比例，由2015年的53%上升至2020年的78%。已有京沪高铁、武广高铁、京津城际、沪宁城际、胶济高铁、沪杭高铁、广深港高铁等12家高铁公司实现盈利。

瑞典著名学者卡尔森曾对中国《环球时报》记者预言道，如果中国在未来成为世界强国，那么，今天投资高铁的决定是“起决定性的作用的决策之一”。

中国铁路总公司调度指挥大厅

第6章

高铁运营之道

中国高铁运输管理模式日趋成熟，安全持续稳定，事故率世界最低，体现了高铁运营管理模式上的创新，走出了一条具有中国特色、适合他国借鉴的高铁运营管理之路。

2014 年 8 月 22 日，北京又是一个艳阳天，李克强总理冒着酷暑，专程来到中国铁路总公司考察。

总理走进世界最大的国家级铁路运输调度指挥中心，宽敞的半圆形大厅，调度台前一片繁忙。巨大的弧形电子显示屏上，分别显示着南京南站售票大厅、上海虹桥站候车大厅的实时监控画面，旅客购票候车秩序井然；青藏铁路楚玛尔河大桥上空，飘落着零星小雪；京沪高铁线路上，高速列车在飞驰……

李克强高兴地说："中国铁路特别是高铁的长足发展，对推动经济增长、方便群众出行发挥了重要作用。要坚持安全第一，顾客至上，兼顾竞争性与公益性，做到科学调度，使运能得到高效利用，确保货畅其运、人畅其流。"

2016 年 3 月，"欧洲行"订票网站(GoEuro)的高铁国际排名显示，西班牙高铁网络是欧洲最大的高铁网络，全长共 3100 公里，是全球第二大高铁网络，仅次于中国的 1.9 万公里。在营运速度方面，西班牙高铁与法国、德国和日本共同位居第二，营运速度为每小时 320 公里。而中国京津城际、武广、沪杭高铁初期运营速度均为每小时 350 公里。

中国全面掌握了复杂路网条件下

高铁运营管理成套技术，创新了复杂路网条件下不同速度等级高速列车高密度跨线运输调度技术，解决了不同动车组编组、不同速度、长大距离和跨线运行等运输组织难题，实现了繁忙高铁干线和城际铁路列车高密度、公交化开行，高峰期发车间隔仅有4—5分钟。

比较综合路网规模和完成工作量等指标，从世界多国铁路统计数据来看，中国高铁运输管理模式日趋成熟，安全持续稳定，事故率最低。国际铁路联盟（UIC）和欧洲铁路管理局（ERA）统计资料表明，中国铁路安全运营水平是世界各国中最高的。

实践证明，中国高铁运营管理模式安全、先进、可靠，走出了一条具有中国特色、适合他国借鉴的高铁运营管理之路。

1

高铁运营组织

高铁运营管理，是对高铁运输过程和运输系统的全员管理。

纵观我国正加密成型的“八纵八横”高铁网，具有速度等级多、线路环境复杂、与既有线跨线连通等特点，是当今世界最庞大、最复杂的高铁网。目前，世界高铁运输组织模式有三种：一是“全高速—换乘”模式，即高速线只开高速列车；二是“全高速—下线”模式，即高速线不仅运行高速列车，高速列车还可以跨线普速线运行；三是“混合运输”模式，即高速线上不仅运行高速、普速列车，还可以运行货物列车。

中国高铁运营管理采取“全高速—换乘”与“全高速—下线”两种模式共用。高铁线只开行高速列车。同时，本线高速列车与跨线高速列车共线运行，各种速度等级的高速列车共线运行。

其优势在于，方便、快捷、舒适地运送旅客；最大限度地吸引客流，降低运输成本，提高经济效益；与既有线合理分工，腾出既有线空间，多开行货车。不足之处是，增加了调度指挥难度。

高铁“中枢神经”

位于北京复兴路 10 号的中国铁路运输调度指挥中心，是全国铁路运输组织的"司令部"、中国高铁的"中枢神经",也是中国造智能化铁路的经典之作。

在宽敞明亮的调度指挥中心大厅内,迎面墙上挂着一面巨型的孤形大屏幕,划分成多个方格,一个方格一道风景,实时显示着全国列车运行、车站场景及线路情况等状态。这里客站繁忙、人流涌动、高速列车飞驰……

大屏前依次排列着值班处长台、行车调度台、货运调度台、机车调度台、高铁行车调度台、动车调度台、行包调度台等。调度员们端坐在调度台前,盯着电脑、拿着电话、点着鼠标,严密监控着旅客列车、动车组列车和货物列车的运行情况。

党的十八大以来,国铁集团党组全力实施创新驱动战略,瞄准世界铁路技术发展新趋势,全面实施信息化总体规划,构建企业级信息系统和一体化信息集成平台,推进运输生产、经营管理、综合管理等信息系统整合,消除信息孤岛,实现互联互通、信息共享,扩大开发应用功能。经过10年的努力,中国高铁的智能化水平迈出了坚实的步伐,高铁安全保障技术处于世界领先水平。

科技部公布的《高速列车科技展"十二五"专项规划》提出,"十二五"期间,中国高速列车科技发展的八大目标,其中包括"提高高速铁路体系化安全保障技术""提高列车速度",以及实现"高速列车谱系化、智能化"等,由此勾画出了中国高铁智能化发展方向。

1925年,美国人S.N.怀特首先提出在一个规定地点控制列车按信号显示运行的行车方式。此后,美国铁路协会采用了这一行车方式,定名为调度集中控制。近百年来,随着科技和信息技术的迅猛进步,铁路调度集中的信息传输方式也不断改进。例如说,为了延长传输距离,采用载波中继方式;为了节省传输线路,以编码方式传送电信息,并进一步利用频分制或时分制在一定通信线路上传送多种信息等。

中国有着世界上最大的高速铁路网,也是效率最高的铁路网。为确保这张高铁网的有序运转,建立一个科学高效的调度集中控制系统,意义重大。

随着列车运行控制系统、行车指挥系统、计算机联锁系统、电务集中监测系统、信号电源系统的同步建立，中国高铁建立起了融信号、通信、计算机、数据传输和多媒体技术为一体的开放、集中、透明的运输调度指挥系统，实现了“调度集中控制系统”的安全可控，保证了调度指挥安全、畅达与高效。

中国列车调度指挥信息管理系统（以下简称 TDCS）和高铁调度集中指挥系统（以下简称 CTC）是我国铁路各级调度指挥的基础装备，是重要的行车设备。目前已从起步阶段、小规模系统，发展到大规模系统集成，并向信息化、集成化、标准化方向迈进。实现了铁路运输调度指挥管理模式的变革，提高了运输效率，保证了行车安全。

DMIS 系统是全国铁路日常运输组织指挥中枢的现代化系统。采用现代信息技术改造传统落后的铁路调度方式，建立起融信号、通信、计算机、数据传输和多媒体技术为一体的，开放、集中、透明的运输调度指挥系统。从而带动了整个铁路信号系统向网络化、智能化方向发展，从根本上改变中国铁路信号在调度指挥手段、行车控制技术和信号技术设备功能的落后面貌。

这个指挥系统采用计算机技术、通信技术、网络技术、多媒体技术、数据库技术及网络安全技术，通过铁通公司提供的专用高速、可靠的数据通道，将国铁集团 DMIS 中心、18 个铁路局集团 DMIS 中心，以及覆盖全路车站的 DMIS 设备连接成一个庞大的实时、可靠、安全的 DMIS 网络系统。

CTC 系统所拥有的动车组调度集中权限，是由各铁路局集团公司调度所调度员来实施的。即对所属高铁区段内的信号设备实行集中控制，对动车组列车运行直接指挥和管理。其主要功能包括：列车运行监视、车次号自动跟踪、到发点自动采集、实际运行图自动生成、日班（阶段）计划的自动调整、调度命令的网络下达、车站行车日志自动生成，并实现车站信号设备的集中控制和列车进路的按图排路等功能。

中国高铁 CTC 系统，引进消化了德国西门子公司、法国阿尔斯通公司等先进技术，结合中国高铁线路的实际情况，形成了“为我所用、为我所有”的调度指挥系统。CTC 系统由调度中心子系统、车站子系统、数据通信网子系统三部分设备组成，具备调度中心及车站两级行车调度指挥功能。

2003年，CTC系统首先运用在秦沈客运专线。2010年改造为分散自律CTC 系统。系统初步具备了列车及调车进路控制、行车信息显示、列车运行自动跟踪、列车运行图管理、运营统计报表、重叠信息显示等行车指挥功能。通过应答器及软件实现车次号确认及自动追踪功能，具备设备集中报警及与其他系统交换信息功能。

DMIS系统与CTC系统，分工合作，实行集中统一指挥，全国铁路一盘棋。前者只有监视权，后者才有调控权。同时，这两个系统与全球数字移动通信系统（GSM-R）和机车综合无线通信装置（CIR）对接，实现车次号传输、调度命令传输、列控数据传输、车地通信、应急指挥通信等功能，以保障高速铁路安全、稳定、高效、舒适运营。

高速列车指挥者

在一条条繁忙的高铁线上，一列列动车组风驰电掣般地“飞”向不同的方向，在这高速运行的背后有一个“超强大脑”在精准指挥着它们，这个“超强大脑”就是高铁调度指挥中心。

高铁运营不仅需要高性能、高质量的基础设施和移动设备，还需要一个与之相适应的现代铁路调度指挥系统，实现对运输过程的高效组织、对运输资源的高效配置，及时处理各类突发事件，确保高速铁路及整个铁路网络的运输安全、正常秩序和高效节能。

面对一闪而过的高速列车，人们想象最多的是高铁司机的神奇与威风，却不知道幕后指挥者——高铁调度的智慧与艰辛。眼观六路、耳听八方是最起码的素质，小到每条线路车间班组人员分布情况，大到各种机车车辆型号运行要求和标准，调度员都需要精准掌握。

如果把铁路线比喻成五线谱，那么一列列火车就是一个个音符，火车司机就如同乐手，而调度员就是乐团的指挥家。只有在指挥家手中指挥棒的正确指引下，乐手们才能奏出美妙的乐章。如果说，铁路运输是一个现代交响乐队，那么高铁就是类似小提琴的具有高难度演奏技巧的独奏乐器。

中国高铁运输组织采取三级调度架构，即国铁集团中国铁路运输调度指挥中心、铁路局集团公司调度所高铁调度台和各高铁车站调度。国铁集团调度指挥中心（管理层）总体负责组织协调全路高铁运输调度指挥，各铁路局集团公司高铁调度台（调度层）根据调度中心的指令和动车组运用计划，监视、调整、控制高速列车运行，及时处置各类运行异常情况，组织事故救援和抢险。高铁车站调度（执行层）接收高铁调度所的指挥和控制，按照调度指令办理各类作业。

京沪高铁调度台，是全路繁忙程度最高、开行列车对数最多、重点任务最多的调度台。按照属地调度指挥的原则，京沪高铁北京南至德州东由北京局调度指挥，德州东（不含）至徐州东（不含）由济南局调度指挥，徐州东至上海虹桥由上海局调度指挥。

作为列车运行的指挥者和保障者，调度指挥员们必须精神高度集中，不允许有丝毫的马虎。如果将千里铁道线比作瞬息万变的战场，那么指挥一趟趟列车安全有序运行、随时随刻发布一道道运行指令的调度中心，无疑就是决胜千里运筹帷幄的“司令部”。从这里发出的每一条指令，必须达到分秒不差万无一失的苛刻程度。

最考验调度员能力的是应对突发事件。一旦遇到突发情况，他们需要在第一时间判断出快速疏导接车类别和去向，有的放矢地组织列车运行。牵一发而动全身，一个制定好的铁路运行图不到万不得已是不能轻易调整的。如果列车有紧急情况必须改变行车计划，调度员必须在最大限度减少对运行秩序干扰的前提下，在短时间内作出准确命令，以免影响大多数车辆的正常运行和到发。

与欧洲的网运分离模式和日本的区域独立模式不同，中国高铁是全国一张网，对高速与普速铁路、客运与货运的协调统一运输。这种复杂的路网情况，无疑是对高铁运输组织和调度指挥的严峻考验。

高铁的发展彻底颠覆人们地理阻隔和时空距离，但也带来最为现实的挑战——如何更加科学高效建立起横向到边、纵向到底、不留死角的高铁调度应急指挥系统，特别是在面对不可预测的诸如极端天气、外界干扰等可能对高铁运行安全造成隐患的各种因素，第一时间能预判、发生隐患后各部门力量能迅速整合形成集团作战。

中国高铁运输指挥采用 CTC 调度

集中控制系统，即在正常情况下，指挥动车组运行由系统自动完成，调度员的职责是监视列车及设备运行状态，发现异常情况及时处理，实现系统与调度员的双重把关。

高铁调度区别于普速列车调度在于变单一指挥者为集组织者、指挥者和执行者于一身，既负有高铁行车指挥者的职能，还要担当车站值班员、信号员等一线执行者的职责，集行车、施工、动车组、客服、供电、应急“六位一体”；除正常的运输组织外，还需要对运营中出现的设备故障、灾害天气、线路障碍、列车晚点等30多种非正常情况进行应急处置，实现运输组织的规范有序和畅达高效。真可谓“责任重大，使命光荣”。

高铁调度指挥者必须拥有优良的综合素质、科学的调度组织水平和高超的策划能力，善于根据客流的周期性变化，均衡利用线路能力，巧打综合效益牌；善于灵活科学地配置运力，动态调整运输组织，巧打春运牌、暑运牌、黄金周和小长假牌。善于发挥路网整体功能优势，探索高速列车运行规律，巧开多品牌动车组列车。

中国铁路北京局集团高铁调度台与运输处、客运处紧密配合，经过反复论证、科学组织，在节假日客流高峰期，在全路率先开行重联动车组列车，相当一条运行线，开行两列动车组列车，让运能提升了一倍。

中国铁路哈尔滨局、广州局集团公司高铁调度台联手策划，压缩夜间维修“天窗”，开行哈尔滨至北京、广州至武汉“红眼”高铁等一系列高铁新产品，客座率达90%以上。

中国铁路济南局、哈尔滨局集团公司高铁调度台积极促进跨线列车和本线列车兼容，策划在京沪、京广、哈大等干线，大量开行本线列车和跨区域的长途跨线列车，增加高铁的通达性，最大限度方便旅客出行。

中国铁路武汉局、郑州局集团公司高铁台调度优化运输组织，积极与公路、民航、水运密切协作，策划构建分工合理、衔接有序、运转高效、优势互补的大交通模式，提升了公共产品的服务供给能力。

中国铁路上海局集团公司高铁调度台与航空公司开展“空铁联运”合作，实现了管内“三省一市”主要城市的17个高铁站、136趟动车组列车与中国东方航空公司、中国国际航空公司、

以“龙凤呈祥”为外观主题，新型“复兴号”智能动车组飞驰在京广高铁线上

春秋航空公司三家航空公司的双向联运，提升了高铁、民航的运输产品价值和销售数量，畅通了高铁与航空大联运通道。

第一"正点率"

中国书协主席苏士澍先生是位著名社会活动家。以文会友，行走四方，是他的生活常态。苏先生曾对我说："我喜欢坐高铁，现在出行我都是首选高铁，因为高铁很正点，几乎是分秒不差。乘坐高铁，你可以有计划地办事，不会因为晚点而打乱你的行程安排。"

快速、准时、舒适，是出行者对交通工具的企盼。中国高铁极高的正点率，是吸引众多旅行人涌向高铁的重要原因之一。列车正点，提升了出行的幸福指数。

通俗地讲，列车正点率是指一定时期内（通常是一天）正点出发的列车数占出发列车总数的比重或正点到达的列车数占到达列车总数的比重。前者称为列车出发正点率，后者称为列车运行正点率。列车正点率反映铁路工作水平，是考核铁路运输组织工作的综合性重要指标。

正因为高铁系统设备、自动化控制的可靠性和高超的运输组织水平，确保了高速动车组有着极高的准点率。分秒不差的高铁正点率，是高铁的明显优势所在，也是深受旅客欢迎的原因之一。

中国高铁大量采用高架桥梁和隧道，大大地减小了人为和天气因素的影响，整个铁路干线都是全封闭的。高速铁路全部采用自动化控制，可以全天候运营。除了受严重的恶劣天气影响和偶发的设备故障外，中国高铁做到了基本不晚点，正点率高达95%以上。这是航空、公路和水路交通工具望尘莫及的。

2019年7月10日，世界银行发布《中国的高速铁路发展》报告披露，从准点率来看，中国高铁出发和到站的准点率分别为98%和95%。"复兴号"更高，分别为99%和98%。

2010年8月1日，京津城际铁路开通运营两周年时，新华社记者曾做过一次高速列车正点率调查。调查结果显示，两年中，京津城际在确保安全运行的同时，高速列车正点率接近100%。京津城际高速列车以其"安全、快捷、舒适"的优势，成为往来京津旅客的首选交通工具。

高铁受天气（风力）的影响比飞机小，若出现晚点，其主要原因就是设备故障所致。2011 年 6 月 30 日至 7 月 20 日，刚刚开通运营的京沪高铁的始发正点率是 95.1%，到站正点率是 88.5%。原因是京沪高铁在设备磨合期内，接连发生了几起停电故障。

2018 年 9 月 21 日，是“复兴号”在京沪高铁开启时速 350 公里商业运营一周年纪念日。“复兴号”累计发送旅客 7601.1 万人次，平均客座率 82.7%，始发、终到正点率分别达到 99.2%、97.9%。

为确保高速列车安全正点运行，各个铁路局调度所都设立了专门的动车组调度台；各高铁客站做到固定径路、固定股道、固定站台、固定停车位；站长及驻站公安人员亲自接发列车，做好旅客乘降组织，准确无误地做好动车组列车的接发车工作。

“时速 300 公里的高速列车，每秒行进 83.3 米，运行过程中，一秒都不能放松，必须一秒一秒地抠，才能保证安全正点！”一位高铁司机这样对我说。

高铁正点率虽然很高，但偶尔碰上一次也会打乱旅客的出行计划、破坏出行的好心情。这个时候，高铁调度员更是不敢有丝毫的懈怠，他们在严格按图行车的同时，会密切注视各高速列车运行情况，积极应对偶发晚点列车，做好运行调整、旅客乘降等组织工作，尽快恢复列车正点。必要时，协调其他交通工具，疏散旅客，避免客流积压。

2015 年 3 月 8 日下午，沪杭高铁因接触网故障，导致部分高速列车晚点。上海虹桥站接到高铁调度指令后，及时与虹桥机场和航空公司联系，派人赶赴机场，帮助购买了“空铁通”产品的转乘旅客预先换好登机牌，确保了 200 多位旅客在晚点到达上海虹桥机场后的顺利登机。

“黄医生”与“白医生”

2017 年 3 月 21 日，一列黄色高速综合检测列车从兰州西站出发，开始对即将开通运营的宝兰高铁行车设备进行综合检测。

站台上，闻讯赶来看热闹的人们对着黄色的检测车呼喊着：“黄医生，黄医生。”高铁沿线的人们都熟悉了，

"黄医生"行驶在即将开通的沪昆高铁线上

每当新的高铁线路开通时，就会看到一种黄色的高速列车率先飞驰而来，为高铁新线做“体检”。

据悉，目前中国高铁有两种高速综合检测列车。一种是“黄医生”，扮演着高铁先遣军或开拓者的角色。另一种是“白医生”，担当每天夜间高铁线路维修后的试跑任务。

沿线民众根据车体涂装颜色的不同，分别叫它们为“黄医生”和“白医生”。顾名思义，高铁“黄医生”和“白医生”的职责就是检测诊治高铁线上各种疾病的。

“黄医生”全称是“中国铁路高速综合检测列车”（简称CIT），是由国产CRH380AJ动车组担任。时速300—350公里，最高时速可达420公里，可以对高铁线的轨道、接触网、通信信号等固定设备进行全方位综合动态检测，对即将开通的高铁线路进行综合调试。

据了解，名为“黄医生”的检测列车上配置有通讯设备、各种传感器、摄像头等装置，能够在运行途中对沿线轨道、路基、桥梁、隧道、通信信号、车辆动态、接触网、电力牵引供电及振动噪声、声屏障等等进行动态检查。同时，通过检测列车逐级提速，采集和分析相关数据，确保各系统达到设计要求和具备开通条件。

目前，我国共有12组“高速综合检测列车”，均隶属于国铁集团及中国铁道科学研究院。有一部分高速综合检测列车，是从现有的商业运营车型改造而来。

登上高速综合检测列车，车厢里没有座椅，两侧摆满了各种各样的装备。全列8节车厢，一节是休息区，设有卧铺，一节作为会议室，空间通透。其他都是工作车，分为工务、电务等工作区。检测车上的工作人员，分属于铁路不同的部门。在飞驰的列车上，各工作区的技术人员十分忙碌。他们熟练地操纵着检测设备，对线路及通信设施的各项参数进行严格校对。

这里有录像装置、架线间隔测定装置、ATC测定装置、列车无线设备测定装置及测定台、线路状态监视装置、集电状态监视装置、受电弓观测装置、车次号地面设备测定装置等多种监控设备，与医院的各种检测仪器一样，应有尽有。

初春时节，凌晨3点，天气十分

寒冷，郑州东动车组停车场，灯火通明。郑州机务段动车司机王丰登上洁白的动车组，经过一系列检查准备，确认动车组具备出所条件。4点15分，王丰驾驶0J8579次列车穿过夜色，驶离郑州东动车所。

这是一趟特殊的动车组列车，它不在图定的列车时刻表中，也不搭载旅客，也不对外公布，名曰：确认车。业内称它“白医生”。动车司机笑称为“蹚雷车”。如果把线路安全隐患称之为“埋雷”，那么，这列动检车的作用就是“排雷”。

“白医生”如同“黄医生”一样，都是一种特殊的动车组列车，按照分工对高铁线路进行有效检测。“白医生”车上除了司机外，还有工务、供电人员，以及乘警、乘务员和随车机械师等。主要任务是对轨道结构、路基沉降、复杂桥梁、特长隧道、接触网、列控系统等关键设备实时监测。一旦发现设备异常或状态不良，立即向相关部门报告，确保高铁设备质量动态达标，处于稳定状态。

中国高铁实行工务、电务、供电设备“三合一”养修管理检修体系。每天深夜，每条高铁线上都活跃着一群“晒月亮的人”。他们利用每天零点30分至4点30分的“天窗”点作业，对轨道、接触网、信号等固定设备进行维修，确保设备质量处于可靠状态。“天窗”维修时间，线路上不安排列车运行。线路经过检修后，只有得到“白医生”的确认，才能正常开行高速列车。

中国高铁养护维修标准可谓“世界之最”：两根钢轨落差不能超过0.3毫米，道岔心轨和尖轨降低值误差不能超过0.2毫米。如此高的标准，倒“逼”中国高铁人不断探索科学的养护维修方式。中国铁路上海局集团公司在管内京沪高铁8个工区，全面推行工务、电务、供电“生产生活一体化”综合维修体制，提高了“天窗”点利用率，提升了养护维修的质量。

每天凌晨，在各条高铁线路上，首趟开行的高速列车就是“白医生”。它的职责是，巡视检测线路经过夜间整修后的质量，确认线路是否达标，及时发现可能危及行车安全的隐患。

一条高铁线路，每天通过几十趟甚至上百趟高速列车，这些高速列车都以250—350公里的时速运行，线路上任何细微的偏差，都可能影响旅客的乘车体验，甚至危及列车安全。列车的高速运行，轮子对线路的冲击力是巨大的，尽管是整体道床，也必须每天晚上对线路进行整修和微调。我国高铁线路实现了雷达遥控监测，线路几何尺寸发生任何细微的变化都能被发现。

问及开“蹚雷车”与平时载客的高速列车有什么不同，高铁司机王丰说：“由于是首趟列车，自然肩负着更多的安全责任，不仅要严格按照程序，还要特别细心、认真。”

王丰介绍说，每天凌晨两三点，在郑州站和郑州东站正式开行高速列车、城际列车之前，都会开行“白医生”列车。风雨无阻，每天如此。

4点30分，王丰驾驶的“白医生”到达郑州东站。车次变更为DJ8580次，从郑州东站开出。出站后，运行时速迅速升至300公里。5点47分到达商丘站。

一路上，“白医生”车厢里的各种检测仪器显示正常。车到商丘站后，6点20分，车次改为G6605次旅客列车，成为商丘站当日开出的首趟高速列车，往郑州东方向疾驰。

郑州铁路局管内的“白医生”列车，全部由郑州机务段担当，每天对东至砀山南、南至武汉、西至郑州西、北至石家庄间的高铁线路进行“扫雷”。

如果将高铁比作铁路系统的富人，那么“黄医生”和“白医生”就是高铁的私人医生，不同的阶层不同的生活，高铁显然是属于生活水平高的那一个层次。因为其速度高、责任大，不能有丝毫的马虎和懈怠。

2 高科技安全屏障

中国高铁到底有多安全?

专家告诉我，中国高速列车制动距离短，时速350公里运行的制动距离是4公里，在突发情况下，可以在数十秒内紧急制动。“复兴号”动车组设置了2700余项监测点，开发了自我感知、健康管理、故障诊断等列车运行在途监测技术，实现了对列车运行的全方位实时监测，一旦发现异常，高速运行的动车组会自动停车。与飞机、汽车、轮船相比，高速动车组本身不携带任何燃油和其他燃料，不会有失火爆炸的风险。

建立了由高速综合检测车、沿线检测传感装置等设备组成的高铁线路设备在线监测系统，运用大数据分析，实现了对高铁基础设施运行状态的精准掌握；研发了风雨雪等自然灾害监测、异物侵限报警和地震监测预警系统，实现了对自然灾害和治安风险的立体防控。

高铁专家解释道，这就叫作“科技保安全”。高铁集当今高新技术之大成，通过结构化的综合布线系统和计算机网络技术，将分离的设备、功能和信息等集成为一体，实现集中、高效、便利的运用和受理，确保高速列车的运营安全。

国铁集团资料表明，2008 ~ 2020年，中国高铁每百公里平均事故率较

"复兴号"动车组乘务员巡视车厢

境外高铁低 82%。截至 2021 年 6 月底，中国高铁已累计安全运行 92.8 亿公里、相当于绕地球 23.2 万圈，安全运送旅客 141.2 亿人次，是世界公认最安全的高铁。

高铁"最强大脑"

高速列车的速度之快，不可能靠人工瞭望、人工驾驶来保证行车安全。科学实验证明，当列车时速大于 160 公里时，人的智能受限，必须装配一个叫做"列车运行控制系统"的设备，以实现对列车间隔和速度的自动控制，确保高速列车的安全运行。

"列车运行控制系统"简称列控系统，与轨道技术、动车组技术并列为高铁最关键的三大核心技术，被称为决定高铁运行表现的“定海神针”。对列车运行实现自动监控，是保障高铁安全运营、提高运营效率的核心技术装备。列控系统综合运用计算机、通信、信号等技术，指挥和控制列车的一举一动，乃高速列车的“最强大脑”。

列控系统包括地面设备、车载设备、信号数据传输网络和车—地信息传输设备。地面设备提供线路参数、目标距离和进路状态。车载设备生成目标距离控制模式曲线，并通过驾驶室内的人机界面为司机提供目标速度、当前速度、最高允许速度、距前方停车点距离等信息，满足高速运行所需的控车要求。

有人曾打比方，如果高速列车没有列控系统，那么它就像发射了的一枚导弹，后果不堪设想。

中国铁路采用先进的列车控制技术，实现了不同速度等级动车组共线跨越运行。中国铁路技术标准规定，在时速300公里及以上的线路采用CTCS–3级列控系统。这个系统依托GSM–R无线通信，实现车地信息双向传输，在无线闭塞中心生成行车许可，在轨道电路实现列车占用检查，在应答器实现列车定位，以满足列车高速和安全运行的需要。

C3级列车运行控制系统有两个关键设备：一个在地面，一个在车上。地面的叫无线闭塞中心系统（RBC），指挥列车该走的时候走，该停的时候停；车上设备叫列车超速防护系统（ATP），连续不间断地对列车实行速度监督，实现超速防护。从技术发展的趋势看，展示了向数字化、网络化、自动化与智能化发展的光明前景。它的作用是保证行车安全、提高运输效率。

列车控制系统改变了传统的信号控制方式，可以连续、实时地监督列车运行速度，自动控制列车的制动，实现列车的超速防护。列车控制方式可以由人工驾驶，也可由设备实行自动控制，使列车根据其本身性能条件自动调整追踪间隔，提高线路的通过能力。

时任中国铁路通信信号股份有限公司董事长周志亮认为：“C3级列控系统完全满足高速列车最高时速350公里以上、最小运行间隔3分钟的运营要求。”

早在2007年铁路第六次大提速时，中国通号公司就运用自主研发的C2级列车控制系统，满足了六大干线动车组时速250公里的控车需求。随后，在武广高铁C3级系统攻关中，中国通号在C2级系统的基础上，吸引国际一流企业加入，“以我为主，联合开发”，实现了RBC和ATP两大核心技术的重大突破，超越了阿尔斯通、西门子等老牌外企。

国铁集团工电部通信信号处主管莫志松认为，中国高铁列控系统已经走在了世界前列。“根据近两年电务系统的故障和产品质量统计，中国通号的列控系统和联锁故障很少，信号产品的质量得到了很大提高。事实说明，中国通号的设计院、生产和施工单位比国外公司做得好。”

目前，中国通号已经加入国铁集团进军海外的产业联盟，在巩固阿根廷、巴基斯坦、乌兹别克斯坦、埃塞俄比亚、越南、安哥拉等国家市场的基础上，正在逐步向中东、亚太、美洲、非洲和欧洲进军。

故障导向安全

以老式电闸为例，上推是合闸，搬下来是断闸，一旦电闸有螺丝松动就会自动断开电源，这就叫做“故障导向安全”。

铁路最原始的臂板信号机，就是利用地球引力，在拉线意外断开的故障下，使坠落的重锤通过拉杆将信号臂板抬起，发出禁止通行的信号。现在火车站信号机房里，仍在大量使用的继电器联锁，遵循的也是这个原理。

轨道电路本身是一个电气回路，轨道空闲时，轨道继电器在吸起状态。当轨道电路故障时，继电器落下，使通过该轨道电路实现的相应联锁电路无法实现，不能排列相应的进路，使其在故障时，不会有列车从此通过，并能反映在室内控制台或微机联锁操作台上，信号工作人员会及时查找处理，实现故障导向安全。

可见，故障导向安全原指铁路信号设备在发生障碍、错误、失效的情况下，应具有导致减轻以致避免损失的功能，以确保行车安全。在高铁迅猛发展的今天，故障导向安全显然不能局限在信号设备这个范围，已经成为高铁设计最根本的原则。其意义在于，所有高铁设备在发生故障时或非正常情况下，其各环节各部位都应该自动导向安全。

中国高铁采用了世界上最先进的“故障导向安全”设计理念，尤其是动车组控制系统对影响安全的各种因素比较“敏感”，必须确保能够及时地采取智能化的自动保护措施。

就“复兴号”动车组而言，增加了主动安全与被动安全的设计。严格遵循安全标准，包括防火、防碰撞、动力学等方面，具备失稳检测、烟火报警、轴温监控、受电弓视频监视等安全防护功能，安全防护设计更为完善，提高动车组的可靠性。譬如说，制动系统就采取了系统诊断和故障导向安全设计，采用了高性能、高可靠性的微机直通电空制动系统，充分利用再生制动，有效降低磨耗，无论动车组载重、速度、坡道如何变化、钢轨面如何湿滑，制动始终稳定可靠。

与此同时，按照“故障导向安全”的原则，优化了智能化感知系统，全面监测动车组运行状况，实时感知动组状态。一旦出现异常时，可自动报警或预警，并能根据安全需求自动采取限速或停车措施。“复兴号”动车组的各类检测项点达到2500多项，能够对走行部状态、轴承温度、冷却系统温度、制动系统状态、环境进行全方位实时监测，这些数据都能通过通信网络传输到后台。通过电气指令，与车辆控制单元通讯，本着故障导向安全理念，对行驶中的高速列车，或正常完成制动过程，或实施非常制动。

当恶劣天气有可能威胁到列车安全时，或风速、降雨，或地震报警，动车组能自动采取限速或停车措施，在最短时间内自动切断电源停止运行，体现了“故障导向安全”的设计理念。

“故障导向安全”理念的表达是全方位的。目前，中国高铁已经建立起了完备的高铁技术安全防控体系，涉及到工务工程、高速动车、列控系统、牵引供电、运营管理和风险防控等多个方面，实现了高科技导向安全、保证安全，具有非常高的安全可靠性。

譬如说，高铁信号器件、部件和系统的输出，可以划分为正常、安全侧故障、危险侧故障三种输出。在发生故障时，通过符合“故障—安全”原则的技术手段，使之只有安全侧故障输出；譬如说，高速列车GTO逆变器同步电动机驱动系统，一旦出现故障时，立即导向优先电制动，迅速让列车停下。

2011年7月中旬，刚开通运营不久的京沪高铁，接连因雷电和供电故障影响，造成了部分列车晚点，影响了京沪高铁运行秩序。一时间，网上指责声一片。

时任铁道部总工程师何华武向媒体解释道，高铁所有系统都是按照“故障导向安全”的理念设计。在安全问题上，宁可敏感一些，也绝不能冒险。也正因如此，无论是线路、车辆、接触网、通信信号等任何一个环节、任何一个点上出现故障或检测到危及安全的信息，系统都会按照这一设计原则，采取自动导向安全的应对措施，让高速列车自动减速或立即停车，确保人员和设备安全。

故障导向安全，主要表现在发生自然灾害、设备故障、突发事件等非正常情况下的安全保障。毫无疑问，高速行驶的列车一旦出现非正常情况，停下来是相对安全的。这样尽管有可能损失运输效率，但保证了安全。可以说，“故障导向安全”理念的核心，是以效率换安全。

在高铁运营管理中，高铁员工的高素质，主要表现在非正常情况下的应急处理。专注、智慧与果断，是高铁员工处置突发事件的关键词。高铁设备一旦出现非正常情况，第一反应就是在最短时间内自动切断电源停止运行，然后才是准确判断故障原因及影响情况，严格落实应急处置预案，通力协作排除故障，在确保安全的前提下恢复行车。

神奇的TEDS系统

TEDS监控系统，全称“动车组列车运行故障图像监测系统”。这个具有国际先进水平的高速列车底部成像检测系统，借力于先进的计算机网络，利用视频技术，对高铁动车组的运行和维护进行实时监控。对危及行车安全的动车组底部、侧部可视部位故障自动监测预报，并拦停严重危及动车组行车安全的故障，确保高速列车安全运行。

TEDS系统的工作流程是，依托安装在轨道线路上的视频探头，采集动车底部、转向架、裙板等可视部件的完整图像。由设置在沿线的TEDS探测点对图像进行搜集，通过网络传送至动车段TEDS中心进行自动图像分析和识别，一旦发现异常，及时通知责任单位处置，迅速排除故障隐患。监控终端在整个系统中发挥着“眼睛”的作用，检测数据的实时呈现全靠监控终端来实现。

高速列车的各个部位都设置有灵敏度极高的传感器，动态监测和诊断列车故障。仅CRH380B型动车组就设置有1100多个传感器，检测点多达1800多项。TEDS监控系统与高速列车自检系统构筑起了高速列车坚固的安全屏障。

中国高铁TEDS监控系统，是一个由TEDS探测站、动车段监控中心、铁路局集团公司、国铁集团公司四级联网的高速列车监控平台，形成了集监测、控制和管理决策为一体的高速列车安全监控系统，实时对高速列车运行故障图像数据进行自动采集、处理和报警。仅中国铁路北京局集团公司管内就建立了15处TEDS探测站。同时，将高速列车的各种运行状态信息按不同级别和重要性分别传输到动车维修基地、动车制造工厂和运用管理部门，指导动车组的保养、维护、检修，确保了高速列车的运营安全。

2015年11月下旬，北京突降大雪，铺天盖地，随之气温降至零下12摄氏度。北京动车段TEDS中心立刻处于高度紧张、忙碌的气氛中。22日，中心分析员监控发现管内的20列动车组车底部有结冰迹象，立即上报提出限速请求。运输部门迅速向各动车运用所下达了打冰除雪的信息。

紧接着，气温越来越低，北京地区的气温跌落至历史同期极值。24日，北京动车段TEDS中心又相继监测出32列列车底部结冰严重，紧急通知相关动车所立即打冰除险……在这场突发其来的暴雪冰冻灾害面前，由于TEDS中心信息准确及时，相关动车所及时打冰除雪、抢修整备，北京铁路局配属的动车组及其他铁路局经停北京的动车组，没有一列因车底冰冻而停运或影响行车，全部安全正点出库、运行。

据北京动车段TEDS中心负责人介绍，大面积冰冻覆盖车底，加之冰体洁白反光，导致监测项点在系统显示界面上变得十分模糊，极大地影响了分析员对图像隐患的判断。然而，分析员们以高度的责任感，精力高度集中，监测认真负责，结果反复核对，确保了有效监控防范。在启动暴雪应急预案的几天内，TEDS中心的故障监测准确率始终保持在80%以上。

2014年1月，中国铁路北京局集团公司率先在北京动车段成立了全国铁路第一家TEDS集中监控中心。同时，该局管内还建立起了15处TEDS探测站。紧接着，各铁路局集团公司动车段都相继组建了TEDS中心和搭建起了TEDS监控平台。

走进高铁TEDS中心，宽敞的大厅，洁净明快，布满行车路线图的大屏幕下一片安静，这里没有机器轰鸣的嘈杂，只有鼠标点击时发出的微弱声响，一片宁静和谐的气氛。工作人员都是清一色的小伙子，他们眼盯屏幕，正在实时监控高速运行中的动车组，细致迅速地浏览探测设备传回的一张张经计算后拼接出的完整动车图像，再通过远程对比分析查找列车运行中存在的安全隐患——每一分每一秒都在战斗。这些TEDS分析员告诉我，运用TEDS系统实时监控动车组列车的运行，远没有想象中那么简单。其中“看”，就很有讲究。既要在系统图像上“看”，又要在现场复核时“看”，更要在日积月累中“看”。

怎样看图？这里头就很有学问。采访中，我曾盯着显示屏认真地看，眼前却是一片茫然。分析员告诉我，由于依附在高速列车上的摄像头是从轨道角度由下向上拍的，是黑白平面图，加之列车运行时搅起的灰尘等因素的干扰，传回的图像辨别起来非常困难。这需要练就一双“火眼金睛”。

“一颗螺栓的松动、一丝细小的裂纹都不能放过。”据介绍，一列8辆编组的动车组，通过TEDS探测站时间大约需12秒，包括动车组的底部、侧部裙板、连接装置、转向架等可视部位都会被拍照，拍摄照片多达2474张，然后通过人工复示终端，在电脑屏幕前检车。

我做过一个实地调查：北京动车段TEDS中心，每天实时接收TEDS探测站传输来的动车组图片多达数万张。特别是每天上午北京地区三大客站动车组始发的高峰时段，平均每名分析员要监控60趟列车。也就是说，每1.5分钟到2分钟之间就要监控1节车厢。动车组车底有铆钉、工艺开孔等不同的部件，仅螺栓就有1万多个。如空心铆钉、铆钉丢失故障，显示到电脑屏幕上都是一个小黑洞，如果不小心看漏了，后果将不堪设想。

TEDS中心分析员的选拔条件很严格，要求是视力好、耐心细致的小伙子。专业培训也很枯燥，就是成天埋头于动车组车体的海量图片中，反复看，反复训练其看图能力。

为能准确判断图片上的故障，TEDS中心的小伙子们经常利用休班时间，在段职教科老师的带领下，来到动车检修车间，下地沟、看车底，仔细观察熟悉动车组底部配件，了解每一个配件的材质、用途及位置，做到“知其然也要知其所以然”，对每个车型、每个车底部件都了然于胸，熟悉于脑。

鼠标，是分析员手中的笔。分析员通过鼠标特定方向的画线，尽可能将监测项点纳入视线范围内。这样既可以做到任何部位都不漏，又可以集中注意力，做到手、眼、脑同步，确保重点部位不漏项、安全项点全覆盖。

TEDS监测系统将动车组分成右侧下部、左侧下部等7个不同的部位。车型不同，则部位不同，鼠标走向也不一样。以CRH2型动车组为例，分析员查看图片共有8种鼠标画线方式。当看右侧上部、左侧上部时，要用“一”字形作业法，确保每一个螺栓都检查到位；如果观测的是右侧下部、左侧下部，鼠标就沿着裙板“Z”字形画线；等画到转向架时，又要用“OMO”字形作业法，能更精确地看到轴端盖的每一个螺栓。

采访中，小伙子们给我讲了这样一个故事：2015年1月13日，分析员刘志昆运用鼠标走向法查看回库的动车组列车图片时，发现一张动车底部图片中的牵引变流器附近有一道黑影，不仔细看很容易被忽略掉。他突然联想到，不久前有过类似记录，那一道黑影是铁丝。这次同样的位置再次出现了黑影，又会是什么问题呢？他提示监测站进行重点盯控，然后又赶到现场进行复核确认。原来是该动车组列车牵引变流器的铁丝滤网破损，从车体缝隙中出来一截，在图片上留下了一道黑影。小刘的“神眼”，防止了一起可能导致动车组列车滤网破损脱落的事故。

动车组由两种车厢组成，一种是有动力的称为“动车”，一种是无动力的称为“拖车”。拖车与动车在结构上略有不同，原来在监控时统一用S形鼠标画线。但是，这种作业方法在监测的高峰时段，很容易漏掉拖车部分轴盘的监测小项点。经过反复探索，分析员们创新了拖车部分“WSM”的画线方式，将轴盘的制动夹钳状态等项点纳入监测范围，大大提高了监测效率。

单调的黑白色、重复的位置图、紧张的节奏感，练就了TEDS中心分析员的“神眼”和工作定力。仅北京动车段 TEDS 中心，每年通过图片分析发现动车故障隐患过千件。

尽管人工智能的发展日新月异，但动态故障检测尚难以被人工智能取代。目前，在 TEDS 集中监控中心，每个分析员都有 2 到 3 年的一线检修工作经验，对动车组运行有直观的概念。

动车组的每个细节、每个部件，多少颗螺丝钉，在什么位置，都要牢记在心，你才能够去对比它的不同点，才能去做分析。每个 TEDS 分析员心中都有一幅完整动车组结构图，会根据具体情况作最快速的判断，这也是人工智能难以替代的原因之一。

自然灾害防控

许多人把高铁想象得很悬乎，称之为“风雨无阻”。下大雪了，高速公路封了，机场关闭了，唯有高铁客站人流涌动。其实，与大自然的险恶相比，高速列车也很“低调”。

中国高铁线路纵横交错，沿线地质、气候和环境条件复杂多变，大风、暴雨、洪水或地震等自然灾害时有发生，对高速列车的安全运行会造成极大威胁。全面开展自然灾害风险防控，努力减少自然灾害对高速列车安全运行的影响，是我国高铁科研人员一直在认真研究和探讨的重要课题。

如今，我国高铁沿线都已经建立起了光纤护栏系统和线路障碍自动检测报警系统，能有效实时对大风、降雪、降雨、异物侵限等灾害进行实时预警和监控。建立了高铁地震监控预警系统、牵引供电和通信信号的雷电防护体系，保证在严峻自然灾害情况下高铁的安全。同时，加强治安防范，防止人为破坏。

针对各种可能出现的自然灾害，各级铁路部门都制订了应急处置预案，一旦大灾降临，有条不紊进行处置，确保非正常情况下的高铁行车安全。高科技的防控体系，为一条条高铁穿上“安全防护罩”。

采访中，我实地观看了一次应急处置演练。假设郑州地区突降暴雪，中国铁路郑州局集团公司调度指挥中心的处置流程为：首先，高铁调度员根据现场降雪情况及设备部门的请求，及时发布限速调度命令，命令进入郑州降雪地区的高速列车，时速降至 160 公里至 200 公里；然后，通知郑州站、郑州东站防止因降雪造成的道岔转换不畅，采取固定列车运行径路的措施，对高速列车停靠车站，上下行各选择一条有站台的线路作为固定通道，减少道岔搬动次数。最后，根据高速列车运行状况和主要客运站客流情况，及时调整运行方案，避免客车循环晚点。

2012年春节刚过，武汉供电段咸宁北供电车间在管辖的武广高铁沿线开展了一场捣毁鸟窝的战斗。这段线路大多地处平原，附近有大面积农田，鸟觅食方便，筑窝取材方便，高铁接触网杆塔便成为鸟儿们安家的理想场所。鸟窝虽小，对高铁供电影响却很大。鸟窝容易引起接触网短路，导致供电设备跳闸事故。这个车间在研判高铁安全风险时，把“鸟患导致跳闸”列入了安全风险点。清除鸟窝，一度成了职工们挂在嘴边的关键词。经过三个月的清理，辖区152公里铁路线共清理了各类鸟窝267个，最大的鸟窝足足有两个篮球大。

由此，各铁路局集团公司都把高铁接触网杆塔除鸟窝列入了安全风险点进行严格管控。组织力量研究鸟患规律，采取多种对策治理鸟窝隐患。铁路太原局集团公司大同西供电段发明了用脂肪酸锂皂、锂基脂等几种高分子化学原料混合制成的“驱鸟膏”，经济实用，操作方便，具有只驱鸟不杀鸟等优点，驱鸟率达到100%。

2016年2月8日，猴年大年初一。北京大街小巷一片热闹，中国铁路北京局集团公司调度大楼却是一片紧张繁忙。13时20分，G555次高速列车司机反映，京广高铁高碑店东站至徐水东站间接触网上挂有几米长的塑料布。当班高铁调度员杨爱军、曲艺立即下令，分别扣停下行后续的G6703次和上行的G26次、G6712次高速列车。紧接着，安排供电人员登乘G6703次高速列车进入区间，进行接触网异物处理。70分钟后，接触网异物处理完毕。由于司机及时报告，调度员及时扣车，应急处置导向安全，防止了一起有可能发生的塑料布挂坏接触网事故。

铁路公安部门还依托互联网、红外线视频监控和卫星定位巡检等前沿科技，在沿线特大桥、“四电”机房、救生通道、低矮桥墩和复杂区段，安装红外线视频监控、报警系统，对线路治安情况24小时实时监控，形成了集实时监控报警、数据分析、调度指挥和人员考核于一体的信息化高铁治安防控体系，为高铁安全保驾护航。

3 高铁大客流

随着中国高铁网的快速形成，方便、快捷、舒适的高铁，大大方便了人们的出行，改变了人们的生活方式。以实名制和互联网售票为核心的客运改革，以及一系列便民利民服务新举措的推出，使过去那种买票彻夜排长队、“黄牛”倒票猖獗、乘火车拥挤不堪的现象成为历史。巨大的客流从四面八方涌至高铁，形成了蔚为壮观的中国高铁大客流景观。

回家的路不再遥远。高铁让两地距离变短，让亲情更加浓郁，让回家的路变得平安、快捷、舒适和温馨。高铁让沿途的自然风光，变成了热门的旅游资源。高铁把广袤的平原与山峦长廊紧紧连接在一起，坐着高铁看中国，一路风光，一路欢歌。“十三五”期间，国家铁路完成旅客发送量149亿人次，其中动车组发送90亿人次，较“十二五”分别增长41%、152%。

高铁银线穿明珠

如果把一条条高铁线比为银线，那么，一座座高铁客站就是银线上的明珠，高铁银线穿明珠，每颗明珠都闪耀着独特的光芒。

随着一条条高铁线的建成通车，一大批现代化的高铁客站拔地而起，与周边建筑环境形成了协调美、整体美。

高铁站台上，等候上车的旅客井然有序。

高铁客站的建筑外形之美，给人一种爽心悦目的时代感。

设计独创、新型时尚、工艺创新的高铁客站，既是高铁线路最重要的配套枢纽设施，也是一个城市的标志性建筑，实现了客站功能、高科技成果和地域文化在建筑学领域的融合，体现了城市文化传承和审美情趣，彰显了城市气质和品味，成为一个城市的文化名片。

著名诗人林莽说，崭新的高铁客站不是到达一个城市的终点，而是进入一个城市的起点。高铁客站在为广大旅客提供便捷的进出站服务、舒适的候车环境和人性化服务设施的同时，也为人们打开了一扇认识这个城市的窗口。一条条银线汇集于此，又从这里伸向远方；一股股人流欢聚于此，又从这里走向四方。这就是高铁客站的功能和魅力所在。

根据《中长期铁路网规划》，按照点线能力配套的原则，到 2019 年底，中国已建成了以北京南、武汉、广州南、上

海虹桥为代表的1000余座现代化高铁客站，基本形成了适应客流特点、满足客流需要、便于客运组织、利于城市发展的中国现代化高铁客站体系。

回眸历史，新中国的火车站建设，大致经历了三个发展阶段。第一个阶段的火车站，是上个世纪80年代初之前建设完成的，主要功能体现在单纯的铁路运输上，接发列车，旅客上下车。第二阶段的火车站，时间为改革开放至本世纪初建设完成的，为适应社会发展的需要，扩大了建设规模，拓展了服务功能，增加了相关配套设施。第三阶段的火车站，以北京南高铁客站为起点，高标准、高水平地建成了一大批具有世界一流水平的大型高铁客站，满足了旅客候车方式和客流量变化要求，以及功能拓展和空间结构优化的要求。这是中国铁路客站建设史上的一次革命性变化。

中国高铁客站建设，在充分研究发达国家铁路客站的演变和发展趋势、系统总结我国火车站建设的发展历程和经验教训的基础上，瞄准世界铁路客站建设的先进技术和管理水平，坚持以人为本的设计理念，综合考虑了铁路网规划、城市发展布局、综合交通衔接、相关商业生态配套，从而确立了“功能性、系统性、先进性、文化性、经济性”的高铁客站建设定位。

中国高铁客站建设集中了当代科技优势，功能先进，布局合理，品质高端，让旅客出行更顺畅。设计新理念，促进了设计艺术、建造技术的进步。站桥合一结构、清水混凝土技术、绿色生态发展等一系列科技创新实践，让中国高铁客站更加顺畅、更加有气势、更加有质感。

“站桥合一”空间结构，构筑起中国高铁客站的最佳载体。将桥梁结构与站房建筑结构结合起来，通过立体化的空间布局，实现了以空间换取平面，节约了宝贵的土地资源。既有效地利用了空间，营造出宽敞舒适的候车换乘环境，又实现了客站结构的人性化、艺术化，集轨道交通和地面公交为一体，实现客站的景观性、功能性、经济性和多元化。依据“上进下出”的设计理念，将站房分为地面层、站台层和高架层。各行其道，安全方便。北京南站、广州南站、沈阳南站、郑州东站、济南西站等枢纽高铁客站，均采用“站桥合一”的结构体系，展现出宏大空间和迷人光彩。

大量采用无柱风雨棚站台，尽可能减少站台上影响旅客行进和观察视线的障碍物，创造更明确、更舒适的乘车环境。无柱雨棚不仅使客站面貌焕然一新，也有力推进了结构设计与建造技术的进步。

走入雄安站一层候车大厅，一排排连接地面候车大厅和城市通廊梁柱的浅灰色柱子异常引人注目。“内实外美”的雄安站站房，眉目清秀，光滑柔润，让人感觉特别地“爽”。这种清水混凝土工艺，以混凝土的本色本质示人。建成后的梁柱，一次成型，表面基本不用做任何修饰，且表面光滑不易落灰，呈现出混凝土本身的自然质感。

大量采用节能技术，其墙体、屋顶选用节能新型材料，照明充分利用自然光，并采用高效节能灯及智能控制新技术。采用了声、光、温等一系列室内环境控制技术，大幅提高了候车的环境品质。北京南站、上海虹桥站等高铁客站利用站房、无柱雨棚屋面，设置太阳能光电板，辅助解决车站用电。仅虹桥站年发电量就达到630万度，减排二氧化碳1900多吨，节约标煤近8000吨。

与此同时，各大客站还利用城市原生污水冬季水温高于大气温度、夏季水温低于大气温度的特点，冬季从污水取热供暖，夏季排热制冷，实现了生态循环供暖、制冷。

一切为旅客着想，是我国高铁客站的本质追求。新建高铁客站无论在站区规划、功能布局、交通流线、建筑造型、关键技术上，还是在服务理念、服务设施上，与以往的火车站相比都有着重大创新和突破，发生了根本性变化，形成了以人为本、绿色设计、智能建造、精益管理的建设、管理新模式。

积极践行“零距离换乘”理念，大力完善城市多交通综合功能。以高铁客站为中心，与城市地铁、长途汽车、城轨、公交、出租车等多种交通工具的无缝衔接，甚至做到了高铁与航空的一体化“亲密接触”，实现了现代化客运枢纽和旅客中转换乘中心的融合，满足了旅客换乘便捷、候车舒适的需求。

上海虹桥站北端与京沪、沪宁、沪汉蓉等高铁接轨，南端与沪昆、沪深、沪杭甬等高铁接轨，车站候车厅面积达11340平方米，可以同时容纳1万人候车。整个虹桥交通枢纽综合了航空、高铁、地铁、公交、长途客运、出租车等8种交通方式，地面乘客可以通过南北高架平台和各种公交线路直接进入车站，地下乘客可以从交通大厅乘坐自动扶梯进入候车厅，实现多种交通工具的“零换乘”。

一站一风景，一站一特色。独具匠心的设计，人与自然的和谐，让每一个高铁客站都像雕刻在中华大地上的一件精美的艺术品，都像镶嵌于文明古国中的一颗璀璨的文化明珠。实现了高铁客站的交通功能、时代特征与地域文化的完美结合，展示了形神兼备、和而不同的高铁客站文化特征。将丰富的地域文化元素运用到高铁客站美学之中，扩展了中国建筑美学视野，提升了客站美学品质，实现了中国高铁客站建筑形态的创新。

北京南站椭圆形外貌，源自于天坛“祈年殿”。主体建筑设的3个层次，承担候车换乘等功能，隐喻中国皇家建筑的层次感和崇高地位。借鉴天坛

京广高铁武汉站外景

的建筑元素，既古典庄严，又散发着时代的气息。

武汉站以飞鸟展翅的外形，呈现出黄鹤飞去的动感。唐代诗人崔颢“昔人已乘黄鹤去，此地空余黄鹤楼”的名句，在此实现了一种形象的时空表达。以奇妙的空间流线和建筑形象，呈现一种流动、飞翔的意境之美。

广州南站巨型的“芭蕉叶”造型，充分尊重广州山水城市的格局，做到自然环境与人工环境融为一体，具有鲜明的岭南文化特色，涌动着南国风情之美。站房屋顶以一片片的芭蕉叶为基本单元，通过中央采光带的串联，形成极具特色的建筑形态。

我国高铁客站以其“高大上”的审美态势，成为展示中国成就、中国气派的亮丽风景。

12306 客服网

2021 年元旦，新年第一天，人们高兴地乘坐高铁旅游、探亲，不亦乐乎。当天全国铁路共发售车票 907.8 万张，其中互联网发售 778.8 万张，占比 85.8%。网上售票大大改善了旅客体验，大大提升了社会满意度。

中国铁路12306客票系统，在坚持完全自主知识产权的原则下，拥有日益丰富的购票渠道和支付方式，是全球规模最大、交易量最大的铁路票务系统。单日售票能力达2000万张以上，互联网售票占比为85%以上，单日最高达90%以上。在展示世界最大的铁路客票销售网络服务的同时，也表明中国高铁客运服务信息系统居于世界领先水平。

2011年春运期间，铁道部党组成员分别带队深入一线开展调研活动，发现车站排长队买票的现象很普遍。车站广场上，挤满了搭建的临时售票房，旅客通宵达旦地排队买票。尽管车站售票窗口昼夜不停，售票员当班不敢喝水、饭也顾不上吃，还是受到旅客的吼叫、埋怨。随着一条条高铁开通运营，动车组列车多了起来，运力紧张的情况有所缓解，铁路职工也很尽职，但群众仍然对铁路不满意，这是为什么？

铁道部党组认为，这不仅仅是运能与运量不适应的问题，还有一个人民群众期盼公平享有公共资源问题。排了一通宵队，好不容易排到窗口，票却被票贩子抢先了，群众能不骂娘吗？票贩子采取不正当手段，囤积车票，高价抛售；极少数铁路内部人员以票谋私，中饱私囊，人民群众能不气愤吗？

人们要求公平享有公共资源，已经成为一种时代呼唤。铁路客运体制机制改革，势在必行。在深入调研的基础上，铁道部党组认真分析了铁路实名制售票的基础和开展互联网售票的条件，决定推出两项重要举措：一是全面实行售票实名制，二是全面实行网上售票。

长期以来，社会一直强烈呼吁实名制售票。早在2009年春运期间，铁路部门就开始有条件地在部分地区实行实名制售票。由于铁路支付成本高、人力紧张等原因，实名制售票一直只能是在试行之中。

铁道部党组会议提出，借助互联网这一现代化手段，依托广阔的网络空间，搭建网上售票平台，真正实现公开、公平、公正地出售车票。决定对现有的18个铁路局（公司）的客服网站进行扩容改造，增加网上售票这个重大功能。

在此之前，中国铁道科学研究院铁路计算机应用领域专家马钧培团队，

铁路 12306 客服网站工作平台

多年致力于铁路互联网售票的研究攻关，创造性地提出了集中与分布相结合的三级系统结构，研制开发出具有中国自主知识产权和具有国际领先水平的中间件软件产品，先后荣获 1999 年铁道部科技进步一等奖和 2000 年国家科技进步一等奖。

2005 年，中国铁道科学研究院电子所助理研究员单杏花接过导师马钧培的接力棒，率领团队不断完善售票系统，分步推进互联网售票。从需求分析、流程梳理到结构设计，再到研发、测试、部署、调试，逐步完成了全国 23 个地区客票中心建设。

部党组提出的实现网上售票要求，加快了单杏花团队的科研步伐，软件开发与网络扩容双管其下，搭建平台，分步实施，积极推进区域联网售票和全路联网售票。

2011年6月12日，铁路12306网站正式启用，当天开始发售“北京南站至天津站”高铁纸质电子客票，标志着中国铁路进入电子商务时代。

这一划时代的进步，引起社会各界的强烈反响。许多媒体纷纷撰文评论，铁路实行互联网售票，以其“方便、快捷与公平”的姿态，与风驰电掣的高速列车一道，组成了又一道“和谐”风景线。

大约半个月后，在京沪高铁开通运营前夕，12306网站开始对外发售京沪高铁车票。到9月底，全国高铁及动车组列车全部实现了互联网售票。到年底，12306网站已经相继推出了网络订票、扩大电话订票范围、实行车票实名制等新的服务功能，实现了所有列车网上售票。

全国较大车站都安装了大量的自动售（取）票机，为网上购票的旅客提供自助换取纸质车票服务。由此，旅客无需到车站排队，足不出户通过互联网即可完成购票、退票和改签业务。

2012年春运，12306客服网首次接受访问量骤增的考验。从1月5日起，通过12306网站购票的旅客数量激增，连续5天点击量超过10亿次，访问量环比上月激增10余倍，其中1月9日点击量超过14亿次，成为全球最繁忙的网站之一。由于既有互联网接入带宽明显不足，12306网站几度发生拥堵，几度系统崩溃。导致买不到火车票的人们纷纷在网上吐槽，将12306网站推到了风口浪尖。

受铁道部邀请，阿里巴巴集团派出17名技术精英组成项目组，指导和协助12306网站进行优化和改进。带宽由600兆上调至1000兆，很快又上调至1500兆。2012年1月20日，12306网站创造了119.2万张的日售票最高纪录。一年后，即2013年1月15日，当天总共发售客票695.1万张，网络购票265.2万张，占到近四成。售票能力比上一年翻了番。

2013年3月，中国铁路总公司成立后，进一步加大了对12306网站的投入改造，扩充了网络带宽，扩充了系统交易处理能力，优化了网站购票操作流程，升级了手机客户端新版，让旅客对网站的访问更顺畅。

这年12月8日，春运大战前夕，12306网站顺势推出列车信息查询等服务，同时还增加支付宝购票、退票，退票实时到账等服务。猛然间，12306客户网络人气急剧攀升。到当天下午15点，共有15.2万人下载并使用铁路12306手机客户端，售出16183张火车票。有媒体评论，相比去年，如今政企分开后的铁路12306客服网更为开放。

12306客服网很快成熟起来。网站功能的不断优化升级，折射出铁路售票组织的不断完善。在传统的车站窗口、客票代售点和自动售票机的基础上，全面推行互联网售票、手机购票、电话订票。很快，便捷的12306网站，成为旅客购票的首选。

2014年9月18日，铁路单日售票量首次突破千万大关达1039.9万张，其中互联网售票比例高达61.2%，创造了铁路网上售票的最高纪录。

12306客服网除了网络售票外，还有一个重要的职能就是答疑解难。全国18个铁路局的12306客服中心，每天都是电话此起彼伏，客服姑娘一边接电话，一边敲键盘。春运时，每个客服姑娘一天要接答500多个电话。她们都不敢多喝水，怕上厕所。

走进中国铁路武汉局集团公司12306客服中心，两间大办公室里，坐着20多个姑娘，平均年龄才26岁。她们两班倒，每天早上8点上班，第二天早上8点下班，工作24小时休一天。打到12306的电话，百分之六七十与订票有关，如订票查询、余票查询等。姑娘们的回答，讲究“短、准、快”。有时，她们也会接到发泄不满的电话，劈头盖脸被骂一顿，姑娘们不能回嘴，也不能主动挂电话。挨骂了，只能偷偷地哭，哭完还得继续接电话。

这些年来，12306客服网功能不断完善，经常都有新功能、新服务推出。2012年，持第二代身份证的旅客在12306网站购票后，可以刷身份证进出高铁站。2012年到2017年间，12306系统又不断推出列车正晚点查询服务、接续换乘、动车组选座等新功能，极大地提升了旅客购票体验。

2018年春运，北京、上海、广州

等地的一大批高铁客站相继开通了自助“刷脸进站”通道。智能化电脑人脸识别技术，替代了传统的人工验票过程。旅客更畅快进站的同时，也赢得了一份尊重。仅广州南站就设置了52台人脸识别自助验证设备，旅客可自助“刷脸进站”，单人单次通过速度，由原来的5秒压缩到2到3秒。

2019年，12306网扩大候补购票列车范围，全部旅客列车都可候补购票；2021年，12306网延长售票时间，由每日的6点提前到每日5点；退票业务办理时间调整为全天24小时……

依托12306网站平台，推动高铁网与互联网“双网融合”，服务功能不断完善，影响力起来越大。相继推出电子

成都客运段“动姐”在南充站引导小旅客上车

客票、移动支付、在线选座、互联网订餐等服务举措，同时保留纸质车票、车站窗口等传统服务渠道，保证老年人和脱网人群出行便利。

动车朝着市场开

随着高铁网的不断延伸，铁路部门不断强化市场意识，服务市场、服务旅客，动车朝着市场开，规模不断扩大，市场越开越宽广。快速便捷、温馨适合的高速列车，网民称之为：开往春天的动车。

乘坐高铁出行，成为人们出行方式的首选。作为一个14亿人口的大国，有车就有客，有客就有流，似乎成了一个铁定的事实。一条高铁新线开通后，经过一段时间的市场培育或者不需要市场培育，客流量就会迅猛增长，甚至可以说出超出预期。呼啸而过的高速列车，必定带来强大的高铁客流冲击波，成就了巨大的高铁客流市场。

世界银行的研究报告显示，由高铁诱发生成的新增客流量，占高铁客流量的50%以上。这一数据的重要意义在于，它说明社会上一度热议的“被高铁”并不客观、并不准确。高铁的客流中有一部分是从传统铁路转移过来的，但不占主流，更多的则是新生成客流。它说明高铁的诞生创造了出行需求，很多本来被压抑的出行需求，因为高铁的诞生获得了释放。这就是高铁拉动出行需求、拉动内需增长、拉动经济发展的证明。

以京津城际为例，2008年之前，京津间的普通列车客流量每年大约800万人次，单一的游客流。高铁开通后，客流逐年大幅度增加，10年后，每天旅客量达4.5万人次，游客流、来访家庭流、公务流、学生流高度堆叠。目前的客流需求中，每年大约有2000万次乘客要么是从私家车转移来的，要么是新生成的客流。保守估计，京津城际的新生成客流比例占65%以上。

面对客流市场，我国铁路部门不断优化行车组织，采用高密度、公交化的开行方式，编制符合市场经济规律、满足旅客要求、具有经济效益的快速列车运行图。每年一些重要的客运节点，已经成为铁路客运上量的“黄金时段”。高铁的客运市场份额日益增加，引擎效应更加显著。利用高铁新线开通契机，系统优化地区客车方案，吸引客流，引流开车，增开长途客车，开行假日列车，调整夕发朝至列车，最大限度地减轻严重超员与虚糜并存现象；充分利用高铁资源，在枢纽能力有条件的区域，积极开拓城际和市域客运市场，高密度增开小编组、快速度的城际列车和市郊列车，着力拓宽快速列车通道。

扩展大节点运输方式，完善换乘设施和组织方式，实现旅客“零换乘”，有序引导旅客进行接续运输；强化高铁与高铁、高铁与普铁、普铁与普铁间列车开行方案、换乘服务等方面的紧密衔接，提升客运网络整体效能，扩大客运量，方便旅客出行。由此，一大批中国高铁客运新产品应运而生。

就是在这种背景下，一种新的高铁客运模式——动卧，亮相中华大地。自 2015 年 1 月 1 日起，在北京、上海至广州、深圳等方向开行夕发朝至高铁动卧列车，一举将高铁的竞争优势由 1500 公里扩展到 2000 公里以上。

与此同时，利用高铁早晚时段，增开中短途动车组列车，填补部分地级城市在高铁早晚时段的服务空白，提高京沪、京广等繁忙高铁线路通过能力和动车组运用效率。

这年 2 月 1 日，广州东站首次向潮汕站开行动车组列车。这是一趟穿越普速铁路与高铁两种铁路线的跨线运行列车，在全路还是首次。动车组列车从广州市内的广州东站始发，避开繁忙的广深港高铁，先在既有线广深段运行，到平湖南编组站后，再转至杭深高铁，进而到达潮汕站。至今，这趟列车的平均上座率一直保持在 100%。

据中国铁路广州局集团公司资料表明，节假日坐动车组出行的旅客已占总量的 70% 以上。但是，由于多方面的原因，一些地区的高铁网与普速网不连通，动车组不能从普速铁路上的车站直达高铁站，这不仅制约了高铁的辐射范围，而且也给旅客出行带来不便。以广州为例，同城的高铁站（广州南站）与普铁站（广州站、广州东站）不连通，旅客坐高铁动车组只能去市郊的广州南站，从市区内的广州站或广州东站无法坐动车组直达其他高铁线上的车站。

这种两网不通的状况也制约了铁

路整体效率的发挥。广州至深圳148公里，两地之间有广深港高铁和广深普铁，广深港高铁日运行动车组80多对，高峰期超过100对，线路运输能力接近饱和；拥有4条线路的既有广深铁路的运输能力利用率仅80%左右。因为两网不通，动车组不能灵活运用于这两条线，整体运输效率大打折扣。

2015年8月19日，《人民铁道》报在头版头条刊发消息，以《普速与高速两网融通释放运输潜力》为题，推介了广铁集团的经验，同时配发短评《“1+1＞2”的探索》。短评认为，开行跨既有线与高铁线的动车组列车，实际上是在没有建设新线的情况下，补强了运输短板，拓宽了高速铁路的影响范围，对创新高铁运营组织模式意义重大。

2016年春运期间，仅京广高铁每天安排开行动车组列车就达327对，日均运输能力达53.1万人。在铁路春运的整体安排中，动车组列车占列车开行总量的60%以上，“高铁春运”已成为铁路春运十分明显的特征。

近年来，随着大量新建高铁线路的开通，动车组客运市场快速扩大，高铁旅客发送量增速保持两位数增长，为全国铁路客运量增速的2倍左右。2019年，国家铁路完成旅客发送量35.7亿人，同比增长7.7%，其中动车组旅客发送量22.9亿人，同比增长14.1%。乘坐动车组列车已成为越来越多旅客出行的首选。

今天，当人们再次审视春运，发现它承载的不再是辛酸的记忆。穿梭在中国大地上的“和谐号”“复兴号”高速列车，拉近了城市与城市、城市与乡村的距离，增进了相互间的情感，改变着东部与西部、南方到北方的时空，带来了人们愉悦的高速度体验和回家的快乐。

西安至成都高铁的开通，让“蜀道难”成为了历史。动车组穿越秦巴山区，沿线城市也迎来了更多的机遇。银西高铁开通后，有力促进了沿线区域旅客出行。中国铁路西安局集团公司针对彬州地区煤矿及运维企业职工上下班通勤困难问题，增加开行西安北至彬州东3趟高铁定制列车，服务彬州地区煤矿及运维企业职工往返乘车需求。

有资料表明，中国高铁投入运营

以来，日均发送旅客由2008年的35万人次增加至2019年的645.9万人次，年均增长30.3%。截至2019年底，动车组列车累计发送旅客120亿人次，占铁路旅客发送量的比重达到65.4%。2020年，高铁客运周转量在全社会客运量占比为25.2%，较2012年提高20.4个百分点。中国高速列车已经形成多种速度等级、多种功能产品，其数量、质量、运行效率达到国际铁路先进水平。坐着高铁看中国，成为广大旅客享受美好旅行生活的真实写照。

自2021年6月25日零时起，全国铁路实行今年第三季度列车运行图，继续实行日常线、周末线、高峰线和“一日一图”开行策略，提升客货运输品质。“复兴号”智能型动车组扩大至京沪、京哈、京广、徐兰及成渝高铁开行；苏州北、无锡、连云港等站首次开行始发进京高铁列车；经由京哈高速线往返北京和东北地区间的高铁列车增至112列，较现图增加60列。

世界银行研究报告指出，中国高铁客运密度大约是欧洲高铁客运密度的两倍。截至2021年8月，中国动车组保有量已达3600多组，占世界高速列车总保有量的一半以上。全国日均开行动车组列车7400多列，占全部旅客列车开行总量的77%，动车组列车已成为中国铁路旅客运输的主力军。北京至上海、北京至武汉、武汉至广州、上海至武汉等区域大城市间，以及北京至天津、上海至南京、广州至深圳间实现了高铁动车组列车的密集开行，形成了1000公里内5小时到达、2000公里内8小时到达的客流吸引圈。

如今，高铁安全快捷的优势，以及舒适的乘车环境，吸引着越来越多的客人。走进“复兴号”动车组车厢，如同进入了一个崭新的时空，人们会发现，旅客列车瞬间改变了模样。舒适的软座椅，车窗大、采光好，视野开阔。全自动恒温空调系统，让车内始终保持适宜的环境温度、湿度和清新空气，为旅客提供了宽敞舒适的旅行环境。

高雅的生活空间里，乘客大都是在看电脑、看杂志或休息，很少有吵吵闹闹、大声喧哗的，人们的形象和气质与快捷舒适的动车以及温馨自然的服务形成一道和谐的景观。

城市因高铁而年轻，乡村因高铁

而生动，中国人的生活因高铁而改变。毫无疑问，“复兴号”动车组已经成为现代生活一个极具表征意义的符号。

高铁的到来，让那些曾经遥远的风景不再遥远，让那些“养在深闺人未识”的风景，袒露在了世人面前。登上最美高铁，领略大美风光，车轮滚动出一幅幅崭新的中国画卷。

随着高铁时代的到来，旅游成为老百姓对高品质生活的一种普遍追求。人们的活动范围在迅速扩大，自然风光、文化遗产、现代文明都进入人们的视野。“高铁游”不但应运而生，而且实现了如“早喝广州茶、午登岳麓山、晚游黄鹤楼”“上午吃泡馍、下午游少林”的任性生活。

2015 年 7 月 1 日，合肥至福州高铁开通，沿线贯穿黄山、婺源、三清山、武夷山等诸多风景名胜，被网友称之为“最美高铁线”。“风景那么美，我想去看看！”一时成为流行网络语。

2018 年 12 月 25 日，杭州到黄山高铁开通，一路上，名山秀水尽收眼底。杭黄高铁串起了 67 个国家级风景区，包括名城、名江、名湖、名山，涵盖了西湖、千岛湖、黄山、西递、宏村等多个名胜风景。沿途青山迤逦，碧水流韵，风光美不胜收。

高铁沿线城市乘势而上，大打旅游牌，做好高铁大文章。铁路部门不断加强高铁旅游产品的研发，采取“高铁自由行、高铁团队游、高铁主题游”等多种形式，积极推进旅游与高铁组合，不断丰富高铁旅游系列产品。

高铁新生成的客流表明，当今人们的出行变得更加随意、更加任性。从眼下来看，人们越来越喜欢出游，旅游市场的规模在扩大，出行的便捷增加人们的出行次数。有了高铁，人们就多了一个出行选择，外出旅游、常回家看看成了常态。这无疑给高铁客流市场带来了丰厚的经济效益和灿烂前景。随着一大批新建高铁线的相继开通运营，高铁网络释放出巨大运输能量，推动旅客发送量成倍甚至几倍增长，这也是铁定的事实。“十三五”期间，铁路完成旅客发送量 149 亿人，其中动车组发送 90 亿人，比“十二五”分别增长 41%、152%。

2021 年 6 月 30 日，是京沪高铁开通运营十周年纪念日。十年间，京沪高铁累计开行动车组列车 120 万列，

"动姐"们欢庆京津城际铁路开通 10 周年

总行程超过 15.8 亿公里，相当于绕赤道跑了近 4 万圈；累计安全运送旅客 13.5 亿人次，几乎相当于中国人口集体"迁徙"一次。十年来，京沪高铁客流规模、运输效率、经营效益屡创新高，不断刷新着速度、创造着奇迹、打破着纪录，给沿线经济社会发展和人民群众生活带来了深刻变化。京沪高铁成为我国客流量最大、最繁忙、经济效益最好高铁线路，代表着当今中国高铁建设和运营的最高水平。

高铁的快速发展，还充分释放了高铁平行径路的既有铁路货运能力，尤其是"四纵四横"高铁网的形成，使我国繁忙铁路通道客货争能的问题得到明显缓解，有力推动了全社会运输结构优化调整，极大地释放了运输生产力，降低了社会物流成本。

胶济高铁开通后，既有胶济铁路图定货物列车增加11对，年货运能力增加2920万吨。京津城际开通后，小京山线图定货物列车增加4对，年货运能力增加1095万吨。武广高铁开通后，既有京广铁路武广段图定货物列车增加33对，年货运能力增加8760万吨。郑西线开通后，既有线增加货物列车5对，年货物运输能力增加1460万吨。沪宁城际开通后，既有线增加货物列车32对，年货运能力增加8395万吨。仅这5条高铁释放的既有线货运能力，每年合计达到2.3亿吨。

与此同时，全国铁路28个区域循环列车实现套环运行，增加了批量货物快运直达列车开行数量。西南、华北、华中、长江经济带等区域实行货运营销联动，将铁路局管内优势扩展到区域优势，带动了国际联运、铁水联运、货物快运、特色物流等多方面的建设和发展，物流总包运量实现快速增长。

2020年，在新冠肺炎疫情影响下，国家铁路货运总发送量完成35.81亿吨，较2016年增加9.2亿吨、增长35.1%。开行中欧班列1.24万列，发送113.5万标箱，同比分别增长50%、56%，创历史之最。铁路货运量的全社会占比由2016年的7.6%提高到2020年的9.6%。随着主要干线逐步实现客货分线，高铁保证经济持续增长的长期效应将越发凸显。

近年来，世界银行作出了一系列报告，高度评价中国高铁项目对经济的影响。世界银行报告认为:“中国拥有世界上最大的高铁网络，且仍在继续扩张。未来20年，高铁的客运量将继续快速增长。”

尾声
速度改变了中国

哲学家说，20世纪是速度改变了世界。

人类历史上，每一项新技术的产生，必然要带来生产力的极大发展。工业革命让人类跨入了机器时代，生产力的巨大飞跃，带来人口的大变迁，促进了城市化的兴起；信息技术革命带来信息产业的蓬勃发展，推动着经济社会转型，引领人类走进信息时代。

纵观人类交通史，从6000年前轮子发明、4000年前马车产生，到最近100年汽车、火车、轮船、飞机深入人类生活，交通工具以越来越快的速度，改变着人类的生存空间。

无疑，20世纪是人类“走”得最快的100年。以火车为代表的现代交通工具，对人类的影响超过了任何其他机器，唯一可媲美的也许是电脑和网络。其共同之处在于，它们都用速度改变着世界，加快着人类前进的步伐。

100多年前，被誉为“中国铁路之父”的詹天佑，以“中国正在觉醒，已感到需要铁路”为己任，在长城脚下修建了第一条中国人自己设计、建造的京张铁路，树立起中国铁路史上的一座里程碑，为中华民族留下了一笔宝贵的精神财富。

进入新世纪后，高速度，成为一种追求。若将本世纪初中国十年成就依次梳理，它并不一定位列榜首，但绝不能被排除在外。那就是——高速铁路。

如今，中国速度、复兴号、高铁客站已经成为社会生活的流行语，人们对高铁已经从认知到接受，进而成为生活中不可或缺的一部分。因为有了高铁，越来越多的人，无论物质生活还是精神生活，正在变得更加丰富多彩。

鲁迅说，节约时间，使一个人有限的生命更加有效，就等于延长了人的寿命。

一条条高铁，被人民群众喻为时间的生产线。提高了速度，节约了时间，也就延长了生命。这是高铁哲学，时代的辩证法。

高铁改变生活，高铁提升品位。中国目前是世界上高速铁路运营里程最长、在建规模最大的国家，高速铁路总体技术水平居世界前列。中国高铁，已经成为集中展示中国速度、中国创造、中国智慧、中国力量、中国骄傲、中国精神的文化标志。中国高铁，正在改变中国乃至世界的交通格局，让越来越多的人登乘崇尚文化、更新观念的高速列车，踏上“文化之旅”“幸福之旅”，安全、便捷、舒适地行走天下。

党的十八大报告指出：“创新型国家建设成效显著，载人航天、探月工程、载人深潜、超级计算机、高速铁路等实现重大突破。”高速铁路作为中国五大创新工程之一，受到党的代表大会的肯定，这在中国铁路史上还是第一次。此后，每年的《政府工作报告》中都有一段文字总结和肯定中国高铁发展成就。

2016 年 6 月 29 日，国务院常务会议原则通过《中长期铁路网规划》。《规划》提出，一是要构建中国“八纵八横”高速铁路主通道。“八纵”通道为：沿海通道、京沪通道、京港（台）通道、京哈—京港澳通道、呼南通道、京昆通道、包（银）海通道、兰（西）广通道，“八横”通道为：绥满通道、京兰通道、青银通道、陆桥通道、沿江通道、沪昆通道、厦渝通道、广昆通道；二是要在“八纵八横”主通道的基础上，规划布局高速铁路区域连接线；

三是要在优先利用高速铁路、普速铁路开行城际列车的同时，规划建设支撑和引领新型城镇化发展、有效连接大中城市与中心城镇、服务通勤功能的城市群城际客运铁路。实现相邻大中城市间1至4小时交通圈、城市群内半小时至2小时交通圈。

《规划》显示，到2020年，中国铁路网规模将达到15万公里，其中高速铁路3万公里，覆盖80%以上的大城市。到2025年，铁路网规模达17.5万公里左右，其中高速铁路3.8万公里左右，比2015年底翻一番。

实际上，到2021年底，中国高铁运营里程已经突破4万公里，可绕地球赤道一圈，占世界高铁总里程的70%以上，稳居世界第一。覆盖了全国92%的50万人口以上的城市，提前实现了2025年的目标。

随着“四纵四横”高铁网的提前形成、“八纵八横”高铁网加密成型，我国绝大数城市和地区享受到了高铁带来的更多红利。不断培育、壮大高铁经济新业态，促进沿线区域交流合作和资源优化配置，加速产业梯度转移，带动制造业和整个经济转型升级，极大地促进了经济社会的快速发展。

人们现在已经很难想象，就在一二十年前，高铁是否应该建设、怎么建设的争论曾经喧嚣一时。今天，争议已成过往烟云。高铁线路不断延伸，高速列车风驰电掣，不断地扩大和拓展着中国人的生活半径和活动范围。中国高铁以前所未有的磅礴力量，刷新了人们的观念、视野与审美，改变了国人对速度、距离、效率的认识，改变了中国社会的时空格局，改变了人们的出行方式和生活方式……

经过多年的建设和运营实践，中国高铁技术先进、安全可靠、节能环保、方便快捷、性价比高等主要技术经济特点日益凸显。我国铁路还拥有业务全面、技术精湛、经验丰富的工程建设、装备研制、运营管理队伍，能够保障工程建设的工期和质量，保障运营的安全、有序高效。与世界其他国家相比，中国高铁在技术经济等方面具有较强的适应性和竞争优势。

2015年11月25日，时任国务院总理李克强邀请中东欧16国领导人共乘高铁时指出:“中国高铁是中国多年来经济发展、技术进步、装备升级、工程建设人才成长多方面因素累积的成果。”

从没有一寸高铁，到占世界高铁里程的三分之二以上，从技术引进，到“复兴号”以帅气的姿态，奔跑在世界铁路的前列，整个世界都在惊讶于中国创造的奇迹。中国高铁站在了世界舞台的中心，一次又一次大放光彩。钢轨上的飞越，正是中国社会与经济发展的一个缩影。

2021 年 1 月 19 日，习近平总书记乘坐京张高铁在太子城站考察时强调指出:“我国自主创新的一个成功范例就是高铁，从无到有，从引进、消化、吸收再创新到自主创新，现在已经领跑世界，要总结经验，继续努力，争取在‘十四五’期间有更大发展。”

中国高铁仍在延伸着……

广西各族人民喜迎“和谐号”动车组列车开进家乡

我与火车一同成长
（代后记）

一

速度，是火车最酣畅淋漓的一种宣泄方式。

自人类诞生之日起，对速度的追求，就是潜伏在人们内心深处的一种原始欲望。早在远古时期，莽莽原野丛林之中，速度是人类获取猎物的重要前提，快者生存，快者多得。轮子的发明，蒸汽机的问世，两者的结合，让人类的行走速度获得了提升。随着科技的进步，人类前行的速度不断攀升。

从某种意义上说，人类发展史，就是一部对速度的追求史。

1814年7月25日，英国人斯蒂芬森自己动手制作的世界上首台蒸汽机车开始运行，取名“布鲁克号”。这台机车有两个汽缸，一个2.5米长的锅炉，四只有凸缘的车轮。它拉着8节矿车，载重30吨，以每小时6.4公里的速度前进。

1825年9月27日，世界第一条正式运营的铁路——斯托克顿至达林顿铁路开通运营，全长40公里。史蒂芬森驾驶改进后的“旅行者号”蒸汽机车，牵引着6节煤车和20节挤满乘客的车厢，载重达80吨，最高时速24公里。

煤矿上的居民看着行驶着的蒸汽机车，烟筒浓烟滚滚，直往外喷火，车轮摩擦钢轨，火星四溅，便叫它“火车”。从此，“火车”这个名字流传开来，而机车被叫作“火车头”，一直沿用到今天。

火车问世200年来，火车速度的纪录不断被刷新。

1901年，德国西门子公司研制的电力机车创造了时速162公里的世界纪录。

1931年，德国人将飞机、飞艇、火车的特点集于一身，制造出一列名为“铁路齐柏林号”的高速列车，时速超过200公里，并将这一世界速度纪录保持了24年。

直至1955年，法国电力机车以时速331公里创下了新的世界纪录。

步入新世纪，中国京津城际高铁开通，“和谐号”动车组时速为350公里。火车速度好比是一个魔方，每一次提升，都是一个新时速，都是一次历史性跨越。

二

火车是现代工业文明的标志之一。

历史学家认为，人类文明进程的时代划分，生产工具是决定因素。

旧石器与新石器时代的区别，在于所使用的工具材料不同。旧石器使用的工具材料，是石英、石片、石灰石等，而使用陶器、制作磨光石工具，则是新石器时代的主要特征。19世纪20年代，随着铁路和蒸汽机车的诞生，人类开始告别马车时代，进入蒸汽时代。19世纪70年代，随着内燃机车、电力机车的出现，内燃、电气时代取代蒸汽时代。20世纪60年代，随着新干线高速动车组的问世，高铁时代成为电气时代的高级阶段。

由此可以得出两个结论：一是生产工具的变革，决定了时代变革。二是运输生产工具的变革，核心标准是速度。

火车的发展史，说到底，就是一个不断发明、不断创新、不断提升运行速度的历史。火车正是以其运输速度和运输能力的巨大优势，成为世界交通运输的骨干力量，极大地推动了人类社会的文明进步。

纵观人类交通的进步，在100多年的时间内，出现了第一列火车、第一辆汽车、第一架飞机。正如一位历史学家所形容的，人类历史的前进方式，开始的时候，是在地上爬，然后是站起来走，到近代的500年，就是在跑，而最后的100年，无疑是在飞。

毫无疑问，先进运输生产工具的变革，决定了社会的进步。

三

二十岁那年，我成为了一名铁路职工，当上了蒸汽机车的司炉。笼统地讲，也算是开火车的。

蒸汽机车好像一座卧倒的黑铁塔，车顶烟筒冒出的浓浓烟雾，两侧汽缸喷出的洁白蒸汽，让巨大的机车有了一种腾云驾雾的气势。汽笛长鸣，车轮滚滚，蔚为壮观。

这气势，让我有着一种说不出的冲动感和激情。

蒸汽机车的做功原理很简单：把煤填入炉膛，煤在燃烧过程中，将化学能转换成热能，把机车锅炉中的水加热、汽化，进入蒸汽机膨胀做功，推动蒸汽机活塞往复运动，再通过摇杆、连杆，将往复直线运动变为轮转圆周运动，带动机车动轮旋转，从而牵引列车前进。

蒸汽机车一个班三个人，司机、副司机和司炉。司炉的职责，主要是给蒸汽机车的锅炉投煤。一分钟大约要投煤九锹，几分钟下来，铺就成前低后高、左右厚实的“簸箕形”火床。师傅说，这种簸箕形火床燃烧充分，能烧上汽。一个班下来，至少要投进五吨煤。

我所在的紫荆岭机务段配属的前进型机车，是当年大同机车工厂生产的响当当的国字号。这种机型宽敞、气派，马力大。牵引定吨为3000吨，运行时速可达80公里，是当时中国铁路的主型机车，也是吨位最大、速度最快的机车。

当时正赶上宜昌兴建长江葛洲坝水利枢纽工程，我们机车经常拉着水泥专列进宜昌。每次进站后，机车前都围满了外国人，指指点点。这些外国人，是来参观葛洲坝工程的。他们知道，蒸汽机车是大工业革命的产物，可一直没有见到过实物。

外国人喜欢中国的火车，我很自豪。

后来，得知他们是在看古董，我感到很郁闷。

四

1978年10月的一天，我们机车担当宜昌至襄樊的旅客列车牵引任务，一气劳累了八个小时。傍晚时，退乘襄樊乘务员公寓。我走进食堂饭厅时，只见墙角的一台14吋黑白电视机正在播放后来被奉为经典的画面：邓小平坐在日本新干线快速列车上，十分感慨地说：“像风一样快，我们现在很需要跑。”

尽管屏幕上尽是雪花点，很不清晰，但画面上一闪而过的快速列车，让就餐的机车乘务员们惊奇不已。

这是我第一次听到“高速铁路”这个词。这条连接日本东京与新大阪之间的高速铁路，列车运行时速竟然达到270公里，是我们机车速度的三倍还多。

这天夜里，我的梦里尽是流线型的高速列车在飞驰……

有资料表明，当发达国家已经进入电气化高速列车时代时，中国铁路仍有40%的动力是蒸汽机车。20世纪70年代末，世界上只有3个国家使用蒸汽机车：中国、印度和南非。到20世纪末，世界上只有中国还有602台蒸汽机车在铁路上行驶。

2004年底，中国最后一批蒸汽机车退出历史舞台。自此，蒸汽机车结束了在中国走过的一个多世纪的光辉历程。它的消失，象征了一个时代的结束。

现在，每年都有大批来自美洲、欧洲的旅行者和摄影家，找到坐落在北京东郊的中国铁路博物馆，在火车头陈列大厅流连忘返。他们还特地转录了蒸汽机车运行的轰隆声、汽笛的吼叫声，带回国让家人、朋友分享。

就这样，蒸汽机车作为人类社会发展的功臣，以一种非生产的方式保留下来。在人们的景仰和爱慕中获得新生。

五

2001年7月，北京。在中国铁道科学研究院环形铁道试验线上，中国国产的“中原之星”动车组正在进行调试。车厢内，我与郑州铁路局局长徐宜发兴奋地交谈着。

徐局长是机车乘务员出身，开过蒸汽、内燃、电力三种机车。他高兴地说，驾驶国产动车组列车，是我的一个梦想。我说，您的梦想就要实现了。

“中原之星”是郑州铁路局与株机公司等单位联合研制开发的。由6节车厢组成，可载客548人。外表银色与深绿相交，明快大气，时尚气派，让人耳目一新。当天的试验时速为170公里。

“中原之星”开回郑州后，在京广线上的郑州至许昌小商桥区间试车。这期间，徐局长特地邀请了一些新闻界的朋友上车体验。他亲自驾驶，亲自讲解，兴奋不已，乐此不疲。

这年11月18日，“中原之星”正式投入运营。“子弹头”的外形，风驰电掣的新时速，成为京广线上的一道亮丽风景，受到社会各界的广泛关注。次日，《人民日报》（海外版）在头版头条刊发“中原之星”的新闻图片，向世界展示中国动车组的英姿。

然而，由于“中原之星”故障频发，经常趴窝，导致旅客投诉不断。我作为郑州局党委宣传部部长，不得不忙碌于新闻媒体之间，希冀社会对国产动车组这一新生事物给予更多一些呵护。

我盼望着，国产动车组尽快强壮起来。

六

2007年4月18日，中国铁路实施第六次大提速。中国品牌“和谐号”动车组闪亮登场，它以250公里的时速，在既有线上开辟了中国铁路快速客运通道。外电评价道，这些快速列车接近高速铁路，走到了高铁的门口。

这天，我与郑州铁路局党委宣传部的同志一道，策划了一个“记者体验动车”活动。我们邀请了《人民日报》、新华社、中央电视台、《河南日报》等多家新闻媒体记者，共60多人。从郑州火车站登乘郑州开往北京西D134次动车组列车，进行体验采访。7点22分开车，8点49分到达安阳，行程187公里，共计1小时27分。白色流线型的车体，平稳舒适的高速度，让记者们找到了一种全新的感觉。动车上，我亲自担任讲解员，讲动车组原理，讲“和谐号”速度，讲中国铁路的发展……

下午，我有意安排记者坐长途大

巴车返回。一路颠簸，花了近三个小时，比坐动车的时间翻了一番。

次日，中央和地方媒体都刊发了铁路大提速、开行“和谐号”动车组列车的消息，其中有“动车组与大巴车比速度”的新闻，这就是我的杰作。

七

2011年5月20日，全国政协副主席、科技部部长万钢率领专家调研组，考察即将开通运营的京沪高铁。我作为铁道部陪同人员，一路同行。

调研组专家先后乘坐了“863计划”重大项目——最高实验速度400公里高速检测车和国家科技支撑计划重大项目——新一代“和谐号”动车组高速列车，随车查看检测效果，体验运行感受。

在检测车上，万钢与参与高速列车自主创新联合行动计划的专家组成员进行座谈。他谈笑风生，兴致勃勃，对中国高铁自主创新取得的成就予以高度评价，对铁路部门为提升国家竞争力、造福广大人民群众作出的重要贡献表示崇高敬意。

我寻机采访了万钢部长，请他谈谈对“和谐号”动车组的感受。他高兴地说：“今天多项检测结果表明，京沪高铁的线路质量、‘和谐号’动车组的运行质量，都可以说堪称世界一流。我们研制开发高速列车，目的是造福人民群众，增强中国自主创新能力，同时对世界科技进步也作出了积极贡献。”

万钢十分感慨地说，中国高铁快速发展，带动了一大批产业，加快了城市带、城市圈的形成，显著改变了中国经济社会发展格局，对于提振全国人民的信心、促进经济社会又好又快发展、实现中华民族的伟大复兴具有十分重要的意义。

万钢的一席话，掷地有声。中国高铁品质超群，前景灿烂。

八

有人说，我们要在平凡的岗位上干出不平凡的事业。但我认为，在中华民族伟大复兴的路上，没有平凡的岗位，因为每个人都是中国梦的奋斗者、追逐者。

纵观中国铁路发展史，特别是中国高铁的发展历程，改革开放是一个重要的时期和节点。作为一名铁路人，我有幸参与和见证了这个重要时期的铁路发展。能够见证中国高铁从无到有、从有到成为世界公认的“中国名片”，是我此生最大的荣幸，也将是我一生的财富。

从蒸汽机车到高速动车组，这无疑是一个无比艰辛漫长的发展过程，是一个值得大写特写的历史性飞越。在《中国速度——中国高速铁路发展纪实》一书的写作过程中，我采访了许多中国高铁的领导者、参与者，包括专家学者、科研人员、工程建设者，以及动车组司机、行车调度和动姐动哥。谈及中国高铁成就，“中国速度”的自豪和骄傲，全写在他们的脸上。对于高铁，他们有说不完的话题，道不尽的情感。

猴年春节刚过，我应约与原铁道部部长、中国工程院院士傅志寰就《中国速度——中国高速铁路发展纪实》这本书稿的写作情况一连交谈了两个半天。春节期间，这位对中国铁路倾注了毕生精力和智慧的老人，一字一句认真审阅我的书稿，纠正了三十多处技术性硬伤。他严谨的治学精神，令我感动。他说，实事求是是根本，观点可以仁者见仁、智者见智。他说，中国高铁，就是中国骄傲。我们都应该感谢这个伟大的时代，感谢中国铁路。

是啊，感谢伟大的时代，是新中国铁路人的共同心声。

与火车一同成长，是我难得的人生经历，是一辈子的人生财富。

我很珍惜。

2016 年 5 月 15 日定稿

2022 年 8 月 15 日修订

图书在版编目（CIP）数据

中国速度：中国高速铁路发展纪实 / 王雄著 .—北京：外文出版社，2020
ISBN 978-7-119-10431-7
Ⅰ．①中… Ⅱ．①王… Ⅲ．①高速铁路 – 铁路运输发展 – 成就 – 中国
Ⅳ．① F532.3
中国版本图书馆 CIP 数据核字 (2016) 第 193866 号

出版指导：陆彩荣　胡开敏
策划编辑：王　洋
责任编辑：王　洋　孙乙鑫
图片摄影：（以姓氏笔画为序）
于建勇　王长安　王明柱　王渝民　付世凯　邢广利　朱进军　乔　力
刘一赢　刘成平　刘爱平　安　林　纪恩泉　李文宝　李会来　李咸良
杨宝森　杨越华　杨惠兴　吴清云　何好雁　佘中云　张　楠　张卫东
张春怀　张铁柱　陈　涛　陈方燕　陈孚平　罗春晓　周德民　赵湘明
姜　超　贺长山　原瑞伦　郭　庆　郭润滋　曹　宁　崔喜利　梁士华
温希伟　蔡鸿祥　翟现亭　滕文荣　潘龙柱
印刷监制：章云天

中国速度

中国高速铁路发展纪实

王　雄　著

出 版 人：胡开敏
出版发行：外文出版社有限责任公司
地　　址：北京市西城区百万庄大街 24 号　　邮政编码：100037
网　　址：http://www.flp.com.cn　　电子邮箱：flp@cipg.org.cn
电　　话：008610-68320579（总编室）　　008610-68995877（编辑部）
　　　　　008610-68995852（发行部）　　008610-68996183（投稿电话）
印　　刷：北京盛通印刷股份有限公司
经　　销：新华书店 / 外文书店
开　　本：710mm×1000mm　1/16
字　　数：320 千
印　　张：24
装　　别：精装
版　　次：2023 年 7 月 第 1 版第 5 次印刷
书　　号：ISBN 978-7-119-10431-7
审 图 号：GS 京（2022）0707 号
定　　价：100.00 元
